SHAWN SMITH

Gebrauchsanleitung für
den menschlichen Geist

SHAWN SMITH

Gebrauchsanleitung für den menschlichen Geist

Warum unser Gehirn uns unglücklich, ängstlich und neurotisch macht und wie wir dem begegnen können

Übersetzt von Karin Hein

Arbor Verlag
Freiburg im Breisgau

© 2011 Shawn T. Smith
© 2013 der deutschen Ausgabe: Arbor Verlag GmbH, Freiburg
by arrangement with New Harbinger Publications

Die Originalausgabe erschien unter dem Titel:
*The User's Guide to the Human Mind: Why Our Brains Make Us Unhappy,
Anxious, and Neurotic and What We Can Do about It*

Alle Rechte vorbehalten

1. Auflage 2013

Lektorat: Richard Reschika
Druck und Bindung: Kösel, Krugzell
Hergestellt von mediengenossen.de

Dieses Buch wurde auf 100% Altpapier gedruckt und ist alterungsbeständig.
Weitere Informationen über unser Umweltengagement finden Sie unter
www.arbor-verlag.de/umwelt.

www.arbor-verlag.de

ISBN 978-3-86781-087-6

Die Ratschläge zur Selbstbehandlung in diesem Buch sind vom Autor und vom Verlag sorgfältig erwogen und geprüft worden. Dennoch kann eine Garantie nicht übernommen werden. Bei ernsthafteren oder länger anhaltenden Beschwerden sollten Sie auf jeden Fall einen Arzt oder einen Heilpraktiker Ihres Vertrauens zu Rate ziehen. Eine Haftung des Autors oder des Verlages für Personen-, Sach- und Vermögensschäden ist ausgeschlossen.

*Wir benutzen dieses Werkzeug zwischen den Ohren unser ganzes Leben lang, doch wie oft bedenken wir, was und wozu es gut ist?
Kein Benutzerhandbuch wurde mitgeliefert, aber dieses Buch kann den Versandirrtum wettmachen helfen.*

*Oder würden wir unsere Geschirrspülmaschine ohne Blick in die Bedienungsanleitung in Betrieb nehmen?
Kommen Sie, es ist Zeit, genauer hinzuschauen!*

STEVEN C. HAYES

Inhalt

Einleitung   9

1 Die Sorgenmaschine   15

1 Der Schutz hat seinen Preis   17
2 Ein Tag im Leben eines menschlichen Geistes   33
3 Den Geist seinen Job machen lassen   45

2 Glücklichsein ist nicht die Aufgabe des Geistes   61

4 Wie der Geist die Vorgeschichte nutzt   63
5 Geistige Schieflagen:
   Einseitige Sicht und verzerrtes Erinnern   77
6 Werte und Handeln   89

3 Vier Strategien, mit denen unser Geist uns zwingt   111

  7 Das war damals und dies ist damals   113

  8 Trumpfkarten und zweierlei Maß   127

  9 Pessimistisch denken   145

  10 Sofortlösungen   161

4 Gemütslage, Lebensstil und psychische Flexibilität   177

  11 Willkommen im eigenen Gemütszustand   179

  12 Sinn für Grundlagen   193

Bibliografie   215

Über den Autor   225

Danksagung   227

Einleitung

Eine lebhafte Erinnerung aus der Kindheit kommt mir in den Sinn, eine dieser Momentaufnahmen, die gelegentlich im Bewusstsein aufblitzen. Es geschah kurz vor Ladenschluss in der Raststätte unserer Familie, als ich hinter der Theke Gläser spülte (ich hatte eine ungewöhnliche Kindheit). Da bemerkte ich Chuck, einen unserer Stammkunden.

Chuck war einer meiner Lieblinge. Cowboyhut aus Stroh, Daunenweste und ständiges Grinsen. Er war gesellig, geistreich, gutmütig und ein stets willkommenes Inventar an der Bar.

Chuck schien auch unter Problemen zu leiden, die sich meinem zehnjährigen Gemüt jedoch entzogen: Er trank viel. Trotz seiner Leutseligkeit wussten die Leute nur wenig über ihn. Er war nie um eine gute Unterhaltung verlegen, sprach aber selten über sich selbst. Es gelang ihm stets, die anderen ins Rampenlicht zu holen. Jemand bemerkte einmal im Spaß, er sei vermutlich ein Spion gewesen, weil er so geheimnisvoll war.

Im Nachhinein betrachtet, war es das Betragen eines Mannes, der nicht mit seinem eigenen Leidwesen konfrontiert werden wollte, deshalb seine Winkelzüge und Ausweichmanöver mit Humor, Kumpelhaftigkeit und Alkohol. Wäre ich damals gefragt worden, hätte ich wohl gesagt, dass er nach einem glücklicher Kerl aussah, doch wahrscheinlich war er einsam.

An dem besagten Abend saß er anders da als gewöhnlich. Er war allein, entspannt und friedlich. Anstelle seiner ständig grinsenden Miene war da nur ein leichtes, aber echtes Lächeln. Vor ihm stand ein fast leeres Bierglas, das letzte in einer Reihe von leeren Gläsern, und ich war mir nicht schlüssig, ob ich ihn stören sollte, um das Glas zu spülen.

Viele Jahre sind seit jenem Abend vergangen, aber Chuck habe ich nie vergessen. Obwohl ich längst vom Junior-Barkeeper zum klinischen Psychologen avanciert bin. Heute frage ich mich, warum Chuck so viel trank und nicht zeigen wollte, wer er wirklich war. Ich frage mich, was wohl in seinem Geist vorging und wie er sich und sein Leben sah.

Was in Chuck vorging, werde ich nie erfahren, aber ich weiß, was in meinem Geist vorgeht – und mir keineswegs immer gefällt. Und falls Sie ähnlich fühlen wie ich, mögen Sie sich ebenfalls fragen, wie Sie Ihren Geist zähmen können. Meiner jedenfalls gibt nie Ruhe!

In mancher Hinsicht ist unser Geist leicht zu kontrollieren. Ich kann aussuchen, an was ich denken will und wann ich es will. Jetzt gerade entscheide ich, an Donuts zu denken, weil ich Donuts mag.

In anderer Hinsicht ist der Geist regelrecht eigensinnig und unverschämt. Er denkt seine eigenen Gedanken ohne Erlaubnis und meistens mit unübertroffen schlechtem Zeitgefühl. Nehmen wir das letzte Mal, als ich einen öffentlichen Vortrag halten wollte. Wie ich vor der Menschenmenge stand, bereit, mit meiner Präsentation zu beginnen, schossen mir diese Gedanken durch den Kopf: *Gleich vergisst du, was du sagen wolltest. Du solltest die Haare schneiden. Ist dein Hosenschlitz offen?*

Ich wollte das nicht denken. Es war nicht hilfreich. Danke vielmals!

Manchmal geht es über solche Seitenhiebe gegen das Selbstvertrauen noch weit hinaus. Unsere Gedanken können uns davon überzeugen, wie vermeintlich kaputt und wenig liebenswert wir sind, oder davon, dass etwas nicht in unserer Macht stehe oder die Welt viel gefährlicher sei, als sie wirklich ist. Sie können uns dermaßen große Sorgen und Ängste aufbürden, dass wir glauben, wir könnten nicht handeln, wie wir wollen. So etwas können sie uns einreden.

Natürlich versuchen wir, solche Gedanken zum Schweigen zu bringen, damit wir mit unserem Leben weitermachen können. Ich könnte mir sagen: *Meine nächste Rede wird ein voller Erfolg, wenn ich nur entspannen und zu denken aufhören könnte.* Manchmal funktioniert das. Andere Male überrumpelt uns unser Denken und wir müssen dann einen Weg finden, wie wir damit fertig werden.

Als einfallsreiche Geschöpfe, die wir sind, können wir unsere Gedanken für kurze Zeit steuern, indem wir uns ablenken. Ablenkung funktioniert aber nur bis zu einem bestimmten Punkt.

Angenommen, ich gewinne eine Million Dollar, wenn es mir gelingt, *nicht* an Affen zu denken. Also, um das zu verhindern, lenke ich mich ab mit Zählen, Singen oder Seilspringen. Es wird wohl eine Weile gutgehen, aber tief drinnen weiß ich, warum ich mich in diese sinnlosen Aktivitäten begebe: um den Gedanken an Affen zu vermeiden. Und nun denke ich nicht nur an Affen, sondern die imaginären Affen lassen mich auch noch zählen, singen, seilspringen. Und was ist, sobald ich aufhöre? Richtig – Affen! (Probieren Sie es selbst aus: Versuchen Sie, nicht an Affen zu denken, und beobachten Sie, was dann passiert.)

Wir alle haben „Affen", die wir aus unseren Gedanken verbannen. Vielleicht sind das Gefühle des Scheiterns, Ängste, ausgeschlossen zu werden, oder Befürchtungen, zu alt, zu jung oder was immer zu sein. Auch wenn wir unser Denken erfolgreich kontrollieren, am Ende kehren die Gedanken und Gefühle doch zurück. Manchmal mit solcher Wucht, dass wir alles daransetzen, sie wieder zum Schweigen zu bringen. Wir könnten noch so viel essen, trinken oder arbeiten oder uns auf viele andere Arten ablenken. Das setzt einen quälenden Kreislauf einer Vermeidungshaltung in Gang, die auf lange Sicht unser Problem nur verstärkt. Unser Geist führt uns, bildlich gesprochen, in den Treibsand: Je mehr wir uns abstrampeln, desto schlimmer wird es.

Doch zurück zu Chuck. Manchmal frage ich mich, ob er wohl in einer solchen Falle feststeckte und ob seine friedliche Miene nach einer durchzechten Nacht sagte, so sieht jemand aus, dem der eigene Geist vorübergehend eine Verschnaufpause gibt.

Wenn das so gewesen ist, war der Frieden, den er fand, während er vor seinem leeren Glas saß, teur bezahlt, teurer als nur mit einem bloßen Kater. Der Geist kann eine Weile gestillt werden, aber ein solches Stillen des Geistes erfordert eine ständige, zermürbende Anstrengung.

Glücklicherweise ist die Kontrolle über den Geist nicht die einzige Option. Eine friedliche Koexistenz mit unserem Geist ist möglich, wir können unsere Gedanken sogar wertschätzen und den Sinn für Humor an den eigenen inneren Machenschaften entdecken. Diese Aufgabe fällt leichter, wenn wir den Vorhang lüften und die Motive des Denkens aufdecken. Wenn wir wissen, was jenes kleine Neuronenbündel im Schilde führt, können die Gedanken uns nicht mehr so unbemerkt beschleichen.

In dieser Richtung wollen wir Rat und Anleitung geben. Aber seien Sie vorgewarnt: Ich bin kein Guru. Ich bin nur ein ehemaliger Junior-Barkeeper, der einigen Leuten helfen konnte, mit ihrem Geist Frieden zu schließen. Was ich hier anbiete, stammt aus der Vorarbeit brillanter Verhaltens- und Evolutionspsychologen, besonders von Steven Hayes und anderen Wegbereitern der dritten Welle der Verhaltenstherapie. Lassen Sie uns nun näher hinschauen, was uns erwartet.

Worum es in diesem Buch geht

Es geht darum, mit unserem Geist zu leben, auch wenn er uns in den Wahnsinn treibt. Es geht darum, zu verstehen, was in unserem Denken geschieht, warum es geschieht und wie wir mit alledem leben können. Es geht auch darum, aufrichtig wertzuschätzen, was der Geist uns eingibt – auch die Gedanken und Gefühle, die wir gar nicht wollen – und sanft die Zügel in die Hand zu nehmen, wenn Blockaden den Weg verstellen.

Im ersten Teil widmen wir uns der Art und Weise, in der unser Geist zu uns spricht, und den Möglichkeiten, wie wir von unseren Gedanken und Gefühlen Abstand nehmen und so verständnisvoller und mit größerer Freiheit auf sie eingehen können.

Im zweiten Teil betrachten wir, wie wir weiterkommen, wenn der Verstand uns vor Dingen, die wir anstreben, beschützen will, weil er sie für gefährlich hält.

Im dritten Teil werden wir einige der zu Grunde liegenden Mechanismen entlarven, die uns in unproduktiven Verhaltensweisen gefangen halten. Wenn wir beobachten können, was hinter den Kulissen passiert, werden wir in die Lage versetzt, eigene Entscheidungen zu treffen, anstatt den mentalen Impulsen zu folgen.

Im vierten Teil schließlich besprechen wir, wie ein menschlicher Geist angemessen genährt und behandelt wird, damit er nicht mehr so viel Macht über uns hat.

Im gesamten Buch benutze ich das Wort „Geist" durchgängig so, als ob es sich um ein eigenständiges Wesen handeln würde. Natürlich ist das nicht der Fall, aber wenn Sie ähnlichen Geistes sind wie ich, kann es uns so vorkommen. Das Gehirn (die physiologische Struktur, die unseren Geist bildet – den Unterschied erforschen wir in Kapitel 2) ist so aufgebaut, dass die meisten Funktionen und Antriebe außerhalb unserer Kontrolle liegen, so wie sich auch der Großteil des Eisbergs unter der Wasseroberfläche befindet. Aber das heißt noch nicht, dass diese Funktionen unbedingt gegen uns arbeiten. Im Gegenteil, ihre Aufgabe ist es, für unsere Sicherheit zu sorgen. Ich habe zwei Hypothesen, auf deren Grundlage wir das Streben des Geistes nach Sicherheit näher ergründen wollen.

Erstens, verschiedene Teile des Gehirns können aufgrund unterschiedlicher Eventualitäten aktiv werden. Das heißt, wir verstehen zwar, dass wir die Schachtel Kekse *nicht* ganz leer essen *sollten*, aber es gibt auch etwas in uns, das glaubt, es könnte durchaus nützlich sein.

Zweitens, ungewollte Gedanken, Gefühle, Erinnerungen und Zwänge sind aus gutem Grund da, auch wenn wir es mit etwas so Trivialem wie mit einem Keks zu tun haben. Ein gut funktionierender Verstand weiß, dass Salz, Zucker und Fette seltene Güter sind – oder zumindest waren, in einer primitiven Umwelt. Denn dort entstanden unsere Gehirne, und die neuronalen Verschaltungen, die wir zum Überleben entwickelten, als die Welt noch jung und voller Herausforderungen war, steuern uns heute noch. *Besser, den*

Keks essen, solange du kannst – sagt ein gut geölter Überlebenstrieb, *die Gelegenheit mag nicht wieder kommen!* Weil er ständig ums Überleben besorgt ist, nenne ich den Geist eine „Sorgenmaschine". Aber diese Sorgenmaschine erfüllt einen wichtigen Zweck: Sie ist da, um uns zu helfen – ob es uns nun passt oder nicht.

Sie kann aber auch lästig sein. Sie kann uns täuschen und sogar Schmerzen verursachen, aber ihr eigenwilliges Verhalten liegt nicht, in der Computersprache ausgedrückt, an einem Virus im Programm, sondern ist eher eine Besonderheit der Software. Wie anormal uns das auch vorkommt, der Geist funktioniert wahrscheinlich so, wie er sollte. Aber nehmen Sie mich nicht beim Wort. Überprüfen Sie das lieber anhand Ihrer eigenen Erfahrung.

Das ganze Buch hindurch lade ich Sie zu Übungen und Experimenten ein, die dazu dienen, die Täuschungsmanöver zu entlarven, mit denen der Geist unser Verhalten plump oder subtil zu steuern versucht. Wenn wir sehen können, was der Verstand im Schilde führt, gibt uns das die Freiheit, von höherer Warte aus zu handeln, anstatt uns von unbewussten Prozessen leiten zu lassen. Anstatt uns verrückt machen zu lassen, lernen wir, die in der Natur des Geistes angelegten Schutzmechanismen zu zügeln und sogar dankbar für sie zu sein.

Nun stehen wir also vor der Frage: Können wir die Schlacht gegen unseren eigenen Geist gewinnen? Schauen wir nun hinter die Kulissen dieser wundersamen Sorgenmaschinen und was es da zu entdecken gibt.

Teil 1

Die Sorgenmaschine

Wenn ich Ihr Geist wäre, wäre ich um Ihretwillen krank vor Besorgnis. Nicht, weil Sie so leichtsinnig sind, sondern weil die Welt ein gefährlicher Ort ist. Immer gewesen ist.

Wenn ich Ihr Geist wäre, würde ich die Erfahrungen von Tausenden von Generationen, die gekommen und gegangen sind, in mir tragen. Es gab viele harte Lektionen fürs Überleben zu lernen. Ich würde diese Weisheit nutzen, um Sie stets in Richtung Sicherheit zu drängen, auch wenn Sie meine Motive nicht verstünden.

Wenn ich Ihr Geist wäre, wäre ich jeden Moment Ihres Lebens an Ihrer Seite und würde jedes Mal, wenn Ihr Körper oder Geist verletzt würden, massenhaft unauslöschliche Notizen machen. Ich würde Sie diese Dinge nicht vergessen lassen.

Wenn ich Ihr Geist wäre, würde ich alles in meiner Macht Stehende tun, um Sie zu beschützen. Ich würde darauf bestehen, dass Sie meine Warnungen befolgen.

Aber wenn ich *Sie* wäre, ich würde nicht immer auf meinen Geist hören.

Der Schutz hat seinen Preis

*Es kann doch nicht normal sein,
dass mein Geist so viel denkt.*

Diese Wendung höre ich überraschend oft. Der Geist hat fast immer und zu allem etwas zu sagen, oft wenig Hilfreiches. Wenn wir zu glänzen versuchen, lässt er uns zweifeln. Wenn wir uns der Zukunft zuwenden möchten, begräbt er uns in der Geschichte. Wenn wir uns konzentrieren möchten, bombardiert er uns mit Zerstreuungen.

Will er versuchen, uns fertigzumachen?

Die natürliche Tendenz besteht darin, gegen den Geist anzukämpfen, Einwände gegen unsere Gedanken und Gefühle vorzubringen, oder Ausflüchte, um sie zu vermeiden. Manchmal gewinnen wir die Schlacht; manchmal erzeugt die Schlacht genau die Situation, der wir zu entgehen hofften.

Das bringt uns zum lieben Luke, einem Mann in ständigem, selbstzerstörerischem Kampf mit sich selbst. Er könnte eine neue Strategie gebrauchen.

Lukes Kampf

Luke hat eine Idee. Er will die Schmiermittelzufuhr für Industriemaschinenlager revolutionieren. Er hat so ein Talent, Lösungen für komplexe Probleme zu finden, und genau hier beginnen wir mit der Geschichte von Lukes Qualen.

Luke neigt dazu, sich anderen unterlegen zu fühlen. Er hat lange im Schatten seiner jüngeren Schwester gelebt, die bereits eine Elite-Universität besucht, zwei wunderbare Kinder und eine erfolgreiche Bäckerei hat. Luke bewundert ihr Leben wie einer, der sich nach etwas sehnt, das er nie besitzen kann.

Er fühlt sich auch seinem geselligen, vorbildlich amerikanischen großen Bruder unterlegen. In der *High School* ging sein Bruder mit den beliebtesten Mädchen aus, war im Sport der Angesehenste und bekam Extrapunkte von Lehrern, die seinem Charme erlagen. Heute ist sein Bruder Anwalt mit einem sechsstelligen Einkommen und Luke staunt über die Geschichten aus seinem glamourösen Leben. Empfänge mit Senatoren und exotische Urlaube sind meilenweit entfernt von Lukes anspruchslosem Lebensstil.

Lukes Selbstzweifel begannen früh in seinem Leben. Obwohl er außergewöhnlich intelligent war, war er ein schlechter Schüler. Der Unterricht langweilte ihn. Er mühte sich ab in Klassen, die er spielend leicht geschafft hätte, und war mit seiner Aufmerksamkeit bei viel interessanteren Vorhaben. Ohne Wissen der Lehrer vertiefte er neben der Schule seine Begabung für Mechanik und Elektronik.

Irgendwie bemerkten die Erwachsenen seinen frühreifen Intellekt aber nie. Sie waren nicht dabei, als er wie aus dem Nichts eine funktionierende Rakete baute oder als er einem Freund half, aus Holz- und Glasabfällen einen genialen, mehrstöckigen Hamsterkäfig zu bauen. Luke sah seine Projekte nie als außergewöhnlich an, er hatte Spaß daran und seine Freunde ebenfalls. Aber mit seinen mäßigen Schulnoten begann Luke seine Fähigkeiten in Frage zu stellen. „Du bringst es einfach nicht", sagte ein Lehrer zu ihm. Luke begann zu glauben, dass diese Feststellung seine Existenz zusammenfasste.

Während Luke seinen Wert in Frage stellte, erfreuten sich seine Geschwister einer ganz anderen Existenz. Luke sah zu, wie sich ihre akademischen

Erfolge anhäuften, während er immer mehr hinterherhinkte. Wie wir das alle von Zeit zu Zeit tun, verglich Luke sich im Stillen mit den anderen und kam zu dem Schluss, dass ihm etwas fehlte.

Er begann, Gründe für sein wahrgenommenes Scheitern zu finden. Es kam ihm der Gedanke, er sei nicht intelligent genug oder passe einfach nirgends hin. Diese Vorstellung machte Luke Angst. Er liebte es, Freunde zu haben, und wollte sie nicht verlieren.

Als Luke erwachsen wurde und soziale Kontakte zu suchen begann, war die Angst vor dem Alleinsein immer im Vordergrund. Bei sozialen Anlässen prüfte er sich selbstkritisch und fand vieles, das er an sich nicht mochte – eine Falle, in die wir leicht tappen. Luke hielt sich für einen Außenseiter.

Diese Angst führte dazu, dass er sich unbeholfen benahm, und die anderen reagierten darauf ihrerseits mit Unbehagen. Lukes Geist interpretierte ihr Verhalten als Ablehnung. Wie bei seinen Geschwistern ein akademischer Erfolg zum nächsten führte, so begann für Luke die Angst vor Isolierung ein Eigenleben zu führen.

Das ist das Problem mit unserem menschlichen Geist. Im Bemühen, Probleme zu lösen, erschafft er manchmal genau das, was wir befürchten. So geschah es jedenfalls dem intelligenten, fähigen, liebenswerten Luke.

Sich entgegen allem Anschein als minderwertig zu beurteilen scheint irrational, entbehrt aber nicht einer gewissen Logik. Wenn andere Menschen oder ein Schicksalsschlag oder der Zorn der Götter sein Problem verursacht hätten, wäre das Problem außerhalb seiner Reichweite. Er könnte es nicht beheben. Aber wenn das Problem in ihm lag, müsste er es beseitigen können, wenn er sich nur recht bemühte. So sagt uns der typisch menschliche Geist.

Bis auf den heutigen Tag versucht Luke ein Problem zu lösen, das nicht wirklich existiert. Früher fühlte er sich leicht und ungezwungen in Gesellschaft mit anderen, heute kann er kaum ein Gespräch führen, ohne dass sein Geist, als übermächtige Stimme im Innern, ihn mahnt, den Kontakt nicht zu vermasseln und die anderen zu vertreiben. Sein eigener Geist wurde zur sozialen Behinderung.

Kehren wir zum Thema der Industrieöle zurück. Luke erkannte deren Wert, als er die automatischen Aufstellanlagen der lokalen Bowlingbahn reparierte, ein Job, den er seinem technischen Sachverstand und dabei schüchternen und trotzdem sympathischen Wesen verdankte. Beim Reparieren der komplexen Anlage stieß er auf die Fragestellung, wie die Schmiermittel besser an die verdeckten Lager und anderen beweglichen Teile zu bringen seien. Ein einfacheres Verteilsystem könnte die Kosten für die Wartung reduzieren, und so kam er auf eine geniale Lösung.

Wie verblüffend seine Lösung auch war, ein industrieller Schmierplan ergibt eine peinliche Unterhaltung bei einem ersten Date. So geschah es, als Luke Chelsea zum Abendessen einlud. Es war beinahe so, als ob sein Geist auf dem Stuhl neben ihm saß und *versuchte,* ihn nervös zu machen. *Vermurks' es nicht… Sie ist nicht deine Liga… Erinnerst du dich an all die Dates, die du schon vermasselt hast? Du bringst es einfach nicht.*

Lukes Selbstzweifel waren so hartnäckig, dass er nicht weiterdenken konnte. Intimität war ihm wirklich wertvoll und er wünschte sich eine liebevolle Beziehung. In einem verzweifelten Versuch, etwas zu finden, irgendetwas, womit er sie unterhalten könnte, plapperte er auch schon drauflos über das Kosten-Nutzen-Verhältnis verschiedener Schmiermethoden. Sie war nicht begeistert. Die Verabredung endete höflich, ohne Hoffnung auf eine zweite Chance.

Chelsea hatte nie Gelegenheit, Lukes wahre Natur zu entdecken. Seine Befangenheit hatte wieder einmal dazwischengefunkt. Er kam zu dem Schluss, dass er härter an sich arbeiten müsse, um seine Gedanken beim nächsten Mal besser in Schach zu halten. Sind Ihnen solche Gedanken auch schon gekommen? Mir ganz gewiss.

Aber vielleicht ist „härter arbeiten" genau das Problem. Unsere Gedanken stürzen uns manchmal in emotionalen Treibsand. Je mehr wir uns abstrampeln, desto schlimmer wird es. Die gute Nachricht ist, dass es für Luke und andere mit dem Hang zur Selbstzerfleischung Hoffnung gibt.

Mein Geist der Leibwächter

Haben Sie sich je gefragt, warum Menschen intelligenter sind als nötig? Als Grundlage zum Überleben sind nur genug Essen, Schutz und körperliche Nähe nötig, um die nächste Generation hervorzubringen, dennoch sind unsere Geistesgaben um so vieles größer. Wir brauchen keine Kinos, keine Reisen zum Mond oder Erdnüsse mit Schokoglasur. Wir *mögen* diese Dinge, aber wir *brauchen* sie nicht. Warum also sind wir so intelligent?

Die Antwort liegt im Überlebenswert eines großen Gehirns. Unser Geist ist eine nimmermüde Sorgenmaschine. Er macht seinen Job, uns zu beschützen, ganz hervorragend. Die Kehrseite ist, dass er nie aufhört, nach Problemen Ausschau zu halten, und dass er sich nicht abstellen lässt.

Einen menschlichen Geist zu haben ist ein zweischneidiges Schwert. Mit ihrem dominierenden Wesen und dem nie endenden Strom der Gedanken, Gefühle und Impulse trägt unsere Sorgenmaschine dazu bei, dass wir genau das Gegenteil von dem erreichen, was wir anstrebten.

In gewissem Sinne sind wir alle wie Luke. Unser Geist scheint uns in Besitz zu nehmen, mit seinen Befürchtungen, Appellen zum Handeln und der häufig selbstzerstörerischen Motivation. Luke wünschte sich Akzeptanz und Miteinander; sein Geist half ihm, das Gegenteil zu erreichen. Manchmal funktioniert der Geist wie ein Magnet mit umgekehrter Polung. Er zieht an, was wir vermeiden wollten, und stößt ab, was wir uns wünschten. Eine Frechheit!

Trotz solch frustrierender Auswirkungen beginnen wir mit dem einzigartigen Verständnis, dass mit einem Geist wie Lukes nichts verkehrt ist. Unter dem Gesichtspunkt der Sicherheit und des Überlebens verlief alles, wie vorgesehen, und ich wette, Ihnen geht es auch so.

Manchmal sind wir in Widerstreit mit uns selbst. Das gilt jedenfalls für Luke. Er hatte klare Ziele und Werte. Er suchte eine Person, der er ein liebevoller Partner sein könnte. Etwas anderes in ihm war aber viel mehr daran interessiert, ihn vor der realen Gefahr einer Abfuhr zu bewahren. Luke hatte Romanze im Sinn, sein Geist das Überleben.

Ich möchte in diesem Buch behaupten, dass unser Geist immerzu auf uns und für uns aufpasst, auch wenn er scheinbar gegen uns arbeitet. Wir könnten uns den Geist wie dominante, überfürsorgliche Geschwister vorstellen, wie den großen Bruder, der nie aufhört, aufzupassen und sich einzumischen, es aber gut meint.

Zugegeben, das ist eine unübliche Betrachtungsweise. Manchmal scheint es logischer, zu glauben, dass unser Geist irgendwie kaputt ist. Warum sonst sollten wir uns überessen, an Depressionen leiden, um die Zukunft sorgen, an Ärger festbeißen und Ausgleichssport vermeiden? Warum sonst würde unser Geist uns gerade dann im Stich lassen, wie bei Luke, wenn wir ihn am dringendsten brauchen? Wenn der Geist wirklich unser Beschützer wäre, sollte es nicht ganz leicht sein, zu tun, was wir wollen, zu bekommen, was wir wollen und der oder die sein, die wir wollen?

Vom Gesichtspunkt des Geistes aus muss die Antwort gelegentlich nein lauten. Es gibt bestimmte Regeln zu befolgen, etwa Sicherheit, Überleben und Schmerzverhütung. Diese müssen absolute Priorität haben, unsere unmittelbaren Bedürfnisse müssen erfüllt werden.

Wo ich herstamme – aus einer Kultur abgehärteter Bewohner des Mittleren Westens, die die „Große Depression" (die Wirtschaftskrise 1929) und die „Staubschüssel" (die Dürre in den 1930er Jahren) überlebt haben – ist die landläufige Weisheit, gegen unseren Geist zu argumentieren. *Hör auf, dich selbst zu bemitleiden. Reiß dich zusammen und lass dich nicht unterkriegen.*

Darin steckt ein Stückchen Weisheit. Eine eindrucksvolle Palette psychologischer Techniken ist entstanden, um unseren Geist mit Argumenten zum Nachgeben zu überreden, wenn er uns Wünsche versagt oder zu viele Qualen bereitet. Manchmal ist das Annehmen – und sogar Wertschätzen – das Praktikablere.

Die Argumentierfalle

All die Dinge, die der Geist uns oft beschert – Gedanken, Gefühle, Erinnerungen, Ängste, Stimmungen, bis hin zu Körperempfindungen wie Herzklopfen oder Schweißausbrüchen –, wollen wir ja gar nicht haben. Manchmal geschieht es aus heiterem Himmel oder überkommt uns anfallartig wegen einer Situation, die wir herbeigeführt haben, aber eigentlich vermeiden wollten (wie bei einer ersten Verabredung, wo Abweisung real möglich ist). Wenn der Verstand uns etwas einhämmern will, haben wir eine Wahl: Entweder wir akzeptieren, was uns gegeben wird, oder wir versuchen, es zu ändern. Hier wird überwiegend von der Option des Akzeptierens die Rede sein. Aber schauen wir uns zuerst an, was geschieht, wenn wir mit unserem Geist in Gedanken argumentieren.

Nehmen wir eine der alltäglichsten menschlichen Ängste: Reden vor Publikum. Tiere haben diese Angst einfach deswegen nicht, weil sie keine Reden halten. Aber wenn Tiere Reden halten würden, würden sie garantiert eine ähnliche Angst verspüren – falls sie um die Meinung anderer besorgt sind.

Angst vor öffentlichem Reden ergibt sich typischerweise aus der Angst, sich einer Prüfung durch andere unterziehen zu müssen. Als Rudeltiere, die wir Menschen sind, sind wir darauf gedrillt, dass öffentliche Begutachtung ihren Preis haben kann, bis hin zum Ausschluss aus der Gruppe. Soziale Akzeptanz ist wichtig für uns, weil wir schlecht dafür ausgerüstet sind, ohne unsere Mitmenschen auszukommen.

Hunde, ebenfalls Rudeltiere, würden wahrscheinlich ähnlichen Stress erfahren, wenn sie eine Rede halten müssten, weil ein Auftritt im Rampenlicht sich auf ihren Rang im Rudel auswirken würde. Schlecht ausgeführt könnten ein Vortrag oder ein Betteln um Tischabfälle die eigene Kompetenz bei den anderen in Frage stellen. Das wiederum könnte sich ausweiten, bis man aus dem Rudel vertrieben wird, oder wenigstens die sozialen Chancen auf Paarungspartner erheblich vermindern.

(Katzen hingegen, die eher Einzelgänger sind, könnten ihre Rede wohl voller Zuversicht halten, da ihnen die soziale Akzeptanz weitgehend gleichgültig ist.)

Hier in unserer menschlichen Gemeinschaft äußern sich die Bedenken des Geistes in Form von Ängsten und Befürchtungen, die sich auch im Körper manifestieren: schwitzende Hände, klopfendes Herz, nervöser Magen. Der Geist drängt uns zum Wegrennen und Verstecken. Wenn wir solche Impulse zur Vermeidung einer Situation erhalten, haben wir folgende Optionen:

1. Tun, wie uns eingegeben wird, und uns aus der Situation zurückziehen. Das bringt kurzfristig Erleichterung, längerfristig stellen sich oft Scham und Bedauern ein.
2. Das Unbehagen beseitigen, indem wir solange im Geiste argumentieren, bis die unerwünschten Gedanken oder Gefühle verschwinden.
3. Das Unbehagen willkommen heißen und trotzdem weitermachen. Das kann kurzfristig möglicherweise sehr ungemütlich sein, sich längerfristig aber sehr lohnen. Manchmal, aber nicht immer, verschwindet das Unbehagen im weiteren Verlauf.

Wie Sie schon vermuten, liegt unser Schwerpunkt hier auf der dritten Option, dem Akzeptieren dessen, was der Geist uns bringt, und dem trotzdem Weitermachen. Auf den ersten Blick erscheint das wenig attraktiv und eine erste innere Reaktion könnte sein: *Was? Willkommen heißen? Mein Geist dreht durch, und das soll ich akzeptieren!?*

Doch bevor Sie sich entscheiden, ob Sie Gedanken und Gefühle lieber annehmen oder eliminieren wollen, untersuchen wir, was geschieht, wenn wir im Geiste mit uns selbst argumentieren.

Manchmal hilft das Argumentieren, besonders dann, wenn wir die Formel zum Erkennen und Ausmanövrieren *irrationaler Gedanken* anwenden. Das sind laut manchen Psychologen solche Gedanken, die zwingend und wahr scheinen, aber nicht unbedingt mit den realen Gegebenheiten übereinstimmen.

Zum Beispiel steckt hinter der Angst vor öffentlichem Reden als irrationaler Gedanke gewöhnlich eine Überbewertung der negativen Konsequenzen, die ein schlecht gehaltener Vortrag haben könnte (Nelson et al. 2010). Ich könnte fälschlicherweise glauben, dass eine schlechte Rede meine Karriere oder Freundschaften zerstört oder dass ich auf der Bühne die Fassung verliere und mich hoffnungslos blamiere.

Irrationale Gedanken sind mit dem bloßen Auge nicht zu erkennen. Stattdessen manifestieren sie sich als vage Ängste oder Nervosität. Vor Beginn meines Auftrittes mag ich mir meiner schweißnassen Hände und ähnlicher

Körpersymptome durchaus bewusst sein, nehme aber kaum wahr, was unter der Oberfläche passiert, nämlich dass ich die negativen Folgen überbewerte.

Wenn wir irrationale Gedanken in Frage stellen und dagegen argumentieren wollen, ist es nötig, dass wir zunächst die vage Befürchtung in Worte fassen. *Ich fürchte, dass ich meinen Job verliere, wenn ich eine schlechte Rede halte; ich befürchte, dass ich durchdrehe und mich blamiere.* Ist das einmal heraus, können wir darüber diskutieren. Aller Wahrscheinlichkeit nach wird kaum jemand seine Stelle verlieren oder seine Freunde oder durchdrehen oder bankrott gehen werden, bloß weil ein Vortrag misslang.

Dieser Ansatz hilft manchmal (Block und Wulfert 2000). Manchmal gibt uns das Leitlicht des rationalen Denkens die Stärke, unseren Wertvorstellungen zu folgen und unsere Wünsche (eine Rede halten) umzusetzen, anstatt zu tun, was unser Geist verlangt *(Flüchte! Versteck dich!).*

Die psychologischen Fachbücher sind voller Beispiele irrationaler Gedanken. Betrachten wir die folgenden, von denen jeder einzelne durch den Stress einer öffentlichen Rede ausgelöst sein könnte (frei nach Dryden und Ellis 2001):

Alles-oder-nichts-Denken: Wenn ich bei dieser Rede versage, was nicht sein darf, dann bin ich keine Liebe oder Respekt wert.

Katastrophendenken: Wenn sie mich versagen sehen, dann halten sie mich für inkompetent und ich werde gefeuert.

Negativfokus: Dinge dürfen nicht schiefgehen, das ist unakzeptabel, doch da bei mir oft etwas schiefgeht, taugt mein Leben nichts.

Das Positive entwerten: Wenn sie mir zu der Rede gratulieren, sind sie nur nett zu mir und vergessen all die Dummheiten, die ich begehe.

Herunterspielen: Wenn die Rede gut wird, hab ich einfach Glück gehabt. Wenn es schief geht, dann bin ich eben unfähig.

Persönlich nehmen: Wenn sie lachen, liegt das an mir, weil ich nicht gut genug bin.

Einmal erkannt und in Worte gefasst, lassen sich solche irrationalen Gedanken mit dem Hinterfragen ihrer Logik leicht niederschmettern. *Wo ist der Beweis dafür, dass ich keine Liebe verdiene? Woher weiß ich denn, dass sie denken, ich sei inkompetent? Wer sagt denn, dass sie über mich lachen?*

Wenn alles gut geht, gibt unser Geist nach und lässt die Erkenntnis zu, dass unsere Gedanken nicht der Realität entsprechen. Am besten funktioniert das, wenn wir bereits einigermaßen ruhig sind. Aber unser Geist benimmt sich nicht immer so wohlerzogen. Ein besorgter Geist beugt sich nicht einfach gelassen der Logik.

Ein besorgter Geist versteht nicht, dass eine danebengegangene Rede selten zur Katastrophe führt. Brände sind verheerend. Fluten sind schrecklich. Flugzeugabstürze sind tödlich. Missbilligende Buhrufe einer feindseligen Zuhörerschaft enden dagegen nur selten mit Blutvergießen oder Exil. Der Geist nimmt das anders wahr. Unser Gehirn ist durch die Erfahrungen von Tausenden von Generationen darauf geeicht, auf gewisse Bedrohungen zu reagieren. Oben auf der Liste rangiert das Verlassensein. Könnte es etwas Schlimmeres für einen Menschen geben, als schutzlos alleingelassen zu werden?

Im nächsten Kapitel werden wir sehen, wie wir für eine simplere und feindlichere Welt ausgerüstet sind, wo kleine Probleme schwere Folgen hatten. Im Großen und Ganzen brauchen wir nicht mehr zu befürchten, zu verhungern, zu erfrieren oder von Raubtieren gefressen zu werden, aber in unserem Geist, der in der Savanne mit Entscheidungen auf Leben und Tod heranwuchs, mag diese Nachricht noch nicht angekommen sein.

Aus der Sicht des Geistes gibt es keine „irrationale" Furcht vor sozialer Verurteilung. Es mag uns mitunter altmodisch und unpassend erscheinen, aber für den Geist ist diese Furcht vor strenger Verurteilung und möglicher Verbannung kaum unvernünftig. Ängste wie diese scheinen in uns eingraviert (Hoffman und Moscovitch 2002). Daher wird das Argumentieren nicht immer funktionieren. Was können wir tun, wenn wir solches Denken und Empfinden nicht ausblenden können?

Das Paradox der Gedankenverdrängung

Manchmal wird durch das Argumentieren alles noch schlimmer, wenn wir gegen das Denken ankämpfen – was wiederum alles verschlimmert. Der Redner, der sich selbst zur Ruhe mahnt, kann beobachten, dass seine Nervosität sich noch steigert, und dann muss er sich umso mehr anstrengen, um ruhig zu werden. Bevor er dessen gewahr wird, kann er schon in einen vergeblichen Kampf gegen seine eigenen Gedanken und Gefühle hineingezogen sein.

Wo die Bemühungen um Gedankenkontrolle scheitern, landen wir mitunter in einer bedenklichen Situation. Ironischerweise kann der Versuch, die Gedanken oder Gefühle zu unterdrücken oder zu verdrängen, dazu führen, dass sie stärker werden, und damit auch die Probleme, die sie verursachen (Wegner et al. 1987; Lavy und van den Hout 1990; Rassin 2005).

Wenn zum Beispiel jemand, der eine Diät machen will, versucht, Gedanken ans Essen zu vermeiden, wird er feststellen, wie seine Gedanken sich immer mehr ums Essen drehen und auch sein Essverhalten zunimmt (Barnes und Tantleff-Dunn 2010). Deshalb ist das Verdrängen von Gedanken oder Gefühlen so riskant. Es kann schädliche Folgen haben. Dem Geist zureden ist in Ordnung, solange er sich willig überreden lässt, aber Ängste, Depression oder unangenehme Gefühle unterdrücken zu wollen gleicht dem Versuch, nicht an Affen zu denken. Sie erinnern sich an die Einleitung, wie erbärmlich ich daran scheiterte.

Ängste sind ein gutes Beispiel dafür, wie das Argumentieren in unserem Geist nach hinten losgehen kann. Stellen wir uns vor, wir seien an ein Gerät angeschlossen, dass schon winzigste Anzeichen von Stress registriert. Angenommen, nun wird uns gesagt, wenn wir Stress empfinden, wenn auch nur minimal, werden wir einen Elektroschock erhalten. Unsere Aufgabe ist einfach, keinen Stress zu haben. Wir sehen, wie wir an das Gerät angeschlossen werden – bloß keinen Stress. Während die Elektroden auf dem Kopf verteilt werden – bloß keinen Stress. Wir fragen uns, wie schmerzhaft der Elektroschock wohl ist – bloß keinen Stress.

So können Ängste außer Kontrolle geraten. Jedes Mal, wenn auf den Stress ein Schock folgt, sind wir motiviert, den Stress zu unterdrücken. Am

Ende ruft schon der bloße Gedanke an Angst Angst hervor. Ein unlösbarer Konflikt (nach Hayes, Strosahl und Wilson 1999).

Gedankenverdrängung hat reale Folgen. Sie liegt vielen Angststörungen wie etwa den Zwangsstörungen zugrunde (Purdon, Rowa und Antony 2005). Das Durchleben einer Angststörung kann mindestens genauso qualvoll sein wie ein Elektroschock. Je mehr eine Person bemüht ist, die Angst zu vermeiden, umso schlimmer wird sie. Ironischerweise wird der Versuch der Angstvermeidung zunehmend selbst zum Angstauslöser. Wir können einfach keinen Gedanken, kein Gefühl unterdrücken, auf dessen Unterdrückung wir uns konzentrieren – insbesondere dann nicht, wenn der Geist sich um unser Überleben kümmert.

Die verschiedenen Formen der Angst sind nur einige wenige Beispiele für die Nebenwirkungen, die unser Geist produziert, wenn er seine Aufgabe erfüllen will. Die Probleme menschlicher Gemütsverfassungen – von Ängsten über Depressionen und Zwangsverhalten bis hin zum Drogenmissbrauch – werden durchgängig unser Thema sein. Denn alle haben etwas gemeinsam: einen Geist, der seinen Aufgaben nachgeht oder zumindest so funktioniert, wie in den Lektionen von Tausenden von Generationen von Überlebenskünstlern erlernt und überliefert.

Kehren wir zur Frage des Argumentierens zurück. Wann ist es angebracht? Ich glaube, die Antwort ist einfach und gradlinig. Wenn das Argumentieren hilft, dann tun Sie es. Wenn es die Situation verschlechtert, dann hören Sie auf. (Und keine Sorge, wir besprechen, was dann stattdessen zu tun ist.)

Hätte Luke versucht, seine Grundangst zu benennen und zu entlarven, hätte er ziemlich schnell erkannt, ob das Argumentieren gegen die Angst wirksam gewesen wäre oder nicht.

Wenn es funktioniert hätte, hätte er einen kleinen Auftrieb seines Selbstvertrauens oder weniger physiologische Angstsymptome (schwitzende Hände und dergleichen) verspürt. Zumindest hätte er das Vertrauen gewonnen, einen selbstzerstörerischen Gedanken überwinden zu können. Der könnte lauten: *Sie ist nicht deine Liga*, worauf er entgegnen könnte: *Ich bin ein guter Kerl und würde sie gut behandeln*. Wenn das klappt, ist das Problem gelöst.

Falls andererseits Lukes Geist wirklich überzeugt ist, dass sie nicht seine Liga ist und dass Ablehnung etwas Unerträgliches ist, wird er auch alles in seiner Macht daransetzen, dem aus dem Weg zu gehen.

Nervosität und dieses vage Gefühl der Angst setzen ein. *Sie ist außerhalb deiner Liga*, sagt etwas in seinem Geist. *Hör auf, hör auf,* entgegnet er. Nun bringt Luke keine Vernunftargumente mehr, jetzt kämpft er um die Beherrschung.

Das ist ein Kampf, den er wahrscheinlich nicht gewinnt. Kurz danach wird er bemerken, wie die Nervosität steigt und seine Gedanken ihm durchgehen. Das ist ein klares Anzeichen dafür, dass das Argumentieren nicht funktioniert.

Wie die meisten von uns hat Luke wahrscheinlich wenig Erfahrung mit einer anderen Option: dem Geist dankbar zu sein, dass er helfen will, und weitermachen, aber ohne den Kampf um die Kontrolle über Gedanken und Gefühle. Warum gegen etwas ankämpfen, das in unserem besten Interesse waltet?

Das Akzeptieren des Geistes ist manchmal die nützlichste Strategie. Wenn der Geist meint, dass Sicherheit oder Überleben auf dem Spiel steht, lässt er sich nicht ausmanövrieren. Aber das bedeutet nicht, dass wir leiden müssen. In einem Tauziehen gegen eine unbewegliche Gewalt ist es sinnvoll, das Tau fallen zu lassen. Wir werden besprechen, wie das gehen kann.

Bevor wir fortfahren, lassen Sie uns erforschen, wie Ihr eigener Geist funktioniert.

ÜBUNG

Wie spricht Ihr Geist mit Ihnen?

In dieser Übung geht es nur darum, zu verstehen, wie Ihr Geist mit Ihnen spricht, besonders in unangenehmen Momenten. Sie können die Übung an einem ruhigen Ort beginnen, und dann, mit zunehmender Übung, auch in der realen Welt, in der realen Zeit praktizieren. Wenn Sie beginnen wollen, bitte ich Sie, sich eine unangenehme Situation Ihrer Wahl ins Gedächtnis zu rufen.

Zuerst versetzen Sie sich in eine Situation ähnlich der von Luke, wo Ihr Geist Bedenken vorgebracht haben könnte. Wählen Sie einen sozialen Zusammenhang, der Sie etwas nervös oder unruhig machte. Bitte wählen Sie aber keine Situation, wo echte Gefahr bestand.

Während Sie sich an die ungemütliche Lage erinnern, visualisieren Sie die Umgebung und die Menschen. Erinnern Sie sich an die Interaktionen und Geschehnisse. Wer ist dort? Was sagen sie? Wie reagieren sie? Malen Sie sich das Bild so lebendig aus wie möglich, was es zu sehen gab, Töne, Gerüche, einfach alles.

Während sich die Situation in Ihrem Geiste entfaltet, machen Sie eine Bestandsaufnahme Ihrer physischen, emotionalen und mentalen Empfindungen. Was fühlen Sie im Körper, wenn die Spannung steigt? Ziehen sich Muskeln zusammen? Pocht Ihr Herz? Verändert sich Ihre Haltung?

Welche Emotionen fühlen Sie? Angst? Ärger? Den Wunsch, zu fliehen oder zu kämpfen? Fühlen Sie sich erstarrt?

Zuletzt, welche Gedanken registrieren Sie? Was würde Ihnen Ihr Geist schreiben, wenn er Ihnen eine Notiz ans Revers stecken könnte? Hier ein Beispiel:

Liebes DU,
ich fürchte, dass wir ziemlich blöde dastehen,
und ich wünschte, wir könnten uns aus der Situation wegzaubern.

Ergebenst, Dein Geist

Nehmen Sie sich Zeit, den Gefühlen, Empfindungen und Gedanken Worte zu geben. Beschreiben Sie sie für sich selbst, und zwar möglichst genau. Zum Beispiel:

Ich spüre eine Enge in der Brust, das Gefühl, ich sollte weglaufen, und den Gedanken, lächerlich dazustehen. Schildern Sie alles anschaulich und fühlen Sie sich frei, Ihre Beobachtungen in einem Notizblock oder Tagebuch aufzuschreiben. Auf je mehr Arten wir unsere Geistesaktivitäten in Worte fassen können, umso besser.

Verbringen Sie nicht zu lange mit dieser Übung. Einige Minuten sollten genügen. Wenn Sie durch sind, nehmen Sie ein paar tiefe Atemzüge, werden sich Ihrer gegenwärtigen Umgebung gewahr und erinnern sich daran, dass Sie in Sicherheit sind. Das ist ein wichtiger Teil der Übung, weil ein Teil Ihres Geistes noch mit der unangenehmen Situation, die Sie sich vorgestellt haben, verweilen könnte.

Mit zunehmender Übung sollten Sie in der Lage sein, diese Art des Beobachtens auch in den real sich abspielenden Situationen beizubehalten. Vielleicht bemerken Sie, wie das Benennen der geistigen Aktivitäten ihnen ihre Macht nimmt. Wenn die Gedanken, Gefühle und Empfindungen in ihrem Alltagsleben auftauchen, werden Sie zunehmend imstande sein, sie einfach als eine Botschaft aus dem Geist einzuordnen und nicht so sehr als Problem, das gelöst werden muss.

Wie Luke bestätigen kann, kann sich der Geist zu den ungünstigsten Zeiten und auf ungünstigste Arten einmischen. Ich schlage vor, das für normal zu halten, und nicht dagegen anzukämpfen, weil das die Probleme wirklich verschlimmern kann. Vielleicht fragen Sie sich, wie es möglich sein kann, einen beunruhigten Geist für normal zu halten, besonders dann, wenn er uns quält oder eindeutig unsere Pläne durchkreuzt. Im nächsten Kapitel werden wir sehen, warum der Geist das macht, was er macht, und wie Erfahrungen wie Depression und Ängste eigentlich dazu dienen, uns zu helfen.

2

Ein Tag im Leben eines menschlichen Geistes

Manchmal wollen wir nur einen Moment Frieden, aber unser Geist saust dahin mit 500 Gedanken pro Stunde, die plappern, sich ständig wiederholen und neue Besorgnisse erfinden.

Nichts könnte normaler sein. Die östlichen Philosophien haben diesen unkontrollierbaren und ewig vor sich hin plappernden Geist schon lange erkannt, aber auch Denker des Westens wie Descartes, der beobachtete, wie der Geist ein eigenständiges Wesen zu sein scheint, das zum Zwecke des Denkens existiert.

Psychologen haben über die Allgegenwart des plappernden Geistes schon im 19. Jahrhundert nachgedacht, als William James (1892) über Träume und Bewusstsein und ständig veränderliche Geisteszustände schrieb.

Unser Geist hört einfach nie auf, weiter zu rumoren. Wenn Sie das gelesen haben und falls Ihr Geist meinem irgendwie ähnelt, könnte er etwa so sagen: *Sicher denkt jeder viel, aber nicht so viel wie ich. Mein Gehirn ist außer Kontrolle. Ich bin definitiv abnormal.*

Wenn das so ist, danken Sie Ihrem Geist dafür, dass er um Ihr Normalsein besorgt ist. Dann lassen Sie uns weitermachen, mit einem kurzen Umweg in die Biologie hinter dem endlosen Geplapper. Manchmal hilft es, zu wissen, warum es normal ist, sich anormal zu fühlen.

Was ist der Geist?

Wäre es nicht schön, einfach wegzugehen, wenn der Geist plappert? Ihn mitten im Satz stehen zu lassen, entgeistert über unsere Dreistigkeit? Manchmal fühlt es sich so an, als ob der Geist ein eigenständiges Wesen ist, das uns überall hin folgt und uns endlose Kommentare ins Ohr flüstert.

Ein eigenständiges Wesen, von uns verschieden in Bezug auf seinen Blickwinkel, seine Interessen und Motive – nicht so schlecht, den Geist so zu sehen. Wenn wir die Natur des Geistes verstehen wollen – und warum es sich anfühlen kann, als sei er etwas von uns Getrenntes –, ist es sinnvoll, eine Vorstellung davon zu haben, wie das Gehirn arbeitet.

Beginnen wir mit der Erfahrung der Selbstgespräche. Manchmal wählen wir das Thema, manchmal wählt das Thema uns. In jedem Fall aber gibt es in einem menschlichen Geist eine Menge Geplapper zu ertragen.

Wie der Forscher Chris Fields beschrieb (2002), reden die meisten von uns einen Großteil der Zeit mit sich selbst. Woher kommt diese Stimme? Warum benutzen wir sie so viel und warum können wir sie nicht leicht zum Schweigen bringen? Die Antwort mag in der modularen Bauweise des Gehirns liegen. Verschiedene Systeme verrichten verschiedene Aufgaben, und viele von ihnen operieren mit einiger Autonomie (wie die Systeme, die uns Selbstgespräche ermöglichen) oder mit voller Autonomie (wie die Systeme, die Herzschlag und Verdauung regulieren).

Laut Fields kommt die Stimme, die wir im Selbstgespräch „hören", aus demselben auditiven System im Gehirn, das uns ermöglicht, die Außenwelt zu hören, mit dem Unterschied, dass die Impulse in den höheren Regionen des Hirns generiert werden und nicht durch die Ohren kommen. Es ist eine in sich geschlossene Form des Hörens, aber ohne reale Klänge.

Dasselbe gilt für unsere visuelle Imagination. Wenn wir die Augen schließen und eine Szene visualisieren, werden dieselben visuellen Systeme aktiviert, die wir für das Sehen der Außenwelt brauchen (Kosslyn et al. 1995). Mitunter provoziert uns der Geist ohne unsere Zustimmung mit visuellen Bildern. Das geschieht in Träumen, in Flashbacks oder wenn ein Duft von gebackenen Äpfeln in uns das Bild eines Apfelstrudels heraufbeschwört.

Das liegt daran, dass unser Gehirn aus spezialisierten Systemen aufgebaut ist, die Informationen weiterverarbeiten und austauschen. Einige der Gehirnaktivitäten nehmen wir wahr, während andere Funktionen unterhalb unserer Bewusstseinsschwelle liegen. Wir können diese als „bewusste" und „unbewusste" Aktivitäten ansehen.

Scheinbar wissen einige der Gehirnsysteme von Dingen, die wir nicht bewusst erkennen. Beispielsweise gibt es eine visuelle Erkrankung, „kortikale Blindheit" genannt, die das geschäftige Treiben unter der Oberfläche des Bewusstseins veranschaulicht. Während meiner Ausbildung zum Psychologen hörte ich von einem Mann, der nach einem heftigen Schlag auf den Kopf völlig erblindet war. Obwohl er seine Sehkraft vollständig verloren hatte, war er seltsam fähig, Flure entlangzugehen und geschickt alle Zusammenstöße zu vermeiden. Auf die Frage, wie er das mache, antwortete er: „Ich weiß es nicht."

Die Erklärung dafür ist, seine Augen waren zwar in Ordnung, aber die Sehrinde im Cortex war beschädigt. Doch weiter innen im Hirnstamm liegen Strukturen zur Weiterverarbeitung der visuellen Informationen (der *Colliculus superior,* falls Sie das interessiert), die tadellos funktionierten und visuelle Informationen von seinen Augen in andere Bereiche des Gehirns weitergaben, so dass er sich einen Weg bahnen und durchschlängeln konnte.

Das modulare Hirn ist ein betriebsamer Ort. Es gibt uns Bilder, ohne dass wir sehen, und Töne, ohne dass wir hören. Es sortiert erstaunliche Berge von Informationen, damit wir unsere Umgebung wahrnehmen können. Es kaut an Problemen, während wir uns anderen Dingen zuwenden. Jeder, der eine Epiphanie erlebt oder ein verlorenes Stück Information wiedergewonnen hat, weiß um die Schönheit eines Geistes, der Probleme im Autopilot löst. Ein Großteil der mentalen Aktivität, die unser Menschsein ausmacht, ist von dieser Art. Unterhalb unseres Wachbewusstseins produzieren physiologische Strukturen und Berechnungssysteme unaufhörlich abstrakte Erfahrungen, beispielsweise von Empathie (Hooker et al. 2010) und Intuition (Lieberman 2000).

Es ist schwierig, eine Trennlinie zwischen unserem bewussten und unterbewussten Geist zu ziehen. Um diese Linie kennenzulernen, könnten wir der biologischen Erklärung einiger Forscher folgen, die Strukturen entdeckten, die den Sinn fürs eigene Selbst erzeugen (Lou et al. 2010), zusammen mit

Systemen, die uns befähigen, unser eigenes Verhalten zu überwachen (Kircher und Leube 2003). Laut dieser Forschungsrichtung arbeiten gewisse Bereiche im Gehirn speziell zur Heranbildung der Selbstbewusstheit.

Warum all das eine Rolle spielt? Weil wir im Folgenden eine klare Definition des Begriffes „Geist" brauchen werden – also zumindest eine Definition, die so klar ist, wie es unser Verständnis des Gehirns erlaubt. Das Ding, das uns ständig beplappert, ist weder abartig noch kaputt, sondern ein atemberaubendes Netzwerk von Systemen, die unser Verhalten steuern. Es kann nicht immer in Worten zu uns sprechen, findet aber bestimmt einen Weg, zu kommunizieren. Erfahrungen wie Empathie und Intuition können tief aus dem Innern auftauchen. Wie bei der kortikalen Blindheit benutzt unser Geist manchmal solche Gefühle und Impulse, um unser Verhalten zu steuern, ohne dass wir uns dessen bewusst sind.

Dies sind nur ein paar Beispiele. Der Geist spricht auch zu uns mit Hilfe unangenehmer Empfindungen wie Ängste oder Depression, die wir später in diesem Kapitel behandeln.

Also, was ist der Geist? Um Steven Pinker (2007) anzuführen: „Der Geist ist das, was das Gehirn tut." Und nie aufhört zu tun. Das endlose Geplapper, das wir hören? Sehen wir es als das Summen eines fein getunten Motors.

Warum der Geist sich sorgt

Innehalten und die Rosen riechen, lautet ein altes Rezept. So banal das klingt, manchmal brauchen wir diesen Rat. Aber wir brauchen keine Ermahnung, um anzuhalten und nach Gefahren Ausschau zu halten. Darauf ist unser Geist geeicht.

Denn dieser unser Geist ist das Ergebnis von Tausenden von Generationen wertvoller Entscheidungen. Jeder Mensch, der erfolgreich die frühe Umwelt durchlebt hat, und das lange genug, um seine oder ihre Gene weiterzugeben, hat auch weitergegeben, welche Entscheidungen überleben halfen. Ihre Entscheidungen trugen zum Entstehen der Schaltkreise bei, wie wir sie heute in uns tragen.

In einem sehr realen Sinn ist dieser unser Geist – als die kombinierten Systeme, die unermüdlich unterhalb der bewussten Ebene arbeiten – ein primitiver Geist, ausgerüstet für eine primitive Umwelt. Furchtsam und reaktionsschnell, immer auf der Lauer, um auf Nummer Sicher zu gehen.

Unsere Vorfahren waren ernsthaften Gefahren aus ihrer Umgebung ausgesetzt. Stellen Sie sich vor, über die Savanne zu streifen, um nach einem Mittagessen zu suchen, und dann hören sie das Rascheln von Blättern in der Nähe. Es *könnte* einfach der Wind sein oder ein auffliegender Vogel oder etwas ähnlich Harmloses, das man ignorieren kann. Aber die sichere Seite – die der größten Überlebenschance – bedeutet, dass das Rascheln auf etwas Gefährliches hinweist.

Wir tragen diese mentale Programmierung noch in uns. Ob der Stimulus das Rascheln von Blättern in einer Savanne ist oder irgendein anderes Geräusch, das uns aufschreckt, der Geist reagiert auf dieselbe Weise. Er wird die sichere Seite wählen, eine drohende Gefahr vermuten und uns in einen überwachen Zustand katapultieren. Wir erschrecken, erstarren und suchen nach Anzeichen der Bedrohung, während im Gehirn schon Adrenalin ausgestoßen wird. Unser Seh- und Hörvermögen spitzt sich zu, unser Körper spannt sich für schnelles Handeln. Unser Geist sucht nach Anzeichen für Gefahr – Zeichen, die wir auf einer primitiven und viszeralen Ebene verstehen. Schon Kleinkinder sind imstande, zwischen einer Verfolgung durch Raubtiere und anderen Bewegungsarten in ihrer Umgebung zu unterscheiden, denn der Mensch besitzt eine fein gestimmte natürliche Fähigkeit, die Absichten von Raubtieren zu erkennen (Barrett 2005).

Der Geist gibt eine große Antwort auf ein kleines Geräusch, denn er ist vor allem pragmatisch. Wenn es nur das Rascheln eines Vogels ist oder eine harmlose Blattansammlung, die von einem Windstoß bewegt wird, was verlieren wir denn, wenn wir wie auf eine ernste Bedrohung reagieren? Andererseits, Ruhe und entspannte Haltung sind wie eine verlorene Wette: Es gibt nichts zu gewinnen, aber – im Falle einer drohenden Gefahr – alles zu verlieren.

Gefahren aus der Umwelt sind nur ein Teil dessen, womit sich unser Geist beschäftigt. Die komplexeren Bedrohungen gehen von unserer eigenen Spezies aus, wo wir durch Konflikte des Status, Lebensunterhalts oder der Partnerschaft navigieren müssen. Eben diese hatten für unsere Ahnen eine direkte Auswirkung auf ihr Überleben und die Arterhaltung.

Vielleicht war für unsere Ahnen keine Bedrohung komplexer und allgegenwärtiger als der Umgang mit anderen Menschen. Bemitleidenswert der arme Jäger oder Sammler, der die Mutproben, mit denen sein Clan sich über ihn lustig machte, weder verstehen noch angemessen darauf reagieren konnte. Ihm waren bestenfalls die unteren Sprossen der sozialen Leiter bestimmt. Im schlimmsten Falle konnte er ausgestoßen werden, mit trostloser Zukunft.

Ebenso wie unser Geist sich einer bedrohlichen physischen Umgebung anpasste, hat er sich auch den Verwicklungen und Gefahren angepasst, die das Leben unter seinesgleichen mit sich bringt. Wir verstehen von allein, wie wir uns mit anderen messen, Mittel zum Lebensunterhalt sichern, Täuschung und Arglist erkennen und soziale Situationen mit Gewaltpotential meiden (Duntley 2005).

Dies sind nur wenige Beispiele, wie der Geist fürs Überleben eingerichtet ist. Unseren Vorfahren können wir dafür dankbar sein – denjenigen jedenfalls, die lange genug überlebten und sich fortpflanzten. Wir sind die Erben dieses Geistes mit dieser Sicht auf das Leben. Nennen wir es *nützliche Paranoia*, die unaufhörliche Aktivität eines Geistes, dem nichts wichtiger ist als das Überleben in einer komplexen Welt.

Wie der Geist spricht

Wie der Geist über diese komplexe Welt mit ihren zahlreichen, komplexen Gefahren spricht, ist sowohl subtil als auch offensichtlich. Manche Botschaften kommen klar wie Glockenklingeln, andere beeinflussen unser Verhalten eher unterschwellig, wie der Einfluss einer Brise auf die Bahn eines Flugzeugs. Plötzlich wundert man sich, wie man so weit vom Kurs abweichen konnte.

Als kleines Kind lernte ich die aggressiveren und offenkundigen Botschaften des Geistes kennen, als ich eine Begegnung mit einem deutschen Schäferhund hatte, der ohne Leine auf der Wiese eines Nachbarhauses lag. Tierlieb wie ich war, ging ich auf ihn zu und rief freudestrahlend: „Hallo, mein Hündchen!"

Meine Hoffnung war, ihn als Freund fürs Leben zu gewinnen, aber in seiner Wahrnehmung muss dieser alberne, bebrillte Junge eine Bedrohung dargestellt haben. Augenblicklich jagte er mich über die Straße und schnappte nach meinen Beinen. Für den Rest meiner Kindheit ging ich nicht angeleinten Hunden aus dem Weg, weil ich erlebt hatte, wie gefährlich sie sein können.

Der Geist vergisst solche Lektionen nicht. Bis auf den heutigen Tag blitzen in mir beim Anblick jedes größeren Hundes lebhafte Erinnerungen an jenen Moment auf. Der Geist scheint nicht einzusehen, dass dieser Moment mehr als 35 Jahre zurückliegt. Trotz zwischenzeitlicher zahlloser positiver Begegnungen mit anderen Hunden lebt in mir dieselbe alte Botschaft jedes Mal wieder auf: *Bleib weg! Die Zähne sind scharf!* Tatsache ist, dass Hunde manchmal gefährlich sind und manchmal nicht. Viele Faktoren kommen ins Spiel. Aber mein Geist ist nicht an Abstufungen im Grau interessiert. Er will auf Nummer Sicher gehen.

Der Geist kann auch indirekt kommunizieren. Denken wir zum Beispiel an die Gabe der Intuition. Deren Aufgabe scheint es zu sein, die Umgebung und andere Menschen genau zu erfassen, um Probleme zu vermeiden. Vielleicht kennen Sie dieses Gefühl im Bauch, die Vorahnung, dass der Fahrer auf der anderen Spur plötzlich in die eigene Spur rüberschert. So eine Eingebung muss weder mystisch noch magisch sein, sondern ist eine Funktion des modularen Hirns, das hinter den Kulissen unentwegt an Problemlösungen arbeitet.

Intuition steht in Zusammenhang mit dem *impliziten* bzw. inzidentellen Lernen, einem Vorgang, bei dem man komplexe Informationen ohne Anstrengung oder Aufmerksamkeit erlernt (Lieberman 2000). Carol A. Seger (1994) wies spezifische Hirnbereiche auf, die mit dem impliziten Lernen und der entsprechenden Informationsverarbeitung zu tun haben. Wir haben scheinbar eine besondere Begabung für das Erlernen und Reagieren auf Muster, die wir bewusst unbeachtet lassen. Das heißt, auch wenn wir den Signalen aus der Umgebung keine Aufmerksamkeit schenken, geschieht dennoch etwas in unserem Geist. (Mathews et al. 2000). Das mag das „Bauchgefühl" erklären, wenn wir ahnen, dass gleich ein anderer Fahrer in unsere Spur einschwenkt. Wahrscheinlich haben wir subtile Signale registriert, etwa eine winzige Änderung der Geschwindigkeit, eine minimale Kopfbewegung des Fahrers oder ein kaum merkliches Abdriften des anderen Autos. So ein Wissen kommt nur aus Erfahrung, und unser „Gefühl" ist das, was der Geist uns subtil und nonverbal kommuniziert.

Manchmal ist die beste Antwort auf Intuitionen, den Geist einfach agieren zu lassen, so wie es geschieht, wenn wir dem anderen Fahrzeug automatisch ausweichen. Falls die Situation weniger dringend ist, hilft es, das intuitive Empfinden in Worte zu fassen: *Ich spüre, wie ich angesichts dieser Situation zögere. Was könnte das sein?* Oft bringt schon ein einfaches Erkennen und Verbalisieren der inneren Vorgänge größere Klarheit.

Implizites Lernen und subtile Botschaften gehören zur täglichen Routine unseres Geistes. Manchmal müssen aber handfestere Maßnahmen her. Wenn nämlich unsere Sicherheit auf dem Spiel steht, versucht der Geist unsere Aufmerksamkeit mit rigoroseren Mitteln zu fesseln.

Ängste und Depression: Uralte Werkzeuge für moderne Zeiten

Manchmal ist ein sanftes, intuitives Tippen auf die Schulter nicht genug, dann werden wir an beiden Enden gleichzeitig gepackt und kräftig und schmerzhaft durchgeschüttelt. Aber jede Wette, wenn unser Geist das mit uns macht, geschieht es aus gutem Grund. Derlei Methoden haben unserer Spezies schon früher gute Dienste erwiesen. Bis zu einem gewissen Punkt.

Sinnvolle Angst

Angst ist ein ungeschliffenes Werkzeug. Stellen Sie sich einen Augenblick lang vor, Sie müssten für eine andere Person die Aufgaben ihres Geistes übernehmen und bräuchten ihre Aufmerksamkeit. Vielleicht wollen Sie dafür sorgen, dass die Person Hunden aus dem Weg geht, weil Hunde in der Vergangenheit eine Gefahr darstellten, oder vielleicht wollen Sie, dass die Person keine Rede hält, damit sie nicht streng beurteilt wird. Um solche Dinge sorgt sich der Geist, um uns von Gefahren fernzuhalten.

Der Haken daran ist: Man kann die Person nicht einfach mit Worten warnen. E-Mails und „singende Telegramme" sind nicht erlaubt. Aber der Geist hat Zugang zu emotionalen und physischen Zuständen. Wenn die Person sich einem Hund oder einer Bühne nähert, geben wir ihr ein Gefühl der Beklemmung, um Rückzug zu bewirken. Sie können tragische Gedanken hinzufügen: Sie können Herzklopfen, Atemlosigkeit, Magenkrämpfe schicken. Sie können sie mit lähmender Panik schwächen und ruhigstellen.

Genauso wichtig ist es, dass wir die Person belohnen, indem wir sie von diesen Strafmaßnahmen erlösen, sobald sie gehorcht. Wir halten die Angstkeule in der Hand. Wir können zuschlagen, wenn die Person sich Dingen nähert, die sie meiden sollte, und wir können aufhören mit den Schlägen, sobald sie unsere Wünsche erfüllt. Einfach und effektiv!

Nicht immer geht es um Leben und Tod, und der Geist versteht das sehr wohl. Ängste dienen noch anderen Zwecken als nur der Vermeidung. In vernünftigem Maße – nicht zu viel und nicht zu wenig – können Ängste nämlich unsere Leistungen steigern (Yerkes und Dodson 1908).

Einer der besten Orte, die Auswirkungen von Angst auf Leistung zu messen, ist ein Statistikkurs. Da die meisten Teilnehmer ihren Statistikkurs mit einiger Beklemmung begannen, entschied Jared Keeley mit seinem Forschungsteam (2008), eine Erhebung über die Ängste und ihre Auswirkung auf Testergebnisse durchzuführen. Er stellte fest, dass sowohl ein hohes als auch ein niedriges Maß an Angst zu schlechten Leistungen führte und dass mit einem mittleren, optimalen Angstpegel die besten Testergebnisse erzielt wurden.

Unsere Vorfahren kannten keine Statistikexamen, aber sie mussten athletische Leistungen vollbringen. Ihr Überleben konnte von Fähigkeiten wie Jagen, Speerwerfen oder Fluchtsprint abhängen. In einer Untersuchung von sportlichen Leistungen kamen John Raglin und Paul Turner (1993) zu ähnlichen Ergebnissen wie in der Statistikstudie. Die besten Leistungen entsprachen einem mittleren Angstpegel. Zu viel oder zu wenig Angst wirkte sich nachteilig auf die Leistung aus.

Normalerweise bezahlen wir für schlechte Leistungen einen viel geringeren Preis als unsere Vorfahren. Im Gegenzug leben wir dafür lange genug, um ständig an Angstsymptomen zu leiden, die sie vermutlich nicht hatten. Sogar

Ängste, die sich zur Angststörung ausweiten – d. h., sie lassen den Betroffenen kein normales Leben mehr führen –, können ihre Wurzeln in gesunden Anpassungen an eine primitive Umgebung gehabt haben. *Zwangsstörungen* sind ein ernstes Leiden, mit Symptomen wie hartnäckigen, quälenden Gedanken, und gewöhnlich begleitet von dem unwiderstehlichen Drang, eine ungewollte Handlung ständig wiederholen zu müssen, etwa Türen abschließen oder Hände waschen. Alles deutet darauf hin, dass dies der ausschließlich menschlichen Fähigkeit entspringt, sich künftige Probleme vorstellen und sich auf deren Lösung konzentrieren zu können. (Brüne 2006). Bescheiden ausgedrückt, ist das eine nützliche kleine Überlebenskunst. Ein Löwe mit vollgefressenem Bauch jagt nicht, aber ein Mensch mit vollem Bauch sammelt Nahrung für magere Zeiten in der Zukunft. In der modernen Welt ist die Besessenheit, die abgeschlossene Tür zu kontrollieren, ein Versuch, uns die Folgen zu ersparen, sie nicht abgeschlossen zu haben.

Die vorrangige Beschäftigung des Geistes mit unserer Sicherheit zeigt sich auch in den *posttraumatischen Krankheitsbildern* (PTSD), wenn jemand ein traumatisches Ereignis immer wieder durchlebt, begleitet von Symptomen extremer Angstzustände. Das posttraumatische Syndrom (PSTD) wird zwar als Störung oder Krankheitsbild klassifiziert, ich halte es aber für nützlicher, es als eine Reihe von Adaptationen anzusehen, die bis zum Extrem durchgeführt werden. Übersteigerte Wachsamkeit, eines der Merkmale von PTSD, ergibt von der Warte des Geistes aus betrachtet durchaus Sinn. Warum denn nicht aufpassen, ob etwas Schreckliches passiert? Andere Symptome wie Rückzug und Vermeidung oder Flashbacks lassen sich ähnlich als Maßnahmen eines Geistes verstehen, der uns beschützen will, indem er die Gefahren so sehr betont, damit wir sie vorsichtig umgehen. (Cantor 2005).

Ein Großteil dessen, was im Geist geschieht und uns Schmerzen verursacht, lässt sich durchaus im Sinne gesunder Adaptionen verstehen. Das Problem ist nur, dass der Geist unser Leben auch dann retten will, wenn es gar nicht in Gefahr ist.

Hilfreiche Depression

Ohne unsere Phantasie überzustrapazieren, verstehen wir leicht, wie Ängste unserem Überleben förderlich sein können. Aber wie steht es mit Depressionen? Wie kann eine Verfassung, in der wir uns wert- und hoffnungslos fühlen, bis hin zu Selbstmordgedanken, überhaupt nützlich sein?

Jüngere Untersuchungen ergaben, dass die Depression als weiterer Adaptionsvorgang des Gehirns anzusehen ist. Andrews und Thomson (2009) vertreten die Ansicht, dass das „*Wiederkäuen*", also Grübeln (eines der ersten Symptome einer Depression, wenn sich das ganze Denken an etwas Unangenehmem festbeißt), eigentlich ein Problemlösungsverhalten ist, ein langsamer und stetiger Verarbeitungsprozess.

Wer an Depressionen leidet, bleibt an Problemen hängen, die keine klare Lösung haben. Das können Beziehungsfragen sein oder Schwierigkeiten im Beruf. Andrews und Thomson sehen das nicht als Krankheit an, sondern als Adaption. In der Depression werden Geisteskräfte beschlagnahmt, um einem Problem anhaltende Aufmerksamkeit zu sichern. Vielleicht ist das ein Grund, weshalb Gesprächstherapien bei Depression oft helfen. In der Therapie können verschiedene Facetten einer beunruhigenden Situation isoliert betrachtet und erforscht werden, und genau das versucht der Geist laut Andrews und Thomson mit dem grübelnden Wiederkäuen zu erreichen.

In mäßiger Dosierung scheint die Depression sogar einige Denkvorgänge zu schärfen. Forgas, Goldenberg und Unkelbach (2009) konnten aufzeigen, dass Niedergeschlagenheit manchmal mit verbessertem Erinnerungsvermögen einhergeht. In gedrückter Stimmung werden auch Informationen wirksamer verarbeitet, die Fähigkeit zum konkreten und überzeugenden Ausdruck von Ideen ist gesteigert (Forgas 2007). Depression trägt dazu bei, dass uns nichts von dem lebensbedrohlichen Problem ablenkt, was auch immer es sei – so jedenfalls die Sicht unseres Geistes.

Der Geist ist immer rational – von einer bestimmten Warte aus

In mäßiger Dosierung können Ängste und Depression unseren Blick schärfen und Leistungen steigern. Das heißt aber nicht, dass sie immer nützlich sind. In großen Dosen zehren sie an unserer Lebenskraft.

Aber nichts hindert den Geist daran, uns weiter zu beschützen. Wo es um unsere Sicherheit geht, wählt er meistens die größere Dosis. Nützliche Zukunftsplanung kann in Zwangsstörungen münden, harte Lektionen aus der Umgebung können in posttraumatische Symptome übergehen und nützliches Nachdenken kann sich in Selbsthass und Depression verwandeln.

Das mag daran liegen, dass unser primitiver Geist in der modernen Welt wie ein Fisch auf dem Trockenen ist. Unsere Vorfahren waren mit praktischen Sorgen wie der Jagd nach den nächsten Mahlzeiten ausgelastet. Wir dagegen haben den Luxus vieler kleiner Sorgen von der Art, ob wir nun die Haustür verriegelt haben oder nicht. Der für eine primitivere Zeit ausgestattete Geist verlässt sich mitunter noch auf die abgestumpften Methoden, um uns in unserer wesentlich kultivierteren Umgebung zu beschützen. Wie Luke entdeckte, kann ein überreagierender, überfürsorglicher Geist genau das Gegenteil von dem bewirken, was wir beabsichtigten. Aber so funktionierte es in der paläolithischen Epoche und es wird nicht von heute auf morgen aufhören.

Dennoch ist der Geist fast immer rational, von einem bestimmten Standpunkt aus betrachtet. Eine der Schwierigkeiten, mit einem menschlichen Geist ausgestattet zu sein, liegt darin, ob wir verstehen, was er zu leisten versucht mit den Gedanken, die er uns gibt, den Emotionen und körperlichen Empfindungen. Die Herausforderung, die vor uns liegt, besteht darin, zu verstehen, was der Geist uns mitteilen will, aber *während* er zu uns spricht, nicht erst nachdem die Situation vorüber ist. Wenn wir verstehen, was er von uns will, sind wir frei, dem nachzukommen oder einen anderen Kurs zu wählen. Eine der widernatürlichsten Wahrheiten über den menschlichen Geist lautet: Wir müssen ihm nicht immer gehorchen.

3

Den Geist seinen Job machen lassen

Das Problem mit dem menschlichen Geist ist, dass er ständig unser Leben retten will. Manchmal trifft er keine Unterscheidung, ob wir nun von einem Bären verfolgt werden oder in einem Aufzug feststecken.

Dies ist beunruhigend. Unser höheres, rationales Selbst bemerkt die Diskrepanz zwischen Gedanken und Gefühlen *(Ich fühle mich, als ob ein Bär hinter mir her ist!)* und dem, was tatsächlich passiert *(Ich stecke in einem Aufzug, völlig harmlos, keine Bären in Sicht)*. Wenn wir derartige Fehlwahrnehmungen bemerken, können wir leicht verrückt werden. Unsere natürliche Reaktion darauf ist, solch irrationale Vorgänge verhindern zu wollen.

Hier begeben wir uns auf doppelt glattes Eis: Wir kasteien uns wegen innerer Erfahrungen, die wir weder gesucht noch gewollt haben. Erst trifft uns ein ungebetener, unfreiwilliger Gedanke oder ein Gefühl, und dann machen wir uns Vorwürfe, weil wir so fühlen: *Ich sollte nicht überreagieren. Ich sollte nicht depressiv sein. Ich bin zu traurig, zu nervös, zu aufgebracht.*

Das ist eine nur dem Menschen eigene Falle. Es ist relativ leicht, unerwünschten Situationen in der Welt um uns herum aus dem Weg zu gehen. Wenn wir Flugangst haben, können wir mit dem Zug fahren, und das Problem ist gelöst. Aber eigenen inneren Erfahrungen aus dem Weg gehen zu wollen ist, wie den eigenen Herzschlag zu vermeiden. Wir können dem nicht entgehen, wie sehr wir es auch versuchen.

Eine Panikattacke zum Beispiel ist nicht nur emotional sehr qualvoll und physisch unbequem, die meisten Menschen empfinden sie außerdem als peinlich und schämen sich dessen. Sich selbst in einer Panik als schwach zu verurteilen ist zwar verständlich, erhöht aber nur die Wahrscheinlichkeit weiterer Attacken.

Dasselbe gilt für Depression und Trauer. Ich kann die Klienten nicht zählen, die ihre Depression für eine beschämende Fehlfunktion ihres Gehirns hielten – die sich später jedoch als normale und adaptive Reaktion auf eine schwierige Situation herausstellte. Sich selbst als anormal anzusehen, liefert nur einen Grund mehr zum Depressivsein. Doppeltes Pech.

Routinemäßig verurteilen wir das Verhalten unseres Geistes als pathologisch – und das so sehr, dass wir eine Vielfalt an Pillen entwickelt haben, die uns in unserem Kampf gegen den Geist helfen sollen. Das ist nicht als Vorwurf gegen ordnungsgemäße Medikationen gemeint, sondern soll nur anschaulich machen, wie weit wir gehen, um das Leiden zu lindern, und zwar dadurch, dass wir die normalen Geistesaktivitäten unterdrücken oder kontrollieren.

Vergessen wir auch nicht die weniger bewunderten Mittel im Umgang mit inneren Erfahrungen, etwa Trinken, Einkaufen, Essen, Spielsucht und zwanghaften Sex. Solches Verhalten kann uns aufzehren, wenn wir es benutzen, um mit Gedanken, Gefühlen, Erinnerungen und Sorgen fertigzuwerden. Es funktioniert eine Weile und wir entkommen kurzfristig unserem eigenen Innenleben. Allerdings bezahlen wir einen hohen Preis dafür, weil die Gedanken und Gefühle, denen wir entfliehen wollten, später umso stärker zurückkommen.

Hierin liegt das furchtbare Dilemma, wenn wir die Kontrolle über den Geist erlangen wollen. Je mehr wir einen Gedanken oder ein Gefühl verdrängen, desto gegenwärtiger wird es. (Erinnern Sie sich an das Experiment „nicht an Affen denken"?) Jemand, der trinkt, um den Schmerz über den Verlust eines geliebten Menschen nicht spüren zu müssen, mag vorübergehend Erleichterung erfahren, aber die Erinnerungen und Gefühle kehren, verwoben mit Nebenprodukten aus dem Alkoholkonsum, mit aller Macht zurück. Das wiederum führt zu weiterem Fluchtverhalten. Muster wie diese geraten leicht außer Kontrolle.

Dennoch reagieren wir auf sorgenvolle Gedanken und Gefühle oft mit dem Versuch, sie zu umgehen oder zum Rückzug zu überreden. Manchmal funktioniert es, manchmal schlägt es auf uns zurück. Wenn wir uns mit Argumenten zureden wollen, können prompt Gegenargumente aufkommen. Denken Sie an das letzte Mal, als Sie jemanden vor allzu selbstkritischen Gedanken bewahren wollten. Vielleicht hat die Person ihre Botschaft dankbar angenommen. Oder hat sie, was viel wahrscheinlicher ist, mit Ihnen argumentiert, um gleich mehrere Punkte vorzubringen, die ihre selbstzerstörerischen Gedanken nur bestärken?

Ein ähnlicher Prozess nimmt seinen Lauf, wenn wir unsere Gedanken unterdrücken möchten. Dann bekommen wir noch mehr von dem, was wir nicht wollten, als Beweis, dass der Gedanke stimmt: *mein Leben ist verkorkst*, weil *ich keinen Job finde* und weil *ich nicht genug Freunde habe* und weil *ich mir keine anständige Wohnung leisten kann*.

Es ist eines, wenn wir anerkennen, dass jede Medaille zwei Seiten hat. Das kann nützlich sein. Es ist etwas völlig anderes, wenn wir einen Gedanken durch sein Gegenteil widerlegen wollen. Damit haben wir meist schon verloren, denn unser Denken kann immer neue Gegenbeweise hervorbringen.

Vom Standpunkt des Geistes ist das Überleben das Allerwichtigste

Wir müssen nicht mit unseren eigenen Gedanken argumentieren oder sie verdrängen. Wir haben eine weitere Option. Am Anfang steht die Erkenntnis, dass unser Geist einfach nur das tut, wozu er ausgelegt ist, und dass das vielleicht gar nicht so übel ist.

Stellen wir uns ein Spiel vor, wo es darum geht, Fragen so zu beantworten, wie es der Geist tun würde – ein primitiver, beschützender, emotionaler Geist. Geben wir vor, wir seien dieser Geist, und antworten wir, als ob unser Job wäre, für das Überleben unseres Besitzers zu sorgen. Die Show heißt *Wenn ich dein Geist wäre*. Bühne frei für eine freche Leitmusik!

Sobald Sie auf der Bühne erscheinen, stellt der Moderator die erste Frage. Sie sind Herr oder Frau Geist und begleiten Ihren Besitzer zu einem Bewerbungsgespräch für einen Job. Ihr Besitzer war einige Zeit arbeitslos und braucht ein Einkommen. Was tun Sie?

A. Sie gehen die Situation ruhig und rational an, indem Sie effektive Interviewstrategien durchproben?

B. Sie entspannen und genießen die herrlichen Zeitschriften und Grünpflanzen im Wartezimmer mit dem ruhigen Wissen, dass er überleben wird, ob er nun den Job bekommt oder nicht, und deshalb genauso gut den Augenblick genießen könnte?

C. Sie visieren wie mit einem Laser die Unsicherheiten Ihres Besitzers an, im Bestreben, ein Scheitern zu verhindern, Sie gehen alle Gründe durch, weshalb sein Leben aus den Fugen gerät, wenn er diesen Job nicht bekommt (um ihn zu motivieren, es nicht zu vermasseln), machen ein Inventar der Gründe, weshalb der Interviewer ihn unakzeptabel finden könnte, sowohl als Bewerber als auch als Mensch (um ihn zu motivieren, sich bei seiner Vorstellung in Acht zu nehmen), erinnern an fehlgeschlagene Interviews, konzentrieren sich auf das, was falsch lief (um ihn zu motivieren, dieselben Patzer nicht zu wiederholen)?

Wenn Sie auf C tippen, haben Sie gewonnen. Als Geist würde ich alles in meiner Macht Stehende tun, um meinen Besitzer zum Erfolg anzustacheln – oder genauer gesagt, ihn vor dem Scheitern zu bewahren. Ich würde an seine Zukunft denken und daran, was geschehen könnte, wenn er scheitert. Ich würde an seine Vergangenheit denken und an seine kostspieligsten Fehler. Ich würde ihm Angst machen – als ob ein Bär hinter ihm her wäre –, um seine Leistung zu steigern. Davon abgesehen wäre das Geschick, einem Bären zu entkommen, bei einem Bewerbungsgespräch nutzlos. Aber solche Feinheiten gehören nicht zu den Stärken eines Geistes.

Nehmen wir einen weiteren Fall. Als Herr oder Frau Geist begleiten Sie Ihre Besitzerin zu einer Vorstandssitzung, wo sie einen Vortrag halten wird. Was tun Sie?

A. Sie helfen ihr bei der Planung ihrer Einkaufsliste, da für die nahe Zukunft kein Grund zur Besorgnis besteht?

B. Sie liefern ihr zuversichtliche Gedanken – ihr Vortrag ist perfekt vorbereitet und wird ihre Firma für alle Zeit vorwärtsbringen?

C. Sie überzeugen sie, dass ihre Karriere ruiniert ist, falls sie versagt; Sie erinnern sie an die Gerüchte über Budgetstreichungen und spekulieren über die Gründe, warum ihr Job gestrichen wird, wenn ihre Leistung nicht überzeugt; Sie erinnern sie an mehrere Freunde, die im Raum sind und zweifellos weniger von ihr halten, wenn sie es verpfuscht; und Sie geben ihr das Gefühl, als ob ein Bär hinter ihr her jagt, weil sie das Adrenalin gut gebrauchen kann?

Falls Sie auf C getippt haben, kommen Sie morgen zur Bonusrunde wieder!

Gedanken sind keine Fakten

All diese mentalen Qualen stehen im Dienste der Überlebenssicherung. Da unser Geist dabei doch nur helfen will, sollten wir ihm eher Empathie als Antipathie entgegenbringen. Wir werden die unaufhörliche Suche nach unserem Schutz nicht stoppen können, warum dem also nicht dankbar und abgeklärt begegnen?

Der erste Schritt zur Dankbarkeit gegenüber dem Dominanzstreben unseres Geistes besteht darin, einfach zu beobachten, was geschieht, während es geschieht. Dies ist nicht so leicht, wie es klingt. Wenn der Geist tatsächlich ein gesondertes Wesen wäre, das uns durch unser Leben folgt, könnten wir früher oder später lernen, es einfach zu ignorieren. Jeden anderen, der uns überall hin folgt und laufende Kommentare abgibt, würden wir als Spinner abtun, aber mit unserem Geist geht das nicht so einfach. Wenn der spinnt, macht mich das zu einem Spinner?

Ich hoffe, ich habe Sie überzeugen können, dass alles bestens ist. Der Geist operiert einfach von einem Aggregat primitiver Voraussetzungen aus. Vielleicht lernen wir, wie wir die Motivationen des Geistes erkennen können.

Einer der faszinierendsten menschlichen Züge ist unsere Fähigkeit, unseren Geist selbst zu beobachten, das ist ein bisschen wie an zwei Orten gleichzeitig sein. Stellen wir uns eine Rennbahn vor, auf der wir entlangrasen und gleichzeitig unseren Rennwagen von der Tribüne aus beobachten. So etwas geht im wirklichen Leben nicht, aber wir sind imstande, Gedanken und Gefühle zu haben und gleichzeitig zu beobachten, dass und wie wir sie erfahren.

Es braucht Übung. Es ist schwierig, den Geist ständig objektiv und mit Klarheit zu beobachten. Wir vertiefen uns ins Autofahren und halten unseren Blick auf die schnell herannahenden Kurven. Das tägliche Leben fordert schließlich unsere Aufmerksamkeit. Es fordert von uns, dass wir am Lenkrad sitzen. Wenn wir den Geist nicht länger beobachten, können Gedanken und Gefühle uns überrumpeln, weil wir die Tatsache aus dem Auge verlieren, dass sie eben nur das sind – Gedanken und Gefühle. Aber wenn wir sie als das erkennen, was sie sind, dann werden wir frei, zu wählen, ob wir ihnen gehorchen wollen oder nicht.

Eine weitere Schwierigkeit, wenn wir uns bestimmten Gedanken entziehen wollen, liegt darin, dass sie sich wie Tatsachen *anfühlen*. Besonders dann, wenn starke Emotionen wie Angst oder Trauer beteiligt sind: *Ich glaube, dass ich versagen werde, und das muss wahr sein, weil ich mich ängstlich fühle.*

Gefühle überwältigen uns, sie lassen sich nur schwer abstellen. Sie operieren meistens jenseits unserer Kontrolle, und wir sollten unserem Glücksstern dafür danken. Ein leidenschaftsloser Geist wäre ein schlechter Wächter: *Da scheint ein Löwe auf dich zuzukommen. Weiß nicht, vielleicht solltest du Angst haben und wegrennen. Aber nur, wenn du wirklich meinst, das sei nötig – mir ist das gleichgültig.* So funktioniert es nicht. Emotionen fordern von uns Gehorsam.

Gedanken sind jedoch keine Tatsachen, auch wenn sie so aussehen oder sich so anfühlen. Selbst wenn ein Gedanke korrekt ist, macht ihn das nicht zu einer Tatsache. Es ist immer noch nur ein Gedanke. Diese Idee ist so wichtig für unsere geistige Gesundheit, dass sie einen eigenen Paragraphen verdient: *Gedanken sind keine Fakten.*

Im besten Falle sind Gedanken einigermaßen korrekte Abbildungen der Welt. Oft aber sind sie irreführend und ungenau. Jemand kann überzeugt sein, dass er verfolgt wird, dass die Welt eine Scheibe ist oder dass er den Ofen angelassen hat, nachdem er ihn abgestellt hat. Der Gedanke macht es nicht wahr. Selbst wenn ein Gedanke von starken Emotionen begleitet wird, was die Illusion noch glaubhafter macht, bleibt der Gedanke einfach ein Gedanke. Das verdient auch einen eigenen Paragraphen: *Emotionen machen Gedanken nicht zu Fakten.*

Dieser Idee können wir sogar eine leicht esoterische Richtung geben: Gedanken gibt es gar nicht. Ein Gedanke ist kein Ding, kein Objekt, ebensowenig wie ein Herzschlag oder ein Kopfkratzen ein Objekt ist. Denken, Schlagen und Kratzen sind flüchtige, kurzlebige Aktivitäten. Manchmal sind sie uns dienlich, manchmal nicht. Auf jeden Fall aber folgt schon ein neuer Gedanke, ein neuer Herzschlag, ein neues Kopfkratzen. Das sind keine Tatsachen, sondern Aktivitäten.

Vielleicht finden Sie diese Art der Betrachtung anfangs etwas gewöhnungsbedürftig. Die meisten von uns haben zu Recht gelernt, sich auf ihren Geist verlassen zu können, woraus folgt, dass wir unseren Gedanken und Gefühlen trauen können. An dieser Logik stimmt aber etwas nicht. Sie ist vergleichbar mit dem Gedanken: *Ich kann mich nicht erinnern, dass mein Auto kaputtging, also wird mein Auto nie kaputtgehen.*

Trotz ihrer anfänglichen Ungereimtheit hat die Erkenntnis, dass Gedanken keine Tatsachen sind, großen Wert. Diese kleine Einsicht kann uns von der Tyrannei des Geistes freimachen und wird mit eifrigem Üben immer sinnvoller. Wie stets verlange ich nicht, dass Sie meinen Worten ohne Weiteres glauben. Testen Sie es für sich selbst aus. Hier ist ein gutes Experiment.

ÜBUNG

Wie sachlich ist dieser Gedanke?

Wählen Sie einen Gedanken, der ihnen einigermaßen sachlich vorkommt. Gedanken über sich selbst funktionieren gut, beispielsweise *Ich bin nicht so gut in meinem Job* oder *Ich bin ein hervorragender Liebhaber*. Bewerten Sie den Gedanken auf einer Skala von 1 bis 10 danach, für wie sachlich Sie ihn halten. Stufe 1 bedeutet, dass Ihnen der Gedanke absolut falsch vorkommt, und 10 bedeutet, Sie halten ihn für absolut wahr. Schreiben Sie den Gedanken und seine Bewertung auf, und stecken das in Ihre Tasche.

Am nächsten Tag bewerten Sie den Gedanken erneut – und periodisch immer wieder über mehrere Tage. Achten Sie besonders auf den Gedanken, nachdem Sie etwas erleben, das mit diesem Gedanken zu tun hat. Bewerten Sie beispielsweise einen Gedanken wie *Ich bin nicht so gut in meinem Job* nach einer Interaktion mit Ihrem Chef oder einem Mitarbeiter.

Wahrscheinlich stellen Sie fest, dass der Gedanke in einem Moment sachlich zutreffender scheint als in einem anderen.

Mit zunehmender Übung wird deutlich, dass unsere Vorstellung von Sachlichkeit nicht unbedingt vertrauenswürdig ist.

Einerseits sind unsere Gedanken, ganz gleich, wie beharrlich und überzeugend sie daherkommen, einfach nicht zuverlässig genug, wenn es um bestimmte Wahrnehmungen geht, besonders um die Selbstwahrnehmung. Wenn Sie etwas Zuverlässiges über Ihre Effektivität am Arbeitsplatz oder im Schlafzimmer erfahren wollen, ist es oft ratsamer, sich auf das Feedback anderer zu verlassen als auf die „Fakten", die im eigenen Geist entstehen.

Andererseits liegen wir mitunter mit unserem Denken auch richtig, wie wir am Beispiel intuitiver Erfahrung in Kapitel 2 sahen. Wie nun wissen wir, ob wir unserem Geist vertrauen sollen oder nicht? Der erste Schritt ist, uns nicht überrumpeln zu lassen, sondern die Maßnahmen zur Überlebensstrategie in unserem Geist zu beobachten. Wie erkennen wir die Motive unseres Geistes? Wir beginnen, indem wir unsere Gedanken beobachten.

Gedanken beobachten

In dem Film *A Beautiful Mind* leidet der Mathematiker John Nash schrecklich an Halluzinationen und Sinnestäuschungen. Genauer gesagt, leidet er an seiner Reaktion auf die Halluzinationen. Er hält sie für faktisch und glaubt, etwas daran tun zu müssen.

Die Erleichterung stellt sich erst ein, als er seine Geistesaktivitäten beobachten und erkennen lernt. Er hört auf, gegen die Halluzinationen anzukämpfen und akzeptiert sie als das, was sie sind: Erfahrungen im eigenen Geist. Im Film lernt er, mit ihnen zu leben. Wir wissen, das dies im echten Leben eine wirksame Strategie sein kann, mit Halluzinationen, aber ebenso gut auch mit Ängsten und Depressionen umzugehen (Bach et al. 2006; Orsillo et al. 2004; Tai und Turkington 2009).

Wenn wir das, was unser Geist uns bringt, beobachten und akzeptieren können, befreit uns das vom Ringen um die Kontrolle über Gedanken und Gefühle, und wir müssen sie nicht länger wegschieben. Erinnern Sie sich an die Affen? Sie lassen sich nicht so leicht im Zaum halten.

Gedankenbeobachtung ist vergleichbar mit Beten oder Meditieren, es kann so komplex und esoterisch oder so einfach ablaufen, wie wir es wünschen. Für unsere Zwecke brauchen wir es nicht kompliziert zu machen. Es geht nicht um höhere Mathematik. Wir sind alle imstande, unsere vorüberziehenden Gedanken und Gefühle zu beobachten. Die folgenden einfachen Übungen dienen dazu, unsere Fähigkeit des Gedankenbeobachtens zu steigern.

ÜBUNG

Parade der Zinnsoldaten

Bei dieser Übung machen Sie es sich erst einmal an einem ruhigen Ort bequem und schließen die Augen. Mit zunehmender Übung werden Sie das später auch während der täglichen Aktivitäten ausführen können.

Wenn Sie bequem sitzen, visualisieren Sie eine Parade winziger Soldaten, die vor Ihnen aufmarschieren. Jeder trägt ein Schild und auf jedem Schild steht einer Ihrer Gedanken geschrieben. Jede neuer Gedanke kommt auf ein neues Schild in dieser ununterbrochenen Parade. Die Schilder können Worte oder Bilder zeigen, auch Töne oder Stimmen. Was immer Ihr Denken produziert, kommt auf ein Schild.

Sie können auch, wenn Sie das lieber mögen, die Gedanken auf Blättern auf einem Strom dahinschwimmen lassen, oder als Wolken vorbeiziehen, als Filmabspann oder auf einem Förderband. Wichtig ist, sich dabei als distanzierten Zuschauer vorzustellen, während die Gedankenparade vorüberzieht.

Sobald Sie bemerken, wie Sie vergessen, was Sie da gerade tun, und von einem bestimmten Gedanken in Bann gezogen werden, dann klettern Sie einfach auf die Zuschauertribüne zurück und nehmen die Parade wieder auf (nach Hayes, Strosahl und Wilson 1999).

Das ist der leichte Teil. Der schwere ist, die eigenen Gedanken einfach nur zu beobachten, ohne sie verändern oder wegschicken sie wollen. Es mag helfen, sich zu erinnern, dass keine der Gedanken Tatsachen sind, auch wenn sie zwingend scheinen oder uns zum Handeln bewegen wollen (etwa die Parade schneller laufen lassen, damit ein bestimmter Gedanke verschwindet).

Sie mögen auch feststellen, dass Sie über die Gedanken urteilen. *Ich sollte das nicht denken* oder *Nur ein Verrückter denkt so etwas*. Nehmen Sie solche Gedanken auch auf ein Schild und in die Parade auf. Es sind keine Fakten und Sie brauchen nicht darauf zu reagieren.

Solche Übungen sind besonders hilfreich, wenn wir sie regelmäßig durchführen. Wenn Sie wollen, können Sie sie wie eine Meditation behandeln. Wenn Sie so geartet sind, wie ich es bin, und Meditation nicht mögen, behandeln Sie die Übung einfach als kleine Visualisierung, die weder Vorbereitung noch Aufarbeitung erfordert. So oder so steckt Weisheit in dem altem Witz: Sie wissen doch, wie man zur Carnegie Hall kommt? Mit Üben, Üben, Üben.

Gefühle beobachten

Schon in den 1960er Jahren stellte der Arzt und Forscher Paul MacLean fest, dass das menschliche Gehirn sich grob in drei Schichten einteilen lässt. Die äußere, der Cortex, verleiht uns die höheren Denkfähigkeiten. Die mittleren Strukturen sind zuständig für bestimmte Arten des Lernens, für Gefühle und viele weitere Funktionen. Und dann gibt es die tief inneren Strukturen, die für physiologische Funktionen und grundlegende Triebe zuständig sind.

Zu jener Zeit glaubte Dr. MacLean, dass wir das Gehirn ähnlich wie eine archäologische Ausgrabungsstätte betrachten könnten. Neuere Strukturen, die unser spezifisch menschliches Verhalten und Eigenschaften prägen, liegen näher an der Oberfläche, während ältere, primitivere Strukturen – von derselben Art wie im *Reptilienhirn* – tief im Innern verborgen liegen (MacLean 1973).

Nach weiteren 50 Jahren Forschung ist klar, dass die Theorien von Dr. MacLean simplizistisch waren, aber vom Ansatz her korrekt. Wir erfahren Triebe und Gefühle auf ähnliche Art wie Tiere, und einige unserer primitivsten und mächtigsten Antriebe fallen in den Bereich tief im Hirninnern verborgener Strukturen. Selbst das einfache Gehirn eines Reptils versteht die vier Grundbedürfnisse des Lebens: Futter, Flucht, Kampf und Paarung. Je elementarer das Gefühl, umso weniger Kontrolle haben wir. Wir haben einfach keinen Aus-Schalter für Gefühle wie Angst.

Emotionen gehen auch mit starken physischen Symptomen einher. Herzrasen, schwache Blase, Haarsträuben, ungreifbare Glücksgefühle – derartige Begleiterscheinungen sind ebenso wenig kontrollierbar wie die Gefühle, die sie erzeugten. Wie alles jenseits unserer Kontrolle können Emotionen ziemlich frustrierend sein. Aber ebenso wie Gedanken brauchen sie uns nicht zu beherrschen.

Das Beobachten der Tiefenstrukturen unseres so genannten *Reptilienhirns* (ein stark vereinfachender Ausdruck, genügt aber für unsere Zwecke) hat ähnliche Vorteile wie die Gedankenbeobachtung. Es hält das Reptil davon ab, uns zu überrumpeln.

Die Psychologin Marsha Linehan ist Expertin im Umgang mit dem „Emotionalgeist", wie sie es zutreffender nennt. Dr. Linehan (1993) meint, das Wichtigste, was jemand tun kann, um nicht vom Emotionalgeist überwältigt zu werden, sei, die emotionalen Vorgänge in Worte zu fassen. Nach Dr. Linehan fühlen sich Emotionen ebenso wie Gedanken zunächst an wie faktische, buchstäbliche Deutungen der Welt. Indem wir ihnen Worte verleihen, schaffen wir eine Distanz zu ihnen. Das hilft uns, sie als das zu sehen, was sie sind.

Beispielsweise könnte eine Person mit Examensängsten sich sagen: „Ich bemerke, dass mein Mund trocken ist und mein Herz schnell pocht." Anstatt die Angstgedanken hinzunehmen *(Ich werde beim Test durchfallen, fliege von der Schule und verliere alle meine Freunde),* ist das eine hilfreiche Alternative und eine akkurate Reflexion der Situation. Die Person mag trotzdem durchfallen, aber ihr Leben wird damit kein Ende nehmen, so wie es der Geist gern vorhersieht (nach Linehan, 1993).

Das Knifflige beim Beobachten der Emotionen wie auch der Gedanken ist, sie so zu akzeptieren, wie sie sind. Es hat keinen Sinn, sie ändern oder wegschieben zu wollen. Aber sich mitten in einer unangenehmen Gefühlsaufwallung daran zu erinnern, dass sie vorbeigeht, hilft auch. Keine Emotion hält ewig an.

Die Beobachtung von Emotionen ist etwas anders als die von Gedanken, denn emotionale Zustände haben gelegentlich etwas Entgleitendes oder Vages an sich. Die folgende Übung zeigt Möglichkeiten auf, wie wir die den Emotionen zugrunde liegenden Motive identifizieren können.

ÜBUNG

Wie man sein Reptilienhirn hegt und pflegt

Da die Emotionen die Tendenz haben, dem Radar zu entgehen und unser Verhalten zu steuern, ohne dass wir uns dessen gewahr sind, können wir sie ans Licht holen, indem wir, gerade in schwierigen Zeiten, unseren emotionalen Zustand hinterfragen: Was gibt mir mein emotionales Reptilienhirn? Ist es Furcht? Ängstlichkeit? Ärger? Zufriedenheit? Die Intensität des Gefühls könnten Sie auf einer Skala von 1 bis 10 einstufen, mit 1 als kaum spürbar und mit 10 als intensivste Empfindung, die Sie sich vorstellen können.

Sobald die Emotion und ihre Intensität identifiziert sind, können Sie herausfinden, wodurch sie ausgelöst wurde und was das Reptilienhirn daran ändern möchte. Furcht und Angst mögen Ihnen raten, wegzulaufen vor etwas, das Ihrer Kenntnis nach eigentlich harmlos wäre. Begeisterung und Begierden könnten Sie in eine Richtung locken, die sich als nicht ungefährlich herausstellen könnte.

Auf jeden Fall ist es gut, die Emotionen in Worte zu fassen. Noch besser ist es, sie niederzuschreiben. Reden Sie mit Ihrem Reptiliengehirn: *Danke fürs Aufpassen. Tue, was du tun musst, und hab' meinetwegen Angst; ich kümmere mich von hier aus um die Dinge.*

Wenn Sie die emotionalen Botschaften aus Ihrem Geist lange genug beobachten, werden Sie vermutlich bestimmte Tendenzen feststellen: Vielleicht ruft eine gewisse Person Ängste wach und zwingt Sie, feindselig zu reagieren. Oder es gibt Situationen, beispielsweise wenn Sie eine Rede vor der Belegschaft halten sollen, die Sie zum Weglaufen veranlassen. Oder aber Sie sind unter bestimmten Bedingungen einfach anfällig für Ärger oder schlechte Stimmung (wird in Kapitel 12 behandelt). Wenn Sie Muster durchschauen, kann der Geist Sie nicht mehr so leicht mit triebhaften Emotionen in eine Sackgasse führen. Sie sehen sie kommen, erkennen sie als das an, was sie sind, und entscheiden sich dann wohlüberlegt für Ihre eigene Antwort, statt automatisch zu reagieren. Reptiliengehirne sind nützlich, gehören aber nur selten ans Lenkrad.

Einen Schritt vom Reptilienhirn weg

Manchmal bleiben wir in unseren Emotionen gefangen. Wir richten uns nach ihnen aus, ohne es zu merken. Das geschieht, wenn Angst alles Denken lahmlegt oder eine soziale Situation uns dermaßen aufregt, dass wir ihr unter allen Umständen entfliehen müssen, damit die Empfindung aufhört. Wenn das geschieht, ist es Zeit, den Blickpunkt zu verlagern.

Die Alternative zur Innenschau ist die Außenschau. Wir können unsere Aufmerksamkeit vom inneren Erleben weg lenken, indem wir uns auf äußere Stimuli konzentrieren, etwa die Geräusche oder Farben im Raum wahrnehmen, einen Gegenstand in der Hand betasten, was auch immer, Hauptsache außerhalb der eigenen Haut. Wenn wir erkennen, dass wir eine Pause brauchen, um von den Emotionen im Geiste wegzukommen, können wir uns auf unsere fünf Sinne konzentrieren.

Es ist wichtig, dass wir diese Umorientierung mit Mitgefühl vornehmen, mit Verständnis für unseren Geist, seine Emotionen und seine Gedanken. Die Umlenkung der Aufmerksamkeit sollte nicht dazu dienen, die Gedanken und Gefühle zu stoppen. Wir wissen, dass dies zu einer paradoxen Zunahme dessen führt, was wir unterdrücken wollen. Stattdessen wenden wir unsere Aufmerksamkeit nach außen und lassen gleichzeitig das innere Geschehen zu. Lassen Sie Ihre Gedanken und Gefühle als Hintergrundgeräusche zu, während Sie sich anderen Dingen zuwenden.

Der Geist ist hartnäckig. Er fesselt unsere Aufmerksamkeit, indem er den Gedanken Gefühle und sogar Körperempfindungen hinzufügt. Wer die Übung der Zinnsoldatenparade versucht, merkt wahrscheinlich, wie schwierig es ist, die Distanz zu den Gedanken zu wahren. Wann immer ein besonders eindringlicher Gedanke aufkommt, besteht die Tendenz, dass er uns verführt und unsere Aufmerksamkeit von der Übung ablenkt. Bevor wir es merken, haben wir vergessen, was wir uns vorgenommen hatten.

Es ist besonders schwierig, den Geist zu beobachten, sobald Ängste, Freude oder andere starke Emotionen an einen Gedanken gekoppelt sind. In solchen Momenten fordert der Geist, dass wir gehorchen. Bevor wir fortfahren, möchte ich hierzu eine abschließende Übung vorschlagen.

ÜBUNG

Ich erfahre den Gedanken, dass…

Die Aufgabe ist einfach, mit der folgenden Wendung zu beginnen: „Ich erfahre den Gedanken, dass…"

Wenn ein Gedanke kommt oder sich ein Gefühl aufdrängt, fassen Sie es in Worte und dann verbinden Sie es mit der Wendung: „Ich erfahre den Gedanken, dass…". Wenn Sie im Bus fahren und bemerken, wie Sie auf eine andere Person negativ reagieren, könnten Sie sich sagen: „Ich erfahre den Gedanken, dass ich die Person nicht leiden kann". Wenn Ihnen ein Essen besonders gut schmeckt, benutzen Sie die Worte: „Ich erfahre den Gedanken, dass mir das Essen köstlich schmeckt" (übernommen aus Hayes, Strosahl und Wilson 1999).

Die Übung ist einfach und sehr wirksam darin, Abstand von den Botschaften des Geistes zu gewinnen. Je mehr Sie üben, desto besser. Da wir leicht vergessen, möchten Sie vielleicht Gedächtnishilfen an Stellen platzieren, wo Sie regelmäßig hinschauen.

In weiteren Kapiteln werden wir einige besondere mentalen Merkmale beschreiben, die uns Menschen verwundbar machen für Depressionen, Ängste, Suchtverhalten und andere Lebensprobleme. Doch vorher empfehle ich Ihnen, sich ein paar Tage mit den Übungen dieses Kapitels zu befassen, damit Sie besser und mit genügend Abstand sehen können, wie der Geist funktioniert. Wie die Parole auf dem alten Autoaufkleber lautet: „Glaube nicht alles, was du denkst."

Teil 2

Glücklichsein ist nicht die Aufgabe des Geistes

Eines Morgens machte sich ein Rancher daran, einen Teil der Umzäunung zu reparieren, durch die seine Rinder ins Freie liefen. Er trieb die Tiere in eine geschützte Ecke der Weide und ritt zum Zaun zurück, um sich an die Arbeit am Zaun zu machen. Als er ankam, sah er in der Ferne ein Problem. Die Rinder streiften umher und einige bewegten sich langsam auf den beschädigten Teil der Umzäunung zu.

Also stieg er wieder aufs Pferd und trieb das Vieh in einer Ecke der Weide zusammen. Als er zum Zaun zurückkehrte, sah er, wie die Tiere schon wieder in alle Richtungen schweiften. Jedes Mal trieb er sie wieder in der Ecke zusammen.

Als er bei Sonnenuntergang zu Hause ankam, fragte ihn seine Frau, ob er den Zaun repariert habe.

„Nein", antwortete der Rancher. „Dazu kam ich überhaupt nicht, weil die Rinder einfach nicht an Ort und Stelle bleiben wollten."

Unser Geist kann uns in ähnlich missliche Lagen bringen, wenn wir meinen, dass wir nicht weitermachen können, bevor unsere Gedanken und Gefühle in Ordnung sind. Wir hängen solange fest, bis unser Denken unter Kontrolle ist. Wir glauben, dass wir keine Rede halten können, bevor wir nicht entspannt sind, nicht mit jemandem ausgehen können, bevor wir nicht froh sind, oder unseren Beruf nicht ändern können, bevor wir nicht die nötige Zuversicht spüren.

Mit unserem widerspenstigen, überfürsorglichen Geist können wir unser Leben lang darauf warten, dass wir zum Handeln bereit sind – oder wir finden eine andere Lösung.

4

Wie der Geist die Vorgeschichte nutzt

Es besteht kein Zweifel daran, dass unser Geist eine unersättliche, Geschichte ansammelnde Maschine ist. Das macht uns phänomenal lernfähig, aber wir bezahlen einen Preis dafür. Der Geist hat die natürliche Tendenz, uns vor wiederholten schmerzlichen Erfahrungen zu beschützen. Manchmal übertreibt er dabei und legt unserem Verhalten unerhörte Einschränkungen auf. In diesem Kapitel finden wir Wege zu einem neuen Umgang mit unserer eigenen Geschichte, dann, wenn das Vergangene unser Leben in zu starre Bahnen lenkt, und genau das geschah mit Penelope.

Wie Penelope ihre Werte aus den Augen verlor

Irgendwann und irgendwie verlor Penelope das, was ihr am meisten bedeutet. Sie ist stolz auf ihre Kühnheit und ihren Nonkonformismus. Als Kind war sie dafür bekannt, dass sie verschiedenfarbige Socken trug und mittags Sandwiches mit *Marshmallows* aß. Als Erwachsene ist sie ebenso markant. Während ihre Freunde traditionelle Karrieren wie Betriebswirt oder Zahnarzt anstreben, studiert Penelope Zauberkunst und findet am Ende sogar eine ansehnliche Anhängerschaft als Unterhaltungskünstlerin.

Nun ist das eine Karriere mit viel Stress und großen Belohnungen. Obwohl jede genau choreographierte Show sich mit perfektem Timing entfalten muss, macht ihr der Druck und das Lampenfieber nichts aus. Jede Vorstellung bringt ihren Lohn. Besonders liebt sie den Applaus, denn das bedeutet, dass sie anderen Menschen eine Freude gemacht hat.

Morgens aufstehen und anderen Freude machen, das ist der Sinn ihres Lebens, wie sie es sieht. Sie ist eine Frau mit festen Überzeugungen, was das Geschehen von vor zwei Jahren für sie umso schmerzhafter macht.

Es fing wie eine Kleinigkeit an. Als sie eines Morgens an einer Ampel stand, fuhr ihr jemand hinten auf. Niemand wurde verletzt, aber der Unfall war immerhin so ein Schock, dass sie abends Schwierigkeiten hatte, sich auf ihre Arbeit zu konzentrieren, und versehentlich einen ihrer Zaubertricks preisgab. Das Publikum applaudierte an jenem Abend, aber etwas weniger begeistert als gewöhnlich. Das beunruhigte sie.

Beim nächsten Mal, als sie auf dem Weg zu ihrer Vorstellung über dieselbe Kreuzung fuhr, geschah etwas Seltsames. Ihr Geist versuchte sie zu beschützen, wie es seine Art ist. *Sei vorsichtig! Pass auf, dass dir niemand auffährt! He, denk dran, wie du den Zaubertrick verbockt hast. Mach das nicht noch einmal!* Um die Wichtigkeit zu unterstreichen, kam ein Adrenalinschub und ein beklommenes Gefühl in der Brust hinzu. Als sie an der roten Ampel stand – es kam ihr vor wie eine Ewigkeit –, ertappte sie sich dabei, wie sie dauernd in den Rückspiegel sah und die Befürchtung hochstieg, sie könne in der nächsten Aufführung Patzer begehen.

Da Penelope solche Gedanken und Empfindungen nicht noch einmal durchmachen wollte und schnell dazulernte, vermied sie von da an diese Kreuzung. Sie nahm einen Umweg und längere Fahrzeiten in Kauf. Das gefiel ihr zwar nicht, war aber besser als die Erinnerung und die Befürchtungen, die sie überkamen, wenn sie diese Kreuzung nahm.

Sie dachte, sie hätte das Problem gelöst: einfach die Kreuzung vermeiden, so würde sie die Ängste nicht spüren müssen. Aber da war ein Haken an ihrer Strategie. Im Hinterkopf war ihr klar, dass sie die Kreuzung wegen der dort hervorgerufenen Gedanken und Gefühle vermied. Eine Kettenreaktion entstand. Sobald sie nur an die Kreuzung dachte, schlichen sich dieselben Gefühle und Ängste ein, als ob sie tatsächlich dort entlangfuhr. Schon bald war der Gedanke an das Umgehen der Kreuzung fast genauso angstbesetzt wie die Kreuzung selbst.

Also unternahm sie den nächsten folgerichtigen Schritt. Sie begann, ihre Fahrten und ihre Vorstellungen zu reduzieren. Schon beim Einsteigen ins Auto kam das Flattern, das Adrenalin, und die schrecklich peinliche Erinnerung daran, wie sie den Zaubertrick vor Dutzenden zahlender Kunden verpatzt hatte. Wenn sie zu Hause blieb, würde ihr all das erspart bleiben.

Unglücklicherweise war diese Logik wiederum irreführend. Im Hinterkopf war ihr klar, dass sie nur nicht ins Auto stieg, um sich die damit verbundenen unangenehmen Gefühle zu ersparen, und irgendwie rief das die Angstgefühle umso stärker auf den Plan. Sie begann zu spüren, wie die Angst ihre Welt immer enger werden ließ.

Und so unternahm sie noch einmal das scheinbar Logischste: Sie verkroch sich in ihrem Haus, um nicht an Draußen denken zu müssen, denn das Draußen war verbunden mit... nun, den Rest kennen Sie.

Hier kamen neue Qualen für Penelope hinzu. Sie merkte, dass sie nicht mehr das tat, was ihr am meisten bedeutete. Sie stand nicht mehr jeden Tag mit der Absicht auf, anderen Menschen Freude zu machen. Stattdessen war ihr Leben nunmehr durch Angst definiert. Ihre Welt war klein und ungefährlich geworden. Sie begann eine tiefe Scham zu empfinden.

Einerseits war sie sich ihrer Verwirrtheit angesichts der Angst, die ihr Leben nun bestimmte, sehr wohl bewusst – es fühlte sich an wie scheußliches Unkraut, das ihren wunderschönen Garten überwucherte –, andererseits gab es noch andere Vorgänge in ihrem Geist, derer sie sich weniger bewusst war.

Sie war sich beispielsweise dessen nicht sehr bewusst, dass jede Aufführung, jedes Lächeln von einem Fan, jede kleine Interaktion mit einem Fremden im Gemüseladen Bedeutung in ihr Leben brachte. Da solche Ereignisse zum festen Inventar ihres Tages gehört hatten, war ihr entgangen, wie bedeutsam so scheinbar triviale Begegnungen sein können. Als die Angstzustände schließlich überhandnahmen und sie vereinsamen und erstarren ließen, verstand sie nicht, dass die zahlreichen Interaktionen, ganz gleich, wie trivial sie ihr vorgekommen waren, der Treibstoff für ihre Seele gewesen waren.

Sie konnte nur in Worte fassen, dass sie ihr früheres Leben vermisste und sich schrecklich schämte, es aufgegeben zu haben. Heutzutage kann sie sich kaum überwinden, bis zum Briefkasten zu gehen.

Und so ist die einst so kühne Frau vereinsamt, deprimiert und voller Schamgefühle. Sie hat das verloren, was ihr am meisten bedeutete. Sie fragt sich oft, warum ein bisschen Angst und die Depression sie von anderen Menschen fernhält, kann sich aber nicht überwinden, das Haus zu verlassen, wenn sie sich so schlecht fühlt. Sie wünscht, sie könnte zum Tag des Unfalls zurückkehren und das Stückchen Geschichte auslöschen. Sie wünscht, sie könnte alles ungeschehen machen, damit sie ihr altes Leben wiederbekommt.

Die Vergangenheit ist nicht das Problem

Die Psychologen haben ein Wort für Gedanken, die scheinbar ohne Grund und ungebeten auftauchen: *Intrusionen*. Ich wette, dass diese Gedankeneindringlinge den meisten Menschen die meiste Zeit nichts ausmachen, weil sie weder anstößig noch unangenehm sind. *Denk an die Milch. Das Kleid ist hässlich. Ich wünsche, ich hätte eine Giraffe.*

Manche Intrusionen sind weniger angenehm, andere regelrecht beunruhigend, wie etwa Penelopes Erinnerungen an den Auffahrunfall und den verhunzten Zaubertrick. Sie ist wie so viele von uns, die sich wünschen, dass solche Gedanken weggehen mögen oder dass wir einfach Stücke aus unserer Vorgeschichte aus dem Gedächtnis ausradieren könnten.

Nehmen wir jemanden, der sich in Peinlichkeiten begibt, weil er sich vor seiner Familie betrinkt. Diesem Gefühl der Peinlichkeit will er dann entkommen, was wiederum sein Verlangen bestärkt, sich zu betrinken. Er wünscht sich, dass er nie getrunken hätte, dass er das Verlangen nach Alkohol gar nicht erst gehabt hätte.

Oder nehmen wir jemanden, der in der Kindheit Missbrauch erfuhr und nun niemandem trauen kann. Je näher er einem anderen Menschen kommt, umso ungemütlicher und weniger vertrauensvoll fühlt er sich. Er verflucht sich dafür, dass sein Geist sich an seine Vorgeschichte klammert. Wenn die nicht wäre, sagt er sich, könnte er doch normal sein.

Oder die Frau, der eine zuverlässige Familie fehlte, und sie daraus den Schluss zog, sie sei nicht gut genug, eine zu verdienen. Wenn sie nun einen Partner sucht, um eine eigene Familie zu gründen, wird der Gedanke sie sabotieren, dass niemand sie haben will. Sie verübelt ihrem Geist, dass er von ihrer Vorgeschichte geprägt wurde, und wünscht sich, sie hätte gar kein Verlangen nach Liebe.

Unser Geist vergisst die wichtigen Lektionen nie. Außer durch Verletzungen oder Krankheit lässt sich unser Werdegang nicht ausradieren. Schlimmer noch, das Vergangene kann in den allerungünstigsten Momenten im Gedächtnis auftauchen. Gerade dann, wenn wir uns auf ein Rendezvous vorbereiten, kommen die Erinnerungen an unser schlimmstes romantisches Erlebnis wieder hoch. Und sehr wahrscheinlich wird der traumatischste Fauxpas vor der Öffentlichkeit gerade dann wieder hochkommen, wenn wir eine Rede zu halten haben, und unser peinlichster Tritt ins Fettnäpfchen kommt wieder, wenn wir auf einer Cocktailparty neue Bekanntschaften zu machen hoffen.

Vermeidungsmuster

Der menschliche Geist ist eine „Kontextmaschine" – das heißt, er ist darauf programmiert, Ähnlichkeiten zwischen, vielleicht völlig verschiedenen Umgebungen zu bemerken. Das ist Bestandteil des althergebrachten emotionalen Schaltkreises, der uns vor Schaden bewahren soll. *Wenn die kleinen roten Beeren dich einmal krank machten, werden sie es wieder tun.* Mit diesem Wissen bewaffnet, behütet der Geist uns mit einem Anfall von Abscheu oder Ekel vor den Beeren. Zufällig ist diese Art angelernter Aversion gegenüber Lebensmitteln allen höheren Tierarten gemeinsam (Garcia, Hankins und Rusniak 1976). Es ist ein Beleg dafür, dass unser Hirn die Lektionen, die im direkten Zusammenhang mit unserem Überleben stehen, leichter erlernt als andere.

Unglücklicherweise kann, wie der Geist mit unserer Vorgeschichte umgeht, uns manchmal geradezu in den Abgrund stürzen. Als Penelope zu Hause bleibt, um einen neuerlichen Unfall zu vermeiden, verhält sie sich so, als ob sich der Unfall wiederholen würde. Ein gut funktionierender Geist möchte die Umgebung kontrollieren, wann immer Gefahren aus der Vorgeschichte sich zu wiederholen scheinen. *Sind das rote Beeren an dem Strauch? Iss sie bloß nicht!*

Sogar Laborratten sind imstande, einen Kontext wiederzuerkennen, der in der Vergangenheit eine Gefahr signalisierte. Es ist längst bekannt, dass man Ratten trainieren kann, auf ein Tonsignal hin einen Hebel zu drücken. Alles, was man braucht, um eine Ratte abzurichten, ist, auf den Ton einen Elektroschock folgen zu lassen. Stolpert die Ratte einmal zufällig über den Hebel, der den Elektroschock verhindert, wird sie auf ewig den Hebel betätigen, sobald sie den Ton hört. Sie hat, auf bestimmte Signale hin, die Kontrolle über ihre Umgebung erlernt.

Interessanterweise kann man Ratten sogar dazu abrichten, den Hebel in regelmäßigen Abständen auch *ohne* einen Ton zu betätigen. Wenn der Schock in regelmäßigen Intervallen erfolgt, sagen wir alle 20 Sekunden, die Ratte ihn aber verhindern kann, indem sie den Hebel kurz vorher betätigt, erlernt sie diesen Vorgang mit äußerst genauer Zeitabstimmung (Sidman 1953). In diesem Fall reagiert die Ratte auf ein Kontextsignal von innen – vermutlich dem Gespür für das Verstreichen der Zeit –, und nicht auf eine Warnung aus der Außenwelt. Ratten sind gar nicht so verschieden von uns.

Wenn die liebe Penelope zu Hause bleibt, tut sich nichts anderes als die Ratte. Sie vermeidet den Schmerz einer neuerlichen Angstattacke. Hebel drücken; Schock vermeiden. Wie die Ratte können auch wir lernen, das zu vermeiden, was vermeintlich kommt.

Es ist sinnvoll, einen Schock zu verhüten. Schocks bereiten Schmerzen. Erinnerungen können, auf ihre Art, ebenso schmerzlich sein. Wenn Penelope sich an den Unfall erinnert, erinnert sie sich auch an die Panik, die sie erlebte, und die Beschämung und die Peinlichkeit, als sie ihren Trick verbockte.

Ein gut geschulter Geist wird den Schmerz, der *innen* entsteht, genauso behandeln wie den von *außen*; er wird ihn unter Kontrolle bringen und vermeiden wollen. *Wenn die roten Beeren mich krank machen, dann meide ich sie. Wenn die Erinnerung an einen Unfall mich aufwühlt, dann meide ich die Erinnerung und alles, was die Erinnerung wachruft.*

Indem Penelope die Außenwelt meidet, geht sie nicht eigentlich einem Unfall aus dem Weg, sondern sie vermeidet die *Gedanken* an den Unfall, den sie bereits hatte. Dies ist von einem gewissen Standpunkt aus völlig logisch, aber es funktioniert nicht wirklich. Jedes Mal, wenn sie etwas in der Außenwelt meidet (beispielsweise ihr Auto), um den inneren Schmerz nicht zu spüren, entsteht unweigerlich die Verbindung zu ihrem Unfall.

Indem sie das Auto meidet, kann sie sich zwar gegen das Wiedererleben der Angst abschotten, aber das Auto steht mit so vielem in Zusammenhang – mit der Garage, der Straße, dem Gemüseladen. Diese lockeren Assoziationen zum Auto (das mit dem Unfall assoziiert wird) können dann direkt mit dem Unfall assoziiert werden. Somit meidet sie immer mehr Dinge, die allesamt als Bestandteile des Kontextes gesehen werden, der den Unfall überhaupt herbeiführte. Das ist die stetig schrumpfende Welt, die unser Geist erschaffen kann.

Die offenkundige Ironie daran ist, das weder die Garage noch die Straße oder der Laden eine direkte Bedrohung für Penelope darstellen. Sie reagiert auf schmerzliche Gedanken und Gefühle, oder, präziser formuliert, sie reagiert auf ihre Befürchtung, dass ihr schmerzhafte Gedanken und Gefühle kommen könnten.

Wie wir bereits erwähnten, gibt es noch andere Möglichkeiten, Gedanken zu vermeiden. Mit Alkohol und Drogen kann man sie für eine Weile verschwinden lassen. Sex und Einkaufen lenken uns vorübergehend ab. Essen, Spielen und Surfen im Internet gönnen uns Atempausen vom Denken. All das muss nicht an sich destruktiv sein, aber wir können uns in solchen Aktivitäten verlieren, wenn wir sie zur Vermeidung unserer Geschichte, Gedanken und Gefühle brauchen.

So harte Anstrengungen zur Vermeidung unserer eigenen Geistesaktivität sind ein trostloses Geschäft. Es kann ein Leben lang dauern, wenn wir darauf warten, dass die Gedanken verschwinden.

Falsche Dilemmata

Wenn mich meine Gedanken und Gefühle nur in Ruhe ließen, könnte ich endlich mit meinem Leben klarkommen.

Ich wette, jeder Psychologe hat eine Variante dieser Äußerung schon gehört, sobald er länger als eine Woche praktische Erfahrungen gesammelt hat. Dahinter steckt die Annahme, dass der Geist erst unter unsere Kontrolle sein muss und die Schmerz bereitenden Gedanken und Gefühle erfolgreich weggesperrt sein müssen, bevor eine Person ihr Leben so leben kann, wie sie es sich wünscht. Solches Empfinden kommt in zahllosen Geschmacksrichtungen vor:

- *ich muss dies selbstkritische Denken loswerden, bevor ich wahrhaft lieben kann.*
- *ich kann mein Examen nicht hinkriegen, solange ich diese Selbstzweifel nicht los bin.*
- *um abzunehmen, muss ich aufhören, das Essen zu mögen.*
- *ich würde ja Sport machen, wenn ich nur nicht in so schlechter Verfassung wäre.*

In Wahrheit sind die Dilemmata falsch: *entweder* ich habe die Gedanken und Gefühle *oder* ich lebe mein Leben, aber beides geht nicht. Wer will uns Menschen das vorwerfen, wenn wir so denken? Wir sind logische Geschöpfe. Wir sind Problemlöser, die gewohnt sind, Probleme handfest anzupacken. Wenn die Probleme in der Außenwelt liegen, funktioniert dieser Ansatz gut:

- *ich kann erst zum Laden fahren, wenn ich das Problem an meinem Auto behoben habe.*
- *ich kann das Geschirr erst abwaschen, wenn ich das Spülbecken angebracht habe.*
- *ich kann hier kein Haus bauen, wenn ich nicht zuvor die Bäume fälle.*

Wir Menschen sind fabelhaft, wenn es darum geht, Hindernisse zu beseitigen. Da eine der Funktionen unserer Gedanken und Gefühle darin besteht, für uns Hindernisse zu erschaffen, ist es nur natürlich, anzunehmen, dass wir sie aus dem Weg räumen müssen, bevor wir mit unserem Leben weitermachen. Penelopes Angst hat die völlig legitime Funktion, sie daran zu hindern, an einen Ort zurückzukehren, der sich einst als gefährlich herausstellte. Ihre Angst ist ein primitives und effektives mentales Hindernis, das ihr Überleben fördern soll.

Penelopes größtes Problem ist, dass ihr Geist am Tag des Unfalls etwas Neues lernte: Verkehr kann gefährlich sein. Sie litt, um diese Lektion zu begreifen, und das wird ihr Geist sie auf keinen Fall vergessen lassen. Vergessen ist Gott sei dank keine Option. Welche Sorgenmaschine mit Überlebensantrieb würde denn hart erworbene Lektionen außer Acht lassen?

Stellen wir uns einen Jäger-und-Sammler der Urzeit vor, der durch die Savanne streift und schmerzlich miterlebt, wie sein Gefährte stirbt, nachdem er von giftigen Beeren gegessen hat. Von dem Moment an wird ihn der bloße Anblick der Beeren – sogar irgendwelcher Beeren – an den Tod seines Freundes erinnern. So schmerzlich die Erfahrung wie der Tod einer Person, mit der man verbunden war, auch ist, und so schmerzlich die Erinnerung daran ist, ist es dennoch besser, sich an das Ereignis zu erinnern, als es zu wiederholen.

Wie schmerzlich Gedanken und Gefühle auch sein können, sie sind einfach Aktivitäten unseres Geistes. Es sind keine physischen Probleme wie kaputte Autos, Viren, Bäume, die man für einen Platz zum Hausbauen fällen muss. Es sind keine physischen Hindernisse. Sie haben nur so viel Macht über uns, wie wir ihnen zugestehen.

Selbstsicht als Inhalt

Der Psychologe Steven Hayes hat lange erforscht, wie wir auf unsere Gedanken reagieren. Er weist auf einen wichtigen Faktor hin, der unsere Gedanken so mächtig scheinen lässt, und dieser hat mit der Sichtweise unserer Vorgeschichte zu tun (Barnes-Holmes, Hayes und Dymond 2001).

Penelope sieht sich selbst und ihre Gedanken auf klassische Art. Sie sieht sich, zumindest teilweise, als die Summe ihrer Geschichte, Gedanken und Gefühle an. Sie glaubt, dass wir auf unserem Gang durchs Leben wie Behälter sind, die auf gut Glück mit Erfahrungen – einigen guten, einigen schlimmen – gefüllt werden.

Wenn sie sich beschreiben sollte, würde sie, wie die meisten von uns, von den Dingen erzählen, die sie getan hat: „Ich bin die Tochter eines sittenstrengen Buchhalters. Ich rebellierte und wurde Unterhaltungskünstlerin." Ihre Antwort hat eine bestimmte zeitliche Struktur: Ich (hier und jetzt) bin das Ergebnis dessen, was geschah, als ich jünger war (dann und dort).

Hayes nennt diese Perspektive die *Selbstsicht als Inhalt:* Ich bin der Behälter für meine Erfahrungen; sie füllen mich und definieren mich für alle Zeiten.

Diese Perspektive hat Vorteile. Beispielsweise gibt uns das laut Hayes einen stimmigen Bezugsrahmen, wenn wir uns miteinander unterhalten. Wenn Sie und ich uns auf einer Cocktailparty begegnen, kann ich mich darauf verlassen, dass Sie und ich aus derselben Perspektive von uns sprechen: Ich (hier und jetzt) *tat etwas* (dann und dort).

Allerdings kostet diese Perspektive etwas. Sie führt dazu, dass wir uns selbst abstempeln, positiv oder negativ, und dabei ziemlich beschränken. Möglicherweise könnte Penelope in einem Moment den Gedanken hegen: *Ich* (hier und jetzt) *bin eine gute Zauberkünstlerin, weil die Zuschauer laut applaudierten* (dann und dort).

In einem anderen Moment könnte sie einen völlig anderen Gedanken haben: *Ich* (hier und jetzt) *bin eine schreckliche Zauberkünstlerin, weil ich einen Verkehrsunfall hatte und so durcheinander war, dass ich meine Vorstellung ruinierte* (dann und dort).

Wenn wir den einen oder den anderen Gedanken so nehmen, als ob er etwas Faktisches, Physisches sei, begrenzt das unser Verhalten. Angenommen, jemand möchte Penelope zum Essen einladen, zu einer Zeit, da sie sich gerade für eine „gute" Zauberkünstlerin hält, würde sie wohl ja sagen, weil gute Zauberer Selbstvertrauen haben und sich in der Öffentlichkeit zeigen dürfen. Wenn sie gerade der Gedanke beherrscht, sie sei schlecht als Zauberer, würde sie vermutlich ablehnen: *Wie käme ich dazu, mich in der Öffentlichkeit zu zeigen? Ich bin eine Versagerin.*

In solchen Momenten, wenn wir über uns urteilen, können sich solche Gedanken genau wie Tatsachen anfühlen. Aus der Distanz aber sehen wir, wie willkürlich Penelopes Selbstbeurteilungen sind. Sie nimmt einfach eine Einzelheit aus dem Datenmaterial und kommt dann zu einer Schlussfolgerung, die auf ihrer momentanen Stimmung beruht. So verliert sie die Tragweite ihrer Erfahrungen und ihre eigene Komplexität aus den Augen. Schlimmer noch, sie trifft ihre Entscheidungen aufgrund flüchtiger Gedanken, anstatt das zu tun, was sie wirklich tun möchte.

Langfristig entsteht als Folge dieser Selbst-als-Inhalt-Denkweise die Überzeugung, wir seien durch unseren Gehalt begrenzt oder wir würden nicht vorwärtskommen, bis unser Inhalt sich ändert. Penelope ist überzeugt, dass sie keine gute Zauberkünstlerin mehr sein kann, bis die Erinnerung an den Verkehrsunfall – und an alles, was daraus folgte – aus ihrem Gedächtnis verschwindet. Erst wenn es nicht länger zu ihrem Inhalt gehört, kann sie zu ihrem alten Selbst zurückkehren. Das Problem daran ist, dass ihre Geschichte sich nicht auslöschen wird.

Selbstsicht als Kontext: die andere Option

Es gibt eine Alternative zu den falschen Dilemmata unseres Geistes und dem Verständnis von sich selbst als Inhalt. Anstatt uns als Behälter zu betrachten, die zu viel von dieser Vorgeschichte enthalten oder nicht genug von jener, können wir uns als das Medium sehen, in dem die flüchtigen Ereignisse stattfinden. Wir sind die Umgebung für Tausende von Erfahrungen, Gedanken und Emotionen. Hayes nennt diese Perspektive die „Selbstsicht als Kontext". Es funktioniert nicht so gut auf Cocktailpartys, ist aber hervorragend für unsere mentale Gesundheit.

Selbstsicht als Kontext funktioniert so: Ich bin nicht bloß die Summe meiner Erfahrungen. Vielmehr bin ich immer in der Gegenwart, hier und jetzt, und gehe meinen Geschäften nach. Manchmal erinnere ich mich an meine Geschichte, manchmal nicht. Ich erfahre ständig Gedanken und Gefühle. Aber ich bin nur der Schauplatz, auf dem sie sich eine Weile tummeln. Schon bald werden andere an ihre Stelle treten. Sie definieren mich genauso wenig, wie mich ein Herzschlag definiert. Es sind einfach vorübergehende Aktivitäten des Geistes.

Hayes, Strosahl und Wilson (1999) bringen eine anschauliche Metapher für die *Selbstsicht als Kontext*. Wir stellen uns ein Schachbrett vor, das sich in alle Richtungen erstreckt. Es gibt schwarze und weiße Figuren, die in Teams gegeneinander kämpfen. Es ist ein Kriegsspiel.

Unsere Gedanken und Gefühle sind die Schachfiguren. Wie das schwarze gegen das weiße Team stellen wir uns unsere Gedanken und Gefühle als Teamkameraden vor. Es gibt „gute" Gefühle wie Selbstvertrauen und Fröhlichkeit, und „schlechte" Gefühle wie Ängstlichkeit, Furcht und Kummer. Genau wie beim Schach wählen wir die Seite, die gewinnen soll. Wir wollen, dass die guten Gefühle die schlechten schlagen, und so ziehen wir gegen den Feind in die Schlacht. Wir versuchen, ihn vom Brett zu entfernen.

Hier entsteht ein Problem. Wenn wir etwas Inneres entfernen wollen, macht es das nur stärker. (Erinnern Sie sich an die Affen?) Je mehr wir die feindlichen Figuren bekämpfen, umso größer werden sie. Das ist ein Spiel, das man nicht gewinnen kann.

Hayes fragt: „Was, wenn wir weder für die eine noch die andere Seite spielen? Was, wenn wir gar nicht die Figuren oder der Spieler sind? Was, wenn wir stattdessen das Schachbrett selbst sind?"

Wenn wir für eine Seite Partei ergreifen, müssen wir auf Gewinn spielen, als ob unser Leben davon abhinge. Das Brett ist einfach nur für die Figuren da. Es bildet den Kontext, in dem die Dynamik des Spiels sich entfaltet. Das Spiel kann es nicht ohne das Brett geben, aber das Brett braucht weder die eine noch die andere Seite zu besiegen. Aus der Sicht des Brettes gibt es weder ein gutes noch ein schlechtes Team.

Selbstsicht als Kontext meint, dass wir unsere inneren Erlebnisse aus dem Blickwinkel des Schachbretts betrachten. Ich brauche mich (hier und jetzt) nicht als gut oder schlecht anzusehen, aufgrund irgendwelcher vergangenen Erfahrungen (dann und dort), sondern es gibt nur mich (hier und jetzt), der oder die gerade einen Gedanken, ein Gefühl, eine Erinnerung erlebt.

Hier eine Übung, die hilft, die Fähigkeit zur *Selbstsicht als Kontext* zu entwickeln. Sie hilft dabei, wahrzunehmen, wann wir unsere eigenen Gedanken beurteilen.

ÜBUNG

Urteile erkennen

Die Urteile über unsere Gedanken sind genau wie alle anderen Gedanken. Sie marschieren durch unseren Geist, als ob sie Tatsachen wären. *Dieser Gedanke ist gut. Er kann bleiben. Jener Gedanke ist schlecht. Er muss gehen.* Wenn wir auf dem Gedankenschachbrett Partei ergreifen, kämpfen wir nur gegen uns selbst.

Die Übung wird Ihnen helfen, Urteile und emotionale Reaktionen zu ihren Gedanken zu erkennen. Sie werden merken, wann Sie Partei ergreifen: *Dieser Gedanke ist gut; jener Gedanke ist schlecht.*

Für diese Übung schreiben Sie zwei Gedanken auf ein kleines Stück Papier – einen auf jede Seite. Auf die eine Seite schreiben Sie einen Gedanken, den Sie für gut halten, das kann ein selbstsicherer Gedanke oder die Erinnerung an eine gute Leistung sein. Er könnte etwa so lauten: *Ich habe bei einem schwierigen Kunden gute Arbeit geleistet* oder *Meine Kleidung sieht heute gut aus.*

Auf die Rückseite schreiben Sie einen Gedanken, den sie für schlecht halten. Aber er soll nicht *zu* schlecht sein. Nehmen Sie etwas Mildes wie *Ich wünschte, ich hätte in der Schule mehr Hausaufgaben gemacht* oder *Ich bin kein besonders guter Tänzer,* wichtig ist nur, dass auch eine kleine Portion negativer Emotion im Spiel ist. Für die Zwecke dieser Übung sollte es ein Gedanke sein, an dem Sie keine Freude haben.

Behalten Sie das Blatt ein bis zwei Tage in der Brieftasche oder im Portemonnaie bei sich, oder irgendwo, wo es gelegentlich auftauchen kann. Wann immer es Ihnen in die Hände fällt, lesen Sie einen der beiden Gedanken – denjenigen, der in dem Moment zuerst sichtbar ist – und beobachten Ihre Reaktion darauf. Bringt er Sie ein klein wenig zum Lächeln? Wollen Sie ihn wieder in die Tasche stecken, um nicht daran denken zu müssen?

Beobachten Sie Ihr Urteil und das, was Sie damit machen wollen. Sie könnten sogar bemerken, wie Sie versuchen, das Papier so in die Tasche zu stecken, dass Sie beim nächsten Mal über den „guten" Gedanken stolpern.

Akzeptieren Sie am Ende das Urteil einfach als einen weiteren Gedanken in der ganzen Parade, und weiter geht's. Urteile sind auch nur Gedanken wie alle anderen, nichts weiter. Es sind zufällig solche Gedanken, die wir mit einer Wertung versehen haben. Es ist möglich, sie bei sich zu tragen, ohne sich von ihnen kontrollieren zu lassen.

Wenn Penelope ihre inneren Erfahrungen ohne Bewerten oder Urteilen betrachten, könnte – also aus der Sicht des Schachbrettes oder von sich selbst als Kontext –, wäre das für sie der Beginn der Freiheit. Doch es gibt noch mehr zu tun. Im nächsten Kapitel geht es darum, warum ihr Geist so reagierte, wie er es tat. Wenn sie das Schachspiel beobachten will, hilft das Verständnis, wie das Spiel funktioniert.

5

Geistige Schieflagen: Einseitige Sicht und verzerrtes Erinnern

Die Angst ist eine der wichtigsten Machenschaften unseres Geistes. Sie ist ein Lebensretter, wenn der Angstvorgang richtig ausgeführt wird. Wird er falsch angewendet, zahlen wir einen hohen Preis für die Angst.

Manchmal geschieht das Lernen ein wenig zu gut, wie im Falle von Panikattacken, die jemanden wie Penelope in ihrer Situation leicht heimsuchen könnten.

Panikattacken sind Perioden intensiver Angst, die zwischen fünfzehn Sekunden und mehreren Minuten dauern. Personen berichten oft, dass sie sich fühlen, als ob sie einen Herzanfall bekommen oder sterben oder den Verstand verlieren. Zu Panikattacken gehören gewöhnlich auch physische Symptome wie Herzrasen und Hyperventilieren, was die Angst nur erhöht. Die Sorge der Betroffenen, vor anderen lächerlich oder hilflos dazustehen, macht dann alles noch schlimmer. Eine Panikattacke ist eine der qualvollsten Erfahrungen, die unser Geist uns bescheren kann.

Wie häufig Panikattacken auftreten, lässt sich nur schwer abschätzen, weil viele dieser Episoden nicht erfasst sind. Was wir aber wissen: Mehr als eine von fünfzig Personen leidet so häufig und an so heftigen Panikattacken, dass sie als Angststörung einzustufen sind (Kessler et al. 2005). Allerdings treten die Symptome, die wir unter Angst oder Panik zusammenfassen, quer durch alle Kulturen auf, auch wenn sie an unterschiedlichen Orten unterschiedliche Namen haben (Hinton und Hinton 2002). Panik ist eine einzigartige, für alle gleichermaßen mögliche, zutiefst menschliche Erfahrung.

Sie ist auch eine großartige Illusion. Während eines Anfalls reagieren Körper und Geist wie auf den bevorstehenden Tod, obwohl nichts in der unmittelbaren Umgebung eine solche Bedrohung darstellt. Viele Betroffene meinen, den Verstand zu verlieren. Denn weshalb in aller Welt sollte unser gebildeter Geist uns so etwas Qualvolles ohne guten Grund antun?

Die Antwort mag in der Tatsache liegen, dass die Systeme in unserem modular aufgebauten Hirn sich manchmal nicht recht aufeinander abstimmen. Panik entsteht, wenn Strukturen tief im Innern des Gehirns – Strukturen, die kein Fenster zur Außenwelt haben – Selbstschutzmaßnahmen aktivieren.

Nehmen wir die *Amygdala*. Eigentlich sind es zwei – und sehr klein. Die Amygdalae sind ein Paar mandelförmiger Strukturen, die tief im Innern des Gehirns sitzen und als Bestandteile des limbischen Systems für Emotionen und Motivation sorgen. Sie spielen eine bedeutende Rolle in der Angststeuerung. Sie können beispielsweise Angst auslösen, wenn Sensoren melden, dass das Blut übersäuert ist, gewöhnlich ein Indikator für überschüssiges Kohlendioxid (Esquivel et al. 2010). Das kann auftreten, wenn wir uns verspannen und die Luft anhalten. Im Idealfall veranlasst dieses Säure-Meldesystem uns bloß, Atem zu holen, aber die Amygdalae sind, sobald Gefahr droht, nicht für nuancierte Reaktionen bekannt. (Übrigens sind Personen mit erhöhten Kohlendioxidgehalt im Blut anfälliger für Angstzustände als andere.)

Derselbe Teil im Gehirn ist auch mit einem bestimmten Wissenserwerb befasst, dem *unmittelbaren Lernen* (engl. *one-trial learning*). Das sind emotionsgeladene Lektionen, die aus einem einmaligen Geschehen gelernt werden: Verbrenne dir die Hand einmal, und du weißt auf ewig, dass Öfen heiß werden.

Wäre es nicht wunderbar, ein Fachgebiet nur ein einziges Mal zu studieren und sich sofort für den Rest des Lebens daran erinnern zu können? Medizinstudium, Computerprogrammieren und Steuererklärungen wären ein Kinderspiel. Unglücklicherweise ist das unmittelbare Lernen den Lektionen vorbehalten, die mit starken Emotionen wie Angst besetzt sind. Die Amygdala hilft dabei, Gefahren aus einer einzigen Lektion zu speichern, so wie

Penelope es aus ihrem Unfall lernte. Nach dem Unfall wusste sie, dass eine bestimmte Kreuzung gefährlich war. Die *synaptischen Verbindungen* (die Verbindungsstellen, durch welche die Neuronen kommunizieren), die die neue Erinnerung aufrechterhalten, sind nämlich kräftiger und direkter als andere Erinnerungen, die nichts mit Ängsten zu tun hatten (Ostroff et al. 2010).

Was unserem Geist Angst macht und wie er reagiert

Warum all diese physiologischen Vorgänge eine Rolle spielen? Sie veranschaulichen, wie unsere primitiven Geistesgaben mit dem höheren, rationalen Geist im Wettstreit liegen. In ihrem logischen Denken ist Penelope sich durchaus bewusst, dass die Straßenkreuzung, wo sie ihren Unfall hatte, an sich noch keine Gefahr darstellt, aber durch die Magie unserer Überlebensmechanismen wie dem unmittelbaren Lernerwerb operiert das primitive Denken von einer anderen Wissensbasis aus, es „weiß", dass die Kreuzung lebensbedrohlich ist.

Abgesehen von unmittelbaren Gefahrensituationen, die unsere physische Sicherheit bedrohen, warnt unser Geist mindestens genauso eindringlich vor Gefahren, die historisch eine Bedrohung für unsere menschliche Spezies darstellten. Beispielsweise drillen wir Kinder darauf, die schwierigen optischen Unterschiede zwischen Spinnen und Käfern, einschließlich der ähnlich aussehenden Kakerlake, im Gedächtnis zu behalten (LoBue 2010).

Ganz ähnlich scheint der Geist eine natürliche Aversion gegen Isolation und sozialen Schmerz zu hegen. Allein gelassen zu sein ist mit das Schlimmste, was einem Menschen passieren kann, bedeutete es doch in früheren Zeiten für einen jungen Menschen fast immer den sicheren Tod. Wie zu erwarten, sind wohl bestimmte Mechanismen entstanden, die die Isolation verhindern sollen. Sind soziale Beziehungen gefährdet, in die Brüche gegangen oder verloren, aktiviert das einige derselben Hirnregionen wie bei physischem Schmerz.

Dies scheint der Mechanismus hinter dem emotionalen Schmerz zu sein, wie wir ihn in stressbelasteten Beziehungen erleben (Eisenberger und Lieberman 2004), in einem der vielen Bereiche, wo die Grenze zwischen Ängsten und Depressionen verschwimmt. Die Aktivierung bestimmter physiologischer Schmerzsysteme mag der Grund sein, weshalb ein Hund, der alleingelassen wurde, so herzzerreißend jault. So klingt die Erfahrung der jammervollen Angst des Verlassenseins.

Anders als Tiere haben wir Menschen noch eine besondere Form des Leidens. Wir können unsere Gedanken, Symbole und Erinnerungen auf unvergleichliche Art mit emotionalen Gehalten aufladen.

Angenommen, ich bringe meine Katze zum Tierarzt, der ihr eine Spritze gibt. Katzen hassen Spritzen und wenn ich ihr das nächste Mal eine Injektionsnadel zeige, wird sie sich sträuben und Stresssymptome zeigen. Sie könnte zittern und miauen und ihr kleines Herz in der Brust könnte heftig pochen. Denn sie erinnert sich an den Schmerz, den die Nadel verursachte, und wird alles tun, um ihr zu entkommen, bevor sie wieder zusticht.

Wenn die Katze so reagiert, können wir sicher sein, dass sie die Nadel mit schmerzhaften Stichen in den Po verbindet. In Gegenwart von Dingen, die uns früher schon einmal Schmerz zufügten, verhalten wir Menschen uns ebenso. Hieran ist noch nichts außergewöhnlich.

Das Interessante kommt jetzt. Tiere lassen sich darauf dressieren, zu melden, wenn sie eine Schmerzsituation erlebt haben (etwa indem sie einen Hebel drücken oder dergleichen). Wenn sie das tun, entdeckt man keine Anzeichen von Stress oder Angst, kein Jaulen, kein Herzklopfen. Obwohl sie die Erinnerung an den Schmerz haben, scheinen sie genauso gelassen wie an einem beschaulichen Sonnentag.

Ein Mensch dagegen zeigt Anzeichen von Qualen, wenn er ein vergangenes, schmerzhaftes Erlebnis beschreibt, und zwar fast genauso heftig, als ob der Schmerz selbst, anstatt nur die Erinnerung daran gegenwärtig wäre (Wilson et al. 2001).

Mitunter kann die Erinnerung an etwas Schmerzliches sogar noch größere Qualen bereiten als das Erlebnis selbst. Fragen Sie Penelope. Mitunter kann ein nur vorgestelltes Ereignis große Not hervorrufen, auch wenn die Person es nie durchgemacht hat. Wenn Sie je der Gedanke an den eigenen Tod plagt, wissen Sie, was ich meine.

Dies sind einige der Dinge, die der primitive Geist fürchtet. Und er hat eine einfache Antwort auf Schmerz und Furcht: vermeiden, vermeiden, vermeiden. Und wie überzeugt er uns davon, etwas zu vermeiden? Indem er uns Angst und Kummer erleiden lässt. Sobald wir uns einer Gefahr nähern – sei es einer bestimmten Straßenkreuzung, sozialer Vereinsamung oder auch nur den eigenen peinigenden Gedanken –, hagelt es geistige Ohrfeigen. Wo unsere Sicherheit auf dem Spiel steht, gibt es nur Peitsche, aber kein Zuckerbrot. Um unsere Sicherheit zu wahren, teilen Systeme wie die Amygdalae regelmäßig Bestrafungen aus.

Wie Sie gewiss bemerkt haben, ist die Weltsicht des primitiven Geistes dabei nicht besonders akkurat, und das bedeutet, dass wir oft Ohrfeigen bekommen für Gefahren, die zu dem Zeitpunkt gar nicht wirklich vorhanden sind. Für diese verfälschte Sichtweise gibt es aber einen guten Grund.

Der Überlebenswert verzerrten Erinnerns

Ich versuche, mit den Gesinnungen meiner Mitmenschen nicht zu streiten. Ich streite auch selten mit meinen eigenen. Weil ich nicht gewinnen kann. Wir sind Experten im Behalten gerade der schlechten Erinnerungen und können immer noch ein weiteres Argument hervorholen, um Recht zu behalten. Nichts kann das klarer veranschaulichen, als wenn wir jemanden aufheitern wollen, mit Logik und gesundem Menschenverstand, und nichts davon kommt an.

Du: „Warum so düster, Kumpel?"

Dein Freund: „Ich habe endlich eingesehen, dass ich zu nichts gut bin."

Du: „Was? Sei nicht albern. Du bist einer der imposantesten Menschen, die ich kenne. Du warst in Harvard. Du hast eine tolle Anstellung und ich wage zu behaupten, dass du auch gut aussiehst."

Dein Freund: „Gut aussehe? Mit dieser Nase? Das glaube ich nicht. In Harvard bin ich gerade soeben durchgekommen und meine Arbeit ist im Grunde bedeutungslos. Was für eine Errungenschaft soll das sein? Es beweist, wie inkompetent ich bin. Alle anderen, die mit mir den Abschluss machten, sind inzwischen überaus erfolgreich."

Du: „Was war denn mit deinem Projekt in New York? Das war doch eine ganz große Sache."

Dein Freund: „Ich bitte dich. Ich war dabei ganz unbedeutend. Die anderen machten die Arbeit. Ich bin ein Betrüger."

… und so geht die Unterhaltung dann immer weiter, solbald wir uns aufs Argumentieren einlassen.

Wenn so ein Denkmodus eingeschaltet wird, ist es irrelevant, wie viele Gegenbeweise wir bemühen. Der Geist findet immer einen Anhaltspunkt mehr, ganz gleich, wie irrational das Ergebnis dann ist. In diesem Modus kann sogar eine Ausbildung in Harvard zum Beweis für ein Scheitern werden.

Wenn der Esel störrisch wird, kann ihn nichts vom Fleck rühren. Deshalb argumentiere ich nicht.

So frustrierend es sein kann, bei jemand anderem oder bei uns selbst auf ein solches Denken zu stoßen, so gibt es doch normalerweise einen guten Grund dafür. Der störrische Esel wird nicht einfach aus Streitlust auf den Plan gerufen. Meistens hat es mit Kontrolle zu tun.

Es ist beispielsweise nicht ungewöhnlich, dass ein Kind, welches in seiner Familie missbraucht wurde, zu einem Menschen heranwächst, der seine Beziehungen – besonders die intimen – für verhext hält. Wenn jemandem physische und emotionale Schmerzen von den Menschen zugefügt wurden, die eigentlich Vertrauenspersonen sein sollten, wird ein normaler, gesunder Geist mit folgender Problemstellung arbeiten: *Was muss ich tun, um zu verhindern, dass so etwas wieder geschieht?*

Der Verstand will den Ausgang eines Geschehens kontrollieren und Probleme lösen, damit sie sich nicht wiederholen. Dafür benutzen wir Strategien wie das „wiederkäuende" Nachdenken und lenken damit unsere Aufmerksamkeit auf komplexe Probleme. Für einige Probleme, wie Missbrauch innerhalb der Familie, gibt es keine einfache Erklärung. Es ergibt einfach keinen Sinn, Familienangehörige zu misshandeln.

Dies stellt den Geist vor ein schreckliches Dilemma. Wenn es keine eindeutige Erklärung für ein Problem gibt, und demzufolge auch keine zuverlässige Methode zur Vorbeugung in der Zukunft, was ist zu tun?

Wenn keine klaren Antworten auftauchen, wird der gesunde Menschenverstand die Aufmerksamkeit nach innen richten. Wenn die Welt außerhalb der eigenen Haut keine Erklärung parat hat, scheint es naheliegend, dass das Problem unter der Haut existiert, so denken wir. Die Frage *Wie kann ich das in Zukunft vermeiden?* wird zu *Wie habe ich das verursacht und wie kann ich mich ändern, damit es nicht noch einmal passiert?* Wenn das Problem in uns liegt, dann ist es auffindbar und lösbar – so jedenfalls die Meinung unseres kontrollhungrigen Geistes.

Womit wir wieder bei der uns angeborenen geistigen Fähigkeit landen, endlose Beweismittel gegen uns selbst vorzubringen. Die Möglichkeit, dass wir die Antwort in unserem Innern finden könnten, bringt Hoffnung und ein Gefühl der Kontrolle. Wer einen Missbrauch erlitten hat, könnte sein ganzes Leben lang in Selbstbeobachtung und Selbstkritik schmoren, immer darauf hoffend, eben die Schwachstelle, die bisher friedliche, sichere Beziehungen verhindert hat, in sich aufzuspüren und zu reparieren.

Für die meisten Menschen ist Selbstkritik aber kein konstantes Verhalten. Es kommt und geht. Aber wenn es da ist – wenn wir die herabwürdigenden Daten wie Rosinen herauspicken –, dann ist jedes Argumentieren sinnlos, genauso sinnlos wie während einer Panikattacke dem Betroffenen zu sagen: „Beruhige dich!". Das könnte alles nur noch schlimmer machen.

Falls Sie diese Tendenz an sich bemerkt haben, brauchen Sie sich nicht leid zu tun. Wir Menschen neigen allgemein dazu, die Rosinen aus den Daten herauszupicken. Es geschieht sogar bei sorgsam erhobenen Forschungsdaten, wo wir es am wenigsten erwarten würden. Der gesamte Wissenskorpus, der die Sozialwissenschaften ausmacht, ist durchsetzt von einem eingebauten Makel, dem *Ablageproblem* (engl. *file drawer problem*). Das meint, dass unabsichtlich solche Daten herausgefiltert werden, die ein bestimmtes Ergebnis untermauern (Howard et al. 2009).

Es funktioniert wie folgt. Forscher A entwirft eine Studie, die belegen soll, ob Menschen Gedanken lesen können. Seine Ergebnisse legen nahe, dass

Menschen tatsächlich Gedanken lesen können, also publiziert er seine Studie und bekommt viel Interesse. Inzwischen entwerfen die Forscher B, C, D, E und F ähnliche Studien, finden aber keine Beweise für Gedankenlesen. Ihre Studien bleiben unbeachtet, einfach weil sie, offen gesagt, langweilig sind. Langweilige Untersuchungen sind für das Fortbestehen eines Forschungszweiges wenig förderlich und verschwinden in Ablagefächern, um nie mehr ans Tageslicht zu kommen.

Der Punkt ist der: Wir Menschen haben die Tendenz, eher diejenigen Informationen zu beachten, die unserem Überleben förderlich sind, und Informationen mit weniger Überlebenswert außer Acht zu lassen. In der akademischen Welt bedeutet das die Veröffentlichung aufregender Studien, weil sie Aufmerksamkeit und Geld bringen. Für das Individuum bedeutet es, die Aufmerksamkeit auf die unliebsamen Lektionen der harten Schule gerichtet zu halten.

Forscher tun sich schwer, das Ablageproblem zu erkennen (Rysen 2006) und wir Individuen ebenso. Deshalb kann jegliches Einreden auf deinen Freund, in der Absicht, ihn aufzuheitern, so erfolglos bleiben. Es ist ein Kampf gegen die menschliche Natur, ein Kampf gegen Bauplan und Funktionsweise des Geistes.

Auch Penelopes Verstand fiel dem Ablageproblem zum Opfer. Ihr Fokus lag auf einem einzigen Blechschaden. Die Tausende von Malen, die sie ohne Unfall über Kreuzungen gefahren ist, wurden ignoriert. Sie kann ihrem limbischen System für diese unmittelbare Lernleistung und ihr einwandfreies Erinnern danken, sie kann dankbar sein, dass die ganze Aufmerksamkeit der Information gilt, die den höchsten Überlebenswert hat. Denn das war die Aufgabe.

Wie der Geist zum Schutz Regeln aufstellt

Das unmittelbare Lernen ist ein brillanter Überlebensmechanismus. Besser, unsere Vorfahren erinnerten sich an das eine Mal, wo sie nur knapp mit dem Leben entkamen, anstatt an die zahllosen Male, wo sie vollkommen sicher waren. Für das Überleben ist die Erinnerung an den einmaligen Vorfall von größerem Wert.

Das Gleiche gilt für das Ablageproblem, was nicht wirklich ein Problem darstellt, solange es ums Überleben geht. Unser Vorfahr, der sich sozial auf dünnem Eis bewegte, hätte gut daran getan, sich an die Male zu erinnern, wo er einen Fehler begangen hatte. Dann hätte er ihn nicht wiederholen müssen und wäre nicht ausgeschlossen worden.

Angst und Vermeidung sind nur zwei der Dinge, die der Geist nutzt, um das zu tun, was er am besten tut, nämlich uns beschützen. Und was liegt da näher als Gefahrensituationen zu fürchten und zu vermeiden?

Aber es gibt nichts umsonst im Leben. Wir zahlen einen Preis für das Privileg dieser Mechanismen, die unsere Vorfahren in harter Arbeit herangebildet haben. Furcht und Vermeidung können ein Eigenleben führen, wie bei Penelope. Manchmal beherrscht uns der Glaube, dass je mehr Dinge wir fürchten und vermeiden, umso größer unsere Überlebenschancen seien.

Solche Logik hat früher vermutlich gut funktioniert, aber die Welt ist heute nicht so voller Gefahren wie sie einmal war. Wenn ich meinem Geist eines zu verstehen geben könnte, wäre das: In den meisten Fällen geht es gar nicht um Leben und Tod. Grund genug, mal zu entspannen.

Aber diese Botschaft kann der Geist nicht ohne Weiteres annehmen. Unsere Biologie hat ihre Grenzen. Das heißt, unser Geist und Verstand werden fortfahren mit ihrer Aufgabe, uns zu beschützen, und wenn wir nicht aufpassen, glauben wir, was sie uns sagen. Je mehr wir zulassen, dass dieses Denken unser Verhalten kontrolliert, umso enger wird der Graben aus Angst, Befürchtungen und von Depression beherrschten Gedanken.

Ein Geist kann wie der neurotische Hund im Hinterhof sein, der jedes vorbeihuschende Eichhörnchen frenetisch anbellt und einen Pfad am Gartenzaun austritt. Mit der Zeit werden Hunde, bei denen man ein solches Verhalten nicht unterbindet, lauter, heftiger, aggressiver. Wie ärgerlich oder irrational dies anderen auch erscheint, aus der Hundeperspektive ergibt das Sinn.

Das rasende, bedrohliche Verhalten des Hundes ist die Antwort auf seine Wahrnehmung einer Bedrohung – wobei seine „Wahrnehmung" hier das Schlüsselwort ist. Das meiste, was der Hund anbellt – Eichhörnchen, Vögel und Spaziergänger –, stellt nicht wirklich eine Bedrohung dar. Ungeachtet dessen ist das wilde Gebell ein sich selbst verstärkender Akt.

Jedes Mal, wenn der Hund seine hysterische Reaktion ausführt, stellt er eine Korrelation zwischen dem Bellen und dem Verschwinden der wahrgenommenen Bedrohung her. Jeder vernünftige Hund würde den Schluss ziehen, dass sein Gebell den Eindringling verscheucht hat, auch wenn vermutlich kein Zusammenhang zwischen beiden Handlungen bestand.

Ähnlich verhält sich unser Geist. Jedes Mal, wenn Penelope vermeidet, aus dem Haus zu gehen, weil sie Angst hat, entsteht unweigerlich eine Korrelation zwischen der Vermeidung und der sich anschließenden Belohnung – sie hat keinen Unfall. Vermeidung wirkt in doppelter Hinsicht selbstverstärkend: Wir entgehen der unangenehmen Erfahrung und gewinnen den Komfort, in Sicherheit zu sein.

Dasselbe spielt sich auch auf subtileren Ebenen ab. Gehen wir noch einmal zurück zu dem Beispiel der Person, die von ihrer Familie missbraucht worden war und sich nun mit Gedanken herumschlägt wie *Was habe ich getan, so etwas auszulösen?* Jenen Gedanken anzugehen, als ob er auf Tatsachen beruhe –, *ich habe etwas ausgelöst* – verwandelt ihn in den metaphorischen Hund, der am Gartenzaun bellt. Er bildet einen Trampelpfad und das Verhalten wird mit der Zeit nur verstärkt.

Gedanken wie *Was habe ich getan, so etwas auszulösen?* führen oft zu selbstauferlegten Regeln, die die Gefährdungslage begrenzen: *Lass' niemanden nahe kommen. Teile ihnen nicht zu viel mit und zeige dich nicht wirklich. Jeder will Übles, bis das Gegenteil bewiesen ist – und es ist nicht wirklich möglich, das Gegenteil zu beweisen.*

Penelopes Geist hat auch Regeln gesetzt: *Bleib' von der Kreuzung fern. Bleib' von der Straße fern. Bleib' von dem Auto fern. Bleib' zu Hause.*

Diese beiden Beispiele – Penelope mit ihrer wachsenden Ängstlichkeit und die Frau, die sich fragte, was sie getan habe, dass sie missbraucht wurde – scheinen an der Oberfläche verschieden. Aber in jeder der beiden Personen geschieht etwas ganz Ähnliches: Eine Gefahr wird wahrgenommen, Regeln werden aufgestellt, um die Lage zu kontrollieren, und Gefühle wie Angst und Depression setzen als Strafe ein, wenn die Regeln gebrochen werden.

Angst – kombiniert mit wiederholten, sich selbst verleugnenden Gedanken – führt zu einer immer kleineren Welt mit immer weiteren Regeln. Regeln können unseren Geist übersähen wie Unkräuter eine offene Wiese. Am Ende können wir daran zerbrechen.

Zum Glück kann der Hund, der im Hinterhof den Trampelpfad abnutzt, erzogen werden, so wie wir uns erziehen können. Das heißt nicht, das Wesen des Hundes zu ändern. Der Drang, sein Territorium zu verteidigen, kann ihm nicht genommen werden, und sollte es auch nicht. Wir brauchen den Hund nicht zu vernichten, um sein Verhalten für alle Beteiligten, den Hund selbst eingeschlossen, verträglicher zu gestalten.

Also wie gehen wir vor? Wie erlangen wir unser früheres Verhalten zurück? Wie bekommt Penelope ihr Leben zurück? Wie schafft die missbrauchte Person den Beginn einer gesunden Beziehung?

Nun wissen wir bereits, dass wir nicht versuchen sollten, den Geist zu unterdrücken, weil das nur weiteres Vermeiden, weitere Ängste und weitere Depressionen zur Folge hätte. Und hinsetzen und abwarten, dass die Regeln sich ändern – da können wir wohl sehr lange warten.

Es gibt noch eine andere Option: die Regeln brechen.

Die geistigen Regeln zu brechen kann schwierig und unbequem sein. Dabei hilft es, zu wissen, warum wir das tun, und hier kommen unsere persönlichen Werte ins Spiel. Im nächsten Kapitel werden wir sehen, wie wir uns mit klar definierten Wertvorstellungen aus der Klemme befreien können.

6

Werte und Handeln

Unser Geist entwirft Regelwerke, um uns vor Gefahren zu bewahren. Das funktioniert meist recht gut. Beim ersten Mal, wenn wir einen heißen Ofen anfassen, entsteht eine Regel, deren Befolgung uns nützen soll: Fasse keine heißen Öfen an.

Natürlich gibt es Zeiten, wo unser Geist übertreibt. Wir sehen das an Penelope, deren Gedanken die Welt so bedrohlich machen, dass sie lieber geschützt zu Hause bleibt. Es stimmt zwar, dass die Welt voller Gefahren ist, aber nicht zu gefährlich, um daran teilzunehmen. Außerdem kann man nicht alles meiden, das ist nicht praktikabel – wenigstens nicht für sie. Sie würde ja lieber hinausgehen und anderen Menschen Freude machen, als in der Sicherheit ihres Wohnzimmers verkümmern.

Es ist eine seltsame und besonders schmerzliche Erfahrung für Penelope. *Sie* möchte ihr Leben leben, *ihr* Geist möchte, dass sie sich versteckt. Es ist so, als wäre ein anderes Wesen in ihr, das Wände aufbaut, die sie nie wollte. Kein Wunder, dass Personen in ihrer Lage mir so oft schildern, dass sie ständig mit sich selbst oder ihrem Geist im Kampf liegen.

Auf eine Art entspricht das auch der Wahrheit. Da unser Gehirn nun einmal als modulares Organ aufgebaut ist, hat es oft widerstreitende Antriebe. Mitunter machen sich die verschiedenen Hirnsysteme buchstäblich gegenseitig Konkurrenz. Angststörungen sind so ein Fall: Der primitive Geist ist in heller Aufregung und läutet die Alarmglocken, während der höher entwickelte Geist erkennt, dass gar kein Grund zur Panik besteht.

Das Nachgrübeln ist ein anderes Beispiel für den inneren Wettstreit, denn unser Hirn verlagert die mentalen Reserven jeweils in die Richtungen, wo komplexe Probleme unsere Aufmerksamkeit fordern. Auch bei einer Sucht liegt der Geist mit sich selbst im Kampf. Wir lassen uns von dem Trieb nach kurzfristiger Erleichterung beherrschen, auch wenn wir uns der längerfristigen Folgen bewusst sind (mehr dazu in Kapitel 10).

Ein Streit mit dem primitiven Geist lässt sich nur schwer gewinnen, da meistens emotional stark aufgeladene Erfahrungen im Spiel sind. Doch es gibt Hoffnung. Es ist ebenfalls in uns angelegt, über diese Erfahrungen hinaus zu sehen, einen Ausweg zu finden, und trotz allem unser Leben zu leben. Wenn das nicht so wäre, würden Sie dieses Buch jetzt nicht lesen.

Den Geist schulen, um das Handeln entsprechend der Werte zuzulassen

Ein weiterer Grund, sich von den Kämpfen mit dem Geist zu lösen, ist: Er kämpft bereits gegen sich selbst. Das meine ich nicht metaphorisch. Unser Gehirn hat physikalische Strukturen, die uns anscheinend helfen, die Botschaften des primitiven Geistes zu ignorieren. Es gibt beispielsweise eine Hirnregion, einen Teil des Frontallappens, den *anterioren cingulären Cortex*, ACC oder *Gyrus Cinguli* genannt, dessen Aufgabe die Vermittlung zwischen dem Panik produzierenden limbischen System und dem Cortex als Sitz unseres höheren, rationalen Geistes ist.

Nehmen wir einen Streit im Gerichtssaal, unser emotionales, hyperaktives limbisches System einerseits und unser ruhiger, gelassener, logischer Cortex auf der anderen Seite. Der ACC sitzt zwischen beiden und agiert als Richter, der entscheidet, ob das Paniksystem den Tag beherrscht (Frankland et al. 2004). Wie das Gericht legt der ACC Wert auf Präzedenzfälle. Je häufiger der primitive Geist in der Vergangenheit Recht behalten hat, umso wahrscheinlicher, dass er wieder seinen Willen bekommt. Die gute Nachricht ist: Der ACC kann bestärkt werden, öfter in Richtung unserer *Werte* zu entscheiden – die Prinzipien und Maßstäbe, die uns nach sinnvollem Handeln streben lassen –, so wie unsere höhere Vernunft uns vorgibt. Das ist eines der Dinge, die geschehen, wenn wir mit Angststörungen umgehen lernen.

Mit der Stärkung des ACC ist nicht gemeint, dass wir den primitiven Geist daran hindern, uns Angstsignale zu senden. Wir brauchen ihn nicht zu stoppen. Stattdessen können wir einfach üben, anders zu antworten, wenn er zu uns spricht. Mit zunehmender Übung lernen wir, dass wir entscheiden können, von der Warte des höheren Geistes aus zu agieren, anstatt vor dem primitiven Geist zu buckeln.

Die Tatsache, dass unser primitiver Geist existiert und zu uns spricht, ist nicht notwendigerweise das Problem. Das Problem ist die Überreaktion in der falschen Richtung. Jedes Mal, wenn wir unser Grübeln, unsere Anspannungen und unser Zögern für bare Münze nehmen, bestärken wir derartige Verhaltensweisen in unserem Geist. Wer seine Gedanken einfach so hinnimmt, verliert die Fähigkeit, darüber hinaus zu sehen.

Wie war das mit dem Hund im Hinterhof? Er hat einen Pfad ausgetreten und machte sich und allen anderen mit seinen hysterischen Reaktionen auf vermeintliche Bedrohungen das Leben schwer. Das Problem speist sich selbst. Im Laufe der Zeit wird der Hund immer noch ängstlicher und aggressiver.

Bei gut erzogenen Hunden lässt man nicht zu, dass sie ihrer Hysterie freien Lauf lassen. Man kann ihnen ruhiges und gelassenes Verhalten beibringen, sogar wenn das gegen ihre Impulse verstößt. Bei Hunden sind, wie bei den Menschen, die Impulse und Emotionen keine Regeln, die man befolgen muss.

Bei uns zu Hause, wenn unsere Hündin beim Türklingeln anschlägt, geben wir ihrer Hysterie nicht nach, versuchen aber auch nicht, ihren Beschützerinstinkt auszulöschen – warum sollten wir? Wir loben sie, dass sie gut aufgepasst hat, und versichern ihr, dass wir die Situation unter Kontrolle haben. Trotzdem gerät sie gelegentlich ganz aus dem Häuschen oder kriegt Angst, aber sie hat gelernt, schön stehenzubleiben und uns Menschen die Situation zu überlassen.

Das mag man sich als den Königsweg vorstellen. Ihre Biologie verlangt von ihr, das Umfeld zu bewachen, wofür wir ihr dankbar sind, aber wir erlauben ihr nicht, sich bei jedem harmlosen Geschehen in eine Hysterie hineinzusteigern.

Wenn Sie einen Vergleich gestatten, können wir mit unserem primitiven Geist ähnlich verfahren. Je mehr wir ihm die Kontrolle über unser Verhalten überlassen (wie Penelope beispielsweise in einer Situation, die keine echte Bedrohung darstellte), desto mächtiger wird er und desto mehr Einfluss gewinnt er über uns (Schlund et al. 2010).

Das Umgekehrte trifft ebenso zu. Wir nehmen unseren Geist sprichwörtlich an der Hand, begeben uns in den Dienst unserer Wertvorstellungen und üben uns darin, nicht jeder Forderung des Geistes gleich nachzugeben. Die Polizei, Soldaten und Feuerwehr machen genau das. Sie üben sich darin, nicht jedem Impuls zu folgen, sondern so zu handeln, wie es am ehesten zweckdienlich ist.

Es kann sein, dass das Gehirn sich durch solche Übungen sogar physisch verändert. Angstbeladene Erinnerungen können sich wegen Strukturen wie der *Amygdala* ein Leben lang halten. Ihre Auswirkungen lassen sich jedoch verringern, wenn wir Systeme wie den ACC stärken, der als Puffer zwischen uns und den primitiven Impulsen fungiert (Poulos et al. 2009). Mit anderen Worten, wir können uns selbst dazu erziehen, die Impulse, die uns Schwierigkeiten bescheren, außer Kraft zu setzen, genauso wie wir einen Hund erziehen können.

Mit zunehmender Übung wird es leichter, aber es verlangt Arbeit. Wir beginnen damit, dass wir Wertvorstellungen aufbauen, die uns als Führung dienen. Schließlich, wenn wir dem Geist etwas entgegensetzen wollen, brauchen wir einen Grund und eine Alternative, um anders handeln zu können. Unsere Werte liefern uns den Grund, warum wir nicht gehorchen, und werden zu Wegweisern für die Entscheidungen, die wir zu treffen haben.

Der Höhere Geist

Bisher war nur die Rede von den Mandaten des primitiven Geistes. Nehmen wir uns jetzt die andere Seite vor – unseren höheren, rationalen Geist, wo unsere Werte herkommen. Während der primitivere Anteil ständig agiert, *als ob* da etwas wäre, was zu fürchten sei, was uns deprimiert, worüber wir grübeln oder uns erzürnen müssten, können wir unsere höhere Vernunft so walten lassen, *als ob* solche Gedanken und Gefühlen ebenso unbedeutend sind wie der eingezäunte, bellende Hund für ein Eichhörnchen, dass sicher auf seinem Baum sitzt. Lassen Sie uns das *psychische Flexibilität* nennen.

Verhaltenspsychologen benutzen den Begriff der psychischen Flexibilität als Bezeichnung der Bereitschaft, eher auf die Umgebung bezogen zu agieren als auf innere Denkvorgänge zu reagieren. Von Natur aus hält der Geist sich gern an feste Regeln auf der Grundlage von Handlungen, mit denen in der Vergangenheit Schmerzen gelindert wurden. Eine psychisch flexible Reaktion basiert auf dem gegenwärtigen Moment und erfordert manchmal die Bereitschaft, Unbequemlichkeiten zugunsten höherer Werte auszuhalten. Sie wird weniger von hartnäckigen Gedanken und Gefühlen als von Werten und Weisheit bestimmt (nach Baer 2010).

Wir brauchen den Geist nicht zu bezwingen, wir führen einen anderen Kampf. Wir kämpfen für die Flexibilität, unser Leben nach unseren Wünschen gestalten zu können. Wir erkennen, dass der Geist uns hemmen will, und wissen gleichzeitig, dass wir uns nicht hemmen zu lassen brauchen.

Das Streben nach Flexibilität kann in zahllosen kleinen Begebenheiten erfolgen. Vielleicht auf einer Cocktailparty, wo unser Denken uns vor sozialer Ablehnung abschirmen will. Es zwingt uns, bloß nicht aufzufallen, und straft uns mit Nervosität. Es schreibt die Regeln vor, die uns vor Schaden bewahren: *Rede nicht mit Fremden. Vermeide Augenkontakt. Verziehe dich eine Weile ins Badezimmer.* Trotzdem können wir so agieren, *als ob* wir ein geselliger, kontaktfreudiger Mensch wären, auch wenn der primitive Geist so agiert, *als ob* wir uns damit in große Gefahr begeben.

Der Haken dabei ist, dass der Geist uns sein Regelwerk aufzwingt, indem er uns bestraft. Wir fühlen uns buchstäblich schlecht oder unbehaglich, wenn wir die Regeln brechen. Dann leuchtet ein, dass wir wohl einige Durchschlagskraft in unserem Arsenal brauchen, um dieses Unbehagen zu überwinden.

Diese Geheimwaffe sind unsere Werte. Sobald wir eine klare Vorstellung von den Idealen haben, die uns wichtig sind, können wir auch gesunde und überzeugende Gründe vorbringen – und handeln *als ob*. Ein klares Bild von unseren Werten verleiht uns die Kraft, flexibel zu sein, wenn der Verstand unbegründete und kostspielige Fesseln auferlegt.

Das Streben nach Werten führt zwangsläufig immer auch zu Unannehmlichkeiten. Wer mit Ängsten zu kämpfen hat und nun seine Freiheit anstrebt, wird – erst einmal – eine Zunahme seiner Beschwerden feststellen. Wer an einer Depression leidet, die die Welt immer enger machte, und nun seine Welt ausdehnen will, wird – erst einmal – an die Gründe für seine Depression erinnert, was ihn – erst einmal – noch niedergeschlagener macht.

Freiheit hat diese Wirkung. Eine der grundlegendsten und häufigsten Lebensfragen lautet: Soll ich nach Freiheit streben oder auf Sicherheit bauen? Beides, das Streben nach Freiheit und auf Nummer Sicher gehen, gibt es nicht umsonst, und beides bringt ihre eigenen Unannehmlichkeiten mit sich. Doch ich glaube, dass die Sehnsucht nach Freiheit in jedem Menschen angelegt ist, die Sehnsucht danach, eine Wahl zu haben und dem Leben flexibel zu begegnen, anstatt sich im sicheren Schatten zu verbergen. Flexibel sein heißt nicht, vom Schmerz befreit zu sein; es heißt, dass wir frei sind, unser Schicksal selbst zu wählen.

Wenn wir für unsere Freiheit kämpfen wollen, hilft es uns, zu verstehen, wofür wir da eigentlich kämpfen.

Eigene Werte finden

Wie möchten Sie am liebsten Ihre begrenzte Zeit auf diesem Planeten verbringen? Möchten Sie sie im Idealfall im Dienste Ihrer Familie verbringen? Ihrer Arbeit? Ihrer Religion oder einem politischen Ziel? Wenn Sie nur ein Jahr zu leben hätten, welche Bereiche Ihres Lebens wären Ihnen am wichtigsten? Wie möchten Sie, dass andere Menschen in Ihrer Abwesenheit von Ihnen sprechen?

Wenn Sie Mühe haben, auf diese Fragen Antworten zu finden, sind Sie nicht allein damit. Es geht vielen so.

In der Theorie sollte es einfach sein, die eigenen Werte zu definieren. Einfach aufzählen, was einem wichtig ist – und das Problem ist gelöst! In der Praxis ist es schon schwieriger. Meiner klinischen Erfahrung nach haben einige Menschen doch Mühe, das einzugrenzen, was ihnen am meisten bedeutet. Es scheint *alles* bedeutsam, sagen sie.

Andere wiederum haben Schwierigkeiten, sich auf irgendetwas festzulegen, das ihnen wirklich etwas bedeutet.

Auch wenn die Wertvorstellungen klar sind, ziehen uns die Anforderungen des Lebens in andere Richtungen, wie auch das eigene Denken. Der primitive Geist schert sich nicht um unsere hochtrabenden Werte. Häufig ist er sogar schlichtweg dagegen. Eine Person hat vielleicht den Wunsch, eine brillante Schauspielerin zu werden, doch ihr Geist redet ihr ein, von der verflixt beängstigenden Bühne wegzubleiben. Eine von Werten geleitete Existenz bringt uns oftmals direkt mit solchen Qualen in Kontakt. Jeder muss sich dann irgendwann zwischen seinen Werten und seiner Bequemlichkeit entscheiden.

Hayes, Strosahl und Wilson (1999) vergleichen unsere Wertvorstellungen mit den Himmelsrichtungen auf einer Landkarte. Jemand kann westwärts reisen, kann aber nie bei „Westen" ankommen. Es gibt keinen Endpunkt. Was Werte angeht, können wir immer einen weiteren Schritt in die richtige Richtung tun, ganz gleich, wie gut oder mies wir gerade etwas vollbringen. Werte helfen uns, unser Verhalten im gegenwärtigen Moment auszurichten; *Ziele* dagegen sind auf die Zukunft ausgerichtete Absichten. Unsere Ziele können wir unterwegs einholen, aber wir werden nie ein Ende finden, wenn wir im Dienste unserer Werte leben.

Klar definierte Werte gehören zu den Gegenmitteln für einen übermächtigen Geist. Damit die Werte zu unseren Gunsten funktionieren, sollten wir sie am besten so formulieren, wie wir uns am liebsten *verhalten* möchten, und nicht danach, was wir am liebsten *haben* möchten. Zum Beispiel:

„Ich möchte eine ausgezeichnete Mutter sein" ist besser als „Ich möchte, dass meine Kinder mich lieben".

„Ich möchte ein guter Anwalt meiner politischen Zielsetzung sein", und nicht „Ich möchte, dass meine Ziele siegen".

Eine klare Vorstellung davon, wie die Person sein soll, die wir sein möchten, leitet uns von einem Moment zum nächsten durch die Kämpfe um die Koexistenz mit unserem Geist. Klar formulierte Werte können gute Wegweiser sein, wenn wir nicht mehr wissen, wie wir mit einem kontrollsüchtigen Geist umgehen sollen. Die folgende Übung möchte Ihnen helfen, in kleinen Schritten Großes zu bewirken!

ÜBUNG

Das Leben steckt im Detail

Um unsere Werte besser zu erkennen, hat der Psychologe Kelly Wilson mit seinen Kollegen (2010) zehn Bereiche zusammengestellt, die für viele Menschen eine wichtige Rolle spielen:

____ Familienbeziehungen (ausgenommen Ehe oder Elternschaft)

____ Ehe/Paar-/intime Beziehungen

____ Elternschaft

____ Freundschaften/soziale Beziehungen

____ Beruf

____ Schule/Ausbildung

____ Freizeit

____ Spiritualität

____ Bürger- und Gemeindeleben

____ körperliches Wohlergehen

____ sonstige

Welche dieser Bereiche sind für Sie besonders wichtig? Gibt es Bereiche in Ihrem Leben, die hier nicht aufgezählt sind, die für Sie aber einen größeren Stellenwert haben? Dr. Wilson empfiehlt, die Bereiche mit einer Ziffer zwischen 1 und 10 nach ihrer Bedeutung einzustufen, von 1 als „unwichtig" bis 10 als „äußerst wichtig". Nehmen Sie sich vor dem nächsten Schritt etwas Zeit – so viel Sie brauchen – um herauszufinden, welche Bereiche in ihrem Leben die größte Rolle spielen.

Tragen Sie zu jeder Kategorie den Zahlenwert ein. Wenn alle oder mehrere Kategorien hohe Ziffern haben, versuchen Sie, die Liste zu halbieren, und dann noch einmal, bis nur noch die Bereiche übrig sind, die Ihnen am meisten bedeuten.

Versuchen Sie bei Ihrer Bewertung der Bereiche nach der Liste von Dr. Wilson deren Stellenwert für sich auch in Bezug auf Ihr eigenes Verhalten zu definieren. Also wenn Ihnen beispielsweise intime Beziehungen am wichtigsten sind, beschreiben Sie, *wie Sie sich in der Beziehung verhalten möchten,* aber nicht, was Sie sich erhoffen, wie Sie sich fühlen möchten oder wie der Partner sich verhalten soll.

Sobald Sie die Liste auf Ihre wichtigsten Bereiche eingegrenzt haben, ist die nächste Frage: Leben Sie im Dienste dieser Werte? Lautet die Antwort nein, haben die Ansprüche des Lebens Sie vom Kurs abgebracht, oder waren es die Ansprüche in Ihrem Denken? Falls ja, wie können Sie den Kurs wieder aufnehmen?

Ein Leben im Dienste unserer Werte muss keine weltbewegende Sache sein. Angenommen, Sie legen großen Wert darauf, einen guten Elternteil abzugeben. Das braucht keine großen Gesten wie tägliche Zoobesuche oder teuerstes Spielzeug und Kleidung. Es könnte viel sinnvoller sein, an einfache, kleine Handlungen zu denken. Wenn Sie sich beispielsweise zur Aufgabe machen, ihr Kind jeden Tag von der Arbeit anzurufen, eine Geschichte vorzulesen, es zum Lachen zu bringen. Das Leben liegt im Detail und wertvolle Elternschaft kann einfach bedeuten, eine einfache, liebevolle Verbindung mit Ihren Kindern zu haben, in alltäglichen Dingen. Wertorientiertes Verhalten lässt sich definieren mit der Antwort auf die Frage: Bin ich in diesem Moment die Person, die ich sein möchte?

Werte aus den Augen verlieren

Häufig bemerken wir, wie wir im Widerspruch zu unseren eigenen Werten handeln, und das ist ganz normal. Joanne Dahl und Kollegen (2009) skizzierten drei der am meisten verbreiteten Fallen, die das wertorientierte Handeln durchkreuzen.

1. **Vermeidung aversiver Gedanken und Gefühle.** Je bedeutsamer etwas für uns ist, desto größere Risiken enthält es. Wer eine fabelhafte Schauspielerin werden will, kann diesen Wert nicht ohne das Risiko peinlicher Situationen in Angriff nehmen, auch das Risiko des Versagens – schließlich, wenn ihr nichts an der Schauspielerei liegen würde, wäre es ihr ja egal, ob sie die Szene vergeigt oder nicht. Ein gut funktionierender Geist wird sie vor den Versagensängsten bewahren wollen, indem er sie zwingt, die Bühne zu meiden, mit Gedanken wie: *Du wirst gut spielen können, sobald du diese Angst los bist.* Und so könnte sie sich in dem endlosen Versuch verlieren, ihre Ängste zu meistern, während ihre Schauspieltalente dahinsiechen. Es ist einer der schmutzigen Tricks, die das Leben für uns bereithält, das Vermeiden vermeintlichen Leidens bedeutet oft, dass wir unsere Werte aufgeben. Die angehende Schauspielerin muss ihre Ängste willkommen heißen, um das zu verwirklichen, was ihr am meisten bedeutet. Niemand hat gesagt, dass das Umsetzen unserer Werte leicht sei.

2. **Sekundäre Belohnungen wie Bewunderung oder Rang.** Belohnungen wie Geld, Rang oder Bewunderung sind wunderbar und können das Leben spannend machen, aber sie sind nicht dasselbe wie die Werte. Angenommen, für jemand hat Bildung großen Wert und er strebt nach guten Noten, aber das macht aus ihm noch nicht den besten Studenten, der er sein könnte. Die Gefahr, die beiden zu verwechseln, liegt darin, dass die sekundären Erfolgserlebnisse (wie die guten Noten) vorübergehend sind. In einer Trockenphase bleiben wir mit einem Gefühl der Leere und Unzufriedenheit zurück, und kommen schließlich sogar ganz vom Kurs unserer Werte ab und streben nur noch nach den sekundären Erfolgserlebnissen.

Jemand, für den eine gute Bildung ein Wert ist, könnte nämlich entdecken, dass ein möglichst guter Student zu sein nicht unbedingt bedeutet, gute Noten zu erzielen. Es könnte bedeuten, unterwegs Opfer bringen zu müssen. Doch am Ende wird die Werteorientierung mehr bedeuten als ein Zeugnis, an das schon bald keiner mehr denkt. Dr. Dahl und Kollegen geben uns einige Leitfragen, um zwischen der Werteorientierung und sekundären Zielsetzungen besser zu unterscheiden:

Falls Sie allen Erfolg hätten, den Sie sich wünschen, was würden Sie dann mit Ihrem Leben machen?

Falls Sie jetzt eine einflussreiche Position hätten, wofür würden Sie sich einsetzen?

Was würden Sie tun, wenn Sie plötzlich glücklich und sicher wären?

3. **Den Schein wahren.** Manchmal verlieren wir unsere Werte aus den Augen, weil wir uns in dem verfangen, was andere von uns erwarten. Diese Falle ist besonders verlockend, sobald es sich gut anfühlt, anderen zu gefallen. Ein Handeln, das darauf ausgerichtet ist, anderen zu gefallen, mag äußerlich mit unseren Werten in Einklang sein, hat aber eine ganz andere Funktion. Es setzt unser Verhalten den Einflüssen anderer aus. Wenn das geschieht, verfolgen wir nicht mehr unsere eigenen Werte, sondern geraten in die Dienste anderer Meister.

Wenn wir gegen unsere Werte handeln, ist das noch lange kein Weltuntergang. Es ist wahrscheinlich der normalere Fall. Wenn das wertorientierte Handeln leicht und schmerzfrei wäre, würde dem wohl jeder fast die ganze Zeit nachgehen. Unseren Werten gerecht zu werden, indem wir unser Bestes geben, erfordert eine gute Portion Selbstbeobachtung und Eigensteuerung.

Ich hoffe, wir widmen diesem Thema etwas Zeit, bevor wir fortfahren. Das Definieren der Werte ist keine akademische Übung. In späteren Kapiteln werfen wir einen Blick auf einige eigentümliche Funktionsweisen des Geistes, mit denen er gegen uns arbeitet. Die Verfolgung von Werten wird zu einem unserer wichtigsten Gegenmittel, das wir der hartnäckigen und manchmal schmerzlichen Beschützernatur unseres Geistes entgegensetzen können.

Sein Leben steuern, nicht den Geist

Viele alltägliche Dinge können unseren Werten dazwischenfunken. Meiner Erfahrung nach ist es in den meisten Fällen aber unser Denken, das uns von dem abhält, was uns eigentlich am wichtigsten wäre. Weshalb? Weil es ein Risiko beinhaltet. Wir können die ideale Elternschaft anstreben, riskieren aber, dass unsere Kinder sich schwach entwickeln. Wir wollen eine ideale Ehe führen, riskieren aber, dass sie eines Tages ein abruptes Ende nimmt. Wir streben nach körperlicher Gesundheit, riskieren aber, dass der Körper uns im Stich lässt. Die Verfolgung unserer Werte bringt uns normalerweise mit unseren tiefsten Ängsten in Kontakt – zumindest eine Zeit lang, und gewöhnlich immer dann, wenn wir zu unseren Werten zurückkehren, nachdem wir sie vernachlässigt haben.

Die gute Nachricht ist, wir bleiben nicht auf ewig in den Ängsten stecken. Wir gewöhnen uns an sie. Je weiter wir auf eine vermeintliche Bedrohung zugehen, umso weniger bedrohlich wird sie (Van Bockstaele et al. 2010). Je weiter wir in Richtung unserer Werte vorangehen, umso weniger bedrohlich werden die Risiken. Ganz sicher hat das Risiko, zu versagen, kaum Platz in Penelopes Geist, solange sie mitten in einer künstlerischen Darbietung steckt. Sie ist mit ihren Zuschauern verbunden, lebendig und voller Freude. Vielleicht empfindet sie eine unterschwellige Angst davor, einen Fehler zu machen, aber erst wenn sie ihre Werte vernachlässigt und zu Hause bleibt, anstatt ihre Aufführung zu machen, erlebt sie ein Versagen viel größeren Ausmaßes.

Penelope täte gut daran, die von ihrem Geist auferlegten Regeln zu brechen. Wenn sie frei sein will, muss sie bereit sein, für ihre Werte zu kämpfen, anstatt gegen ihren Geist. Sie muss bereit sein, ihren Geist zurück in die Welt zu zerren, mit Strampeln und Gezeter, falls nötig. Sobald er wieder eine Weile draußen in der Welt ist, wird er sich vermutlich anpassen. Und wenn nicht, hat sie wenigstens ihr Leben zurück und wird lernen, sich von ihren Geist nicht beherrschen zu lassen. Mit festen Wertvorstellungen – und dem Verständnis, *weshalb* sie gegen die Spielregeln des Geistes verstößt – wird es viel leichter, den inneren Protesten aus dem primitiven Geist standzuhalten.

Mit der Gabe zur Beobachtung, wie wir sie in früheren Kapiteln eingeübt haben (Rennbahnmetapher, „ich erfahre den Gedanken, dass...", Schachbrettmetapher und ähnliches) kann sie lernen, ihren geistigen Vorgängen zuzuschauen und Distanz zu wahren. Sie kann ihr Leben wieder aufnehmen, mit Mitteln, die zunächst nicht einleuchten: Ändere dein Verhalten und der Geist folgt nach. Wenn sie beispielsweise die Regel bricht, die ihr sagt: *Fahr' nicht!*, spürt sie erst einmal ihre Angst hochsteigen. Nach und nach aber werden die Ängste abklingen. Mit anderen Worten, ihr Geist wird, wenn auch widerwillig, ihrer Führung folgen. Im Dienste von Werten zu leben bedeutet oftmals, dem eigenen Denken zuwiderzuhandeln, es bedeutet ebenfalls, Unbequemlichkeiten in Kauf zu nehmen.

In der vorigen Übung *(Das Leben steckt im Detail)* haben wir Werte definiert und formuliert, wie unser Verhalten nach dieser Wertorientierung aussehen soll. Nun lassen Sie mich fragen: Handeln Sie im Dienste Ihrer Werte? Falls ja, wie konsequent tun Sie das?

Was würden Sie entdecken, wenn Sie ihre Aktivitäten der letzten Woche betrachten? Würden Sie feststellen, dass Sie in Einklang mit Ihren Werten gehandelt haben, oder würden Sie etwas etwas anderes finden, das Ihr Verhalten angetrieben hat?

Wenn Sie merken, dass Ihr Verhalten nicht mit Ihren Werten übereingestimmt hat, dann wette ich gern, dass einfach andere Gewohnheiten die Oberhand gewonnen haben – Gewohnheiten, die auf dem Regelwerk eines Beschützergeistes beruhen. Das passiert uns allen hin und wieder. Und doch sehnen wir uns, auf einer Ebene, ständig danach, unseren Werten zu folgen und uns ganz lebendig zu fühlen.

Als Penelopes Welt nach ihrem Unfall immer enger wurde, nahm das Regelwerk zu und ihre Gewohnheiten änderten sich. Im Geist hörte sie *Dieser Platz ist unsicher* und *Diese Aktivität ist verboten.* Sie entfernte sich von dem, was sie am meisten schätzte. Wenn sie sich entschließt, ihr Leben zurückzufordern, muss sie die Regeln brechen, die ihre neue Realität definieren. Aber keine Sorge: Gegen unsere eigenen Regeln zu verstoßen ist lange nicht so schlimm, wie wir denken.

Nehmen wir eine Person, die ihr Gewicht reduzieren und etwas für die Gesundheit tun will, aber von dem Gedanken gefesselt ist: *Ich bin nicht der Typ, der Sport treibt.* Die einfachste Art, zum „Typ zu werden, der Sport treibt", ist ein paar Mal zum Sport zu gehen. Das mag sich anfangs komisch anfühlen, sogar unecht – solche Empfindungen gehören zur Fülle des Lebens –, doch schon bald wird sie Freunde finden und zurechtkommen. Mit einiger Konsequenz bei ihren Regelverstößen wird sie zu einer Person, die Sport treibt.

Penelope sieht sich nicht als Typ, der zu einem Auftritt fährt. Es ist gegen die Regeln. Doch je öfter sie gegen die Regel verstößt, umso leichter wird es ihr fallen, insbesondere dann, wenn sie es tut, um anderen Menschen Freude zu bereiten, und das ist einer ihrer vorrangigen Werte.

Die Entscheidung, den eigenen Werten zu folgen, kann manchmal erfordern, dass wir unseren Geist gegen seinen Willen in neue Verhaltensweisen zerren. Er wird sich wehren. Er wird Ängste hervorbringen, Trauer, unangenehme Gedanken und sogar physische Beschwerden. Aber er kann nur protestieren. Er kann keinen Schaden anrichten, wird sich schon bald umgewöhnen. Hier einige Strategien, um wertorientiertes Handeln anzugehen:

- Halten Sie die Verbindung zu Ihren Werten lebendig. Schreiben Sie darüber; reden Sie darüber. Allein schon das Aufschreiben dessen, was Ihnen wichtig ist, genügt, um sich wieder in Bewegung zu bringen, wenn das Denken in Starre gerät (Kanter, Busch und Rusch 2009). Je mehr Sie über Ihre Werte wissen, desto leichter können Sie rechtfertigen, wenn Sie gegen die Regeln verstoßen.

- Beginnen Sie im Kleinen. Wenn physische Fitness für Sie wertvoll ist, brauchen Sie noch lange keinen Marathon zu laufen. Solange Sie sich nicht im Klaren sind über Ihre gegenwärtigen Fähigkeiten, sollten Sie die Latte nicht zu hoch anlegen, um kein Scheitern vorzuprogrammieren. Beginnen Sie mit etwas ganz Harmlosem wie täglichen zehn Minuten auf dem Laufband. Schon bald wird Ihr Geist damit rechnen und sich sogar darauf freuen.

- Machen Sie einen Schritt nach dem anderen, wenn Sie weiterkommen wollen. Manchmal kann der Gedanke an werteorientiertes Handeln übermächtig werden, deshalb lenken Sie Ihren Blick nicht auf das ganz große Bild. Wenn Sie zur Gymnastik oder zum Sport gehen wollen, beginnen Sie einfach damit, Ihre Schuhe anzuziehen. Als Nächstes bewegen Sie den Körper aus der Haustür nach draußen. Und so, Schritt für Schritt, weiter. Bevor Sie es merken, sind Sie in der Sporthalle und durchgeschwitzt – und in Gedanken haben Sie es nicht einmal kommen sehen.

- Nutzen Sie Spickzettel. Konsequentes Handeln verlangt neue Gewohnheiten. Verwenden Sie Notizen, Weckerklingeln und ähnliche Erinnerungshilfen, um in Bewegung zu bleiben. Da die neuen Verhaltensweisen möglicherweise gegen die Regeln verstoßen, wäre es bequem, sie zu vergessen.

- Folgen Sie Ihrem Plan, nicht Ihrer Stimmung. Es ist für niemanden leicht, seine Werte umzusetzen, besonders während einer depressiven Phase. Machen Sie einen Plan und befolgen Sie ihn, ob Sie sich danach fühlen oder nicht. Warten Sie nicht, bis Sie sich danach fühlen (Kanter, Busch und Rusch 2009).

- Verwechseln Sie Denken und Vorbereiten nicht mit Handeln. Kopfzerbrechen wegen der Gymnastik oder wegen des Kaufs eines schicken Trainingsanzugs, ist nicht dasselbe wie *dorthin zu gehen*. Im Kopf verwechseln wir das eine leicht mit dem anderen.

- Was Ihre Werteorientierung angeht, konzentrieren Sie sich am besten darauf, wie Sie sein wollen („ich möchte einen gesunden Lebensstil führen"), und nicht, wie Sie nicht sein wollen („ich will nicht fett werden").

- Wir wissen, dass der Geist gegenüber Veränderungen Widerstand leisten wird. Sie verlassen die Sicherheit und lassen sich auf Risiken ein. Sie stellen Ihre bisherige Selbstsicht in Frage und brechen die Regeln, die zur Sicherheit, Stabilität und süßen Vorhersagbarkeit dienten. Der Geist wird sich – eine Zeit lang – dagegen sträuben.

- Wenn wir neue Gewohnheiten aufbauen, gibt es kein Scheitern. Sehen wir es als Experiment. Wenn wir nicht bekommen, was wir wollten, fragen wir uns, wieso nicht, und begeben uns auf Fehlersuche (Martell, Dimidjian und Herman-Dunn 2010). Wenn ich heute nicht zur Gymnastik kam, was kam dazwischen? Wir benennen es, damit es uns nicht noch einmal heimlich überrumpelt.
- Denken wir daran, dass die Ausrichtung nach unseren Werten keine Garantie für Glück ist. Nur eine Garantie für ein Leben mit Sinn oder Bedeutung.
- Denken wir daran, dass es normal ist, die Werte schon mal aus den Augen zu verlieren.
- Schließlich kontrollieren wir, was wir kontrollieren können. Unser Geist lässt sich nicht immer kontrollieren, aber wir können unseren Umgang mit der Welt in der Hand haben. Wenn unser Geist jetzt nicht zulässt, dass wir glücklich sind, können wir zumindest unsere Richtung beibehalten. Der Geist kann uns einreden, was wir fühlen, wohin wir gehen oder was wir tun sollen, aber wir müssen nicht gehorchen.

Das Regelbrechen kann mit einer desorientierenden Gefühlsmischung einhergehen – Stolz, Scham, Überschwänglichkeit, Befürchtungen, um nur einige zu nennen. Die nächste Übung hilft uns dabei, über die emotionalen Reaktionen hinaus zu schauen und die Blickrichtung auf unsere Werte beizubehalten.

ÜBUNG

Die Regeln des Geistes brechen

Das Regelbrechen kann zur Desorientierung führen. Die Übung hilft, unsere Richtung beizubehalten, indem wir die Konsequenzen (sowohl angenehme wie unangenehme) unseres Handelns beobachten. Oft gleiten sie unbemerkt vorbei. Unsere Aufgabe ist hier, die Folgen zu erkennen, die sich aus werteorientierten Handlungen, wenn auch ganz kleinen, ergeben.

Angenommen, der Geist will auf Nummer Sicher gehen und verlangt, dass wir auf der nächsten Party ein Mauerblümchen bleiben, während unsere Wertvorstellungen uns dahin leiten, Kontakte mit anderen Menschen aufzunehmen. In diesem Beispiel können Sie versuchen, die spezifischen Regeln zu erkennen, die der Geist aufgestellt hat, um Sie zu einem Mauerblümchen zu machen. Treibt er Sie dazu, sich in eine Zeitschrift zu vertiefen und beschäftigt zu tun? Sich ins Bad zu verziehen? Nur mit Menschen zu reden, die Sie bereits kennen?

Sobald Sie die Regeln herausgefunden haben, brechen Sie eine von ihnen. Beginnen Sie mit kleinen Dingen. Die Größenordnung oder Bedeutung der Regel ist nicht wirklich wichtig. Die Aufgabe besteht darin, wahrzunehmen, was in den Momenten geschieht, wo Sie gegen die Regel verstoßen.

Benennen Sie die Gedanken und Gefühle, die entstehen, während Sie sich anschicken, sich gegen die Regel zu verhalten. Als Nächstes beobachten Sie, wie sich die Durchführung des Regelverstoßes anfühlt. Und zu guter Letzt – und das ist das allerwichtigste – achten Sie darauf, wie Sie sich anschließend und danach fühlen.

Es besteht die Chance, dass Sie sich am Ende ziemlich gut fühlen, wenn Sie die Regeln zugunsten Ihrer Werte durchbrochen haben, doch manchmal wird diese Freude überschattet von der unangenehmen Erfahrung, die dafür nötig war. Ambivalente Gefühle sind jedoch normal, deshalb lassen Sie einige Zeit verstreichen, bevor Sie sich ein endgültiges Urteil bilden. Alles in allem, war es die Sache wert? Würden Sie es wieder tun?

Die Falle, darauf zu warten, dass Gedanken und Gefühle sich ändern

Mehr als alles in der Welt wollte Penelope ihrer Angstfalle entkommen. Zahllose Menschen stecken in einer ähnlichen Situation. Wir wollen frei sein von diesem Gefängnis, das unser Geist uns gemauert hat. Viele von uns, die wir uns mit dieser Lage abmühen, gehen von der verbreiteten Voraussetzung aus, dass wir nicht imstande sind, unser Leben zu ändern, solange wir unsere Stimmungen, Gedanken und Ängste nicht geändert haben. Vielleicht glauben wir sogar, dass wir in der Falle bleiben *müssen*, bis wir uns besser fühlen, und dass wir uns erst weiterbewegen dürfen, nachdem unsere unerwünschten Gedanken und Gefühle ausgelöscht sind.

In Wirklichkeit intensiviert das Warten auf eine Änderung nur die Probleme. Penelope wird vermutlich immer verängstigter wegen ihrer Ängste, und immer deprimierter und beschämter, weil sie Ihre Werte verraten hat.

Es ist eine heimtückische Falle. Wir können unser ganzes Leben lang darauf warten, dass die Gedanken und Gefühle sich ändern. Aber in Wahrheit brauchen wir nicht darauf zu warten, dass unser Geist uns erlaubt, eine Bewegung nach vorn zu machen.

Die schlechte Nachricht für Penelope ist, dass es ohne leidvolle Erfahrungen keinen Ausweg aus dem sprichwörtlichen Treibsand gibt. Die gute Nachricht ist, dass die leidvolle Erfahrung so etwas wie eine Illusion ist. Nichts, was in ihrem Geist an Protest vor sich geht, kann ihr wirklich etwas anhaben. Aber schauen wir uns einige der inneren Vorgänge näher an – resistente Gedanken und resistente Gefühle –, die ihr da begegnen, wenn sie ihr früheres Leben wieder aufnehmen will.

Resistente Gedanken

Einerseits ist Penelope nicht mehr die Person, die in der Welt Furore macht, andererseits hat sie sich mit der geistigen Trägheit auseinanderzusetzen, die entstanden ist, weil die eigenen Werte längere Zeit vernachlässigt wurden.

Wir glauben gern an das, was wir uns selbst sagen hören und tun sehen. Während der Perioden ihrer Untätigkeit hat Penelope ihre Gedanken über die Gefahren in der Welt Abertausende von Malen abgespult. So seltsam es klingt, wahrscheinlich lebt sie jetzt in der vagen Vorstellung, dass es irgendwie verkehrt sei, ihr Verhalten um ihrer Werte willen zu ändern.

Unsere Geist hat die Tendenz, unsere Geschichte mit unseren Werten zu verwechseln. Wir glauben gern an das, was wir all die Jahre getan haben, und dass es uns am meisten bedeutet. Das ist bequem, vertraut, vorhersagbar. Auf der anderen Seite verlangen unsere Werte, uns mit der Vorstellung vertraut zu machen, dass neue Verhaltensweisen beschwerlich sind.

Bei Penelopes Bemühungen um Flexibilität kommen auch beschämende Gedanken hoch, das vergangene Benehmen und die aufgebaute Weltsicht werden als falsch erkannt. Der Geist mag das nicht, wenn er sich in etwas irrt, in das er so viele Maßnahmen investiert hat. Hier könnte Penelope daran denken, dass es manchmal gut tut, nicht Recht zu behalten, besonders dann, wenn dadurch ein Leben wieder in Ordnung kommt.

Ihr gut funktionierender Geist wird sie auch immer wieder an den Unfall erinnern, um sie wachzuhalten und einer Wiederholung vorzubeugen. Das wiederum kann zu resistenten Angstgefühlen führen.

Resistente Gefühle

Natürlich ruft Penelope ihre Ängste auf den Plan, sobald sie sich all den Dingen stellt, die sie die ganze Zeit vermieden hat. Ihr Geist sendet verzweifelt Warnsignale, dass sie ihr Überleben aufs Spiel setzt, und das wird ihre Ängste auf die Spitze treiben. Doch dieser Angststachel kann ihr nichts anhaben und wird verschwinden.

Penelope wird gut daran tun, das zu bedenken, wenn die Angstanfälle bei ihr zur Höchstform auflaufen. Sie ist dann besser beraten, diese Spitzen auszuhalten, bevor sie einen Rückzieher macht. Wenn sie während einer Spitzenphase einen Rückzieher macht, wird es beim nächsten Mal um etliches schwieriger werden.

Wieder in die Welt zu gehen kann Traurigkeit mit sich bringen, weil sie an all das erinnert wird, was sie aufgegeben hatte. Es kommen Gedanken an Beziehungen, die nachgelassen haben, nicht stattgefundene Aufführungen und wie sehr sie es vermisst, anderen Freude zu bereiten. Solche Gedanken können in der gleichen alten Grübelei münden, die zu ihrer Reglosigkeit führte. Wahrscheinlich wird ihr Geist enorme Reserven aufwenden, um herauszufinden, was schiefging.

Noch mehr Nachdenken ist das letzte, was Penelope gebrauchen kann. Vielleicht spielt es weniger eine Rolle, was verkehrt lief, als dass sie sich wieder in Bewegung setzt. Die Techniken zur Änderung unserer Gewohnheiten aus dem vorigen Abschnitt sind weit hilfreicher. Handeln ist jetzt nützlicher als alles, was der Geist an diesem Punkt anbieten könnte.

Vermutlich erlebt Penelope den Gipfel ihrer Traurigkeit, wenn sie den Menschen und Orten begegnet, denen sie aus dem Weg gegangen war. Jedes „Wo warst du? Wir haben dich vermisst!" wird ihr einen kleinen Stich der Scham versetzen. Aber in dem Maße, wie ihr Leben wieder auf die Reihe kommt, werden sich all die angenehmen kleinen Begegnungen summieren. Je mehr sie sich ihren Werten gemäß bewegt, umso leichter wird es für sie, in Bewegung zu bleiben.

Den Geist mitnehmen auf dem Weg zum wertorientierten Leben

Warum sich die Mühe machen, mit dem Geist zu streiten? Er kann uns mit Emotionen besiegen und mit immer noch einem weiteren Argument ausmanövrieren. Seine Aufgabe ist es, für unser Überleben, und nicht für unser Glücklichsein, zu sorgen, und daran wird sich nichts ändern.

Anstatt gegen unseren Geist anzukämpfen, streben wir nach einer Existenz, die Bedeutung hat, nehmen unseren Geist mit auf die Reise, mit all seinen Ängsten, Grübeleien und Sorgen. Klar definierte Werte bieten uns die Motivation, den Kampf gegen den Geist zu unterlassen, Gründe für den Ungehorsam und die Leitlinien für ein sinnerfülltes Leben.

Im nächsten Abschnitt betrachten wir einige der raffinierteren Methoden, mit denen der Geist uns vor Schaden zu bewahren versucht, einschließlich der, wie der Geist jeden Streit gewinnen kann – falls wir uns in einen solchen Streit hineinziehen lassen. All die Generationen, die gekommen und gegangen sind und die Gefahren ausgesetzt, waren es nicht mehr gibt, haben dem Geist ganz schön ausgeklügelte Techniken zum Überleben hinterlassen. Unglücklicherweise können dieselben Überlebensstrategien uns von unseren Werten wegzerren, hinein in einen Treibsand, wo wir uns mit unseren eigenen Gedanken und Gefühlen herumschlagen.

Deshalb müssen wir auf unseren Geist aufpassen, aber wir müssen ihn nicht besiegen. Im Gegenteil, ich glaube, wir sollten für das Beschützen dankbar sein. Und wir sollten unser Leben so leben, wie wir es wünschen, in Übereinstimmung mit unseren Werten.

Natürlich wird ein gut funktionierender Geist nicht müßig dasitzen und unseren Ungehorsam einfach dulden. Er wird vielmehr alle ihm zur Verfügung stehenden Werkzeuge einsetzen, unsere Folgsamkeit zu erzwingen – und das ist das Thema der folgenden Kapitel. Also sammeln Sie Ihre Geisteskräfte – die Teile, die Sie mögen und die, die Sie nicht mögen – und bringen Sie alles mit, wenn wir die fortgeschritteneren Sicherheitsmaßnahmen unseres Geistes entlarven.

Teil 3

Vier Strategien, mit denen unser Geist uns zwingt
und wie wir damit umgehen können

Das hin und her schwingende Gewicht am Ende eines Pendels, das Senklot, wird in einer idealen Umgebung in die eine Richtung genauso weit ausschlagen wie in die andere. Pendel können wenig oder weit ausschlagen.

Die Bereitschaft, sowohl gute wie auch schlechte Erfahrungen im Leben anzunehmen, ist so weit wie ein Pendelausschlag. Wenn wir große Freude erfahren wollen, müssen wir im anderen Extrem auch großen Schmerz oder Verlust annehmen können. Das eine kommt nicht, ohne dass auch das andere möglich ist; das Pendel schwingt gleich weit in beide Richtungen.

Ich glaube, dass die Seele des Menschen sich nach Freiheit sehnt, nach dem Sinn des Lebens und nach Reichtum an Erfahrungen. Im Kern unserer wissbegierigen und abenteuerlustigen Spezies verbirgt sich eine eingeborene Bereitschaft, für sein Glück alles aufs Spiel zu setzen und das Pendel weit in beide Richtungen ausschlagen zu lassen.

Der primitive Geist hat jedoch andere Pläne. Er will kein breites Spektrum an Erfahrungen. Er kümmert sich nicht um Wertvorstellungen oder Glück. Er will das Pendel in einem kleinen, gefahrlosen Bogen schwingen lassen. Auf diese Art wird uns nichts geschehen.

Für die menschliche Seele bedeutet diese Sicherheitszone aber Stagnation. Das ist der Bereich, wo Depressionen, Grübeln, Vermeidung und Ängste wohnen. Wenn wir nicht aufpassen, wird ein gut funktionierender Geist eingefahrene, effektive Techniken anwenden, um das Pendel still und unseren Erfahrungsbereich innerhalb der Sicherheitszone zu halten. Die Tricks unseres Geistes, und wie wir damit umgehen können, darum geht es in diesem Kapitel.

7

Das war damals und dies ist damals

Noch nie hat jemand gesagt: „Ich habe vergessen, dass Öfen heiß werden können. Ich wusste es einmal, aber es ist mir entfallen."

Es gab eine Zeit in unserem Leben, als Öfen keine Bedrohung darstellten, so weit wir wussten. Es waren große, harmlose Kästen, die in der Küche standen und an denen man wie an anderen Möbelstücken auch hinaufklettern konnte. Dann, ob durch direkte oder indirekte Erfahrung, hörten wir von den Gefahren, die sie bergen. Einst glaubten wir, dass sie harmlos seien, aber die Dinge ändern sich – das war dann und dies ist jetzt. Unser Denken ändert sich ein für alle Mal durch ein Schmerzerlebnis.

Das war damals und dies ist heute funktioniert nicht so gut anders herum. Lektionen fürs Überleben werden nicht so leicht vergessen. Wenn alle Öfen der Welt plötzlich ausgeschaltet würden, würde uns die Vorstellung, mit der Hand die Herdplatte anzufassen, immer noch die Haare sträuben. Wir könnten versuchen, unseren Verstand davon zu überzeugen, dass Öfen nicht mehr gefährlich sind, aber ein gesunder Verstand wird uns nicht beim Wort nehmen. Er wird uns – immer wieder – vorhalten: *Das war damals und dies ist damals.*

Andererseits ist es eine Tatsache, dass einige Dinge in unserem Leben nicht länger gefährlich sind. Es gilt nicht für Öfen oder Bären oder rasende Autos, aber es kann in Beziehungen gelten. Die Dinge ändern sich und was einst unser Überleben bedrohte, mag heute harmlos sein. Der für das Überleben in einer primitiveren und physisch gefahrvolleren Umwelt angelegte Geist begreift nicht so leicht ein *das war damals und dies ist heute*, wenn er lernen soll, das etwas nicht mehr gefährlich ist. Fragen wir Andy und Meg.

Was Meg nicht von Andy weiß

Nachdem Meg fünf Jahre mit Andy verheiratet ist, beginnt Meg sich zu fragen, ob die Ehe halten wird. Nicht, dass sie ihn nicht lieben würde – sie liebt ihn –, aber sie fragt sich einfach, ob die beiden jemals aus dem Muster, in das sie geraten sind, werden ausbrechen können.

Es widerstrebt ihr, sich ihr späteres Leben vorzustellen, mit denselben alten Streitereien, die sie immer wiederholen. Ihnen würde Meg erzählen, dass Andy der netteste Mensch der Welt ist, bis sie eine Auseinandersetzung haben. Dann scheint es, als ob er sich ihr völlig entzieht.

Ihr jüngster Streit betraf den Hund. Als niemand zu Hause war, gelang es dem cleveren Schnuffi ein frischgebackenes Bananenbrot zu stibitzen, das Andy zu nah an der Tischkante liegenlassen hatte. Meg kam nach Hause, fand einen zerbrochenen Teller vor, ein paar Krümel auf dem Boden und einen Hund mit schuldiger Miene, der sich im Schlafzimmer verkrochen hatte. Meg war wütend, aber nicht so sehr über den Verlust des Brotes, sondern wegen Andys Gedankenlosigkeit.

Als Andy nach Hause kam, konnte er Megs Wut schon spüren, bevor er sie sah. Vielleicht nahm er die Situation anhand kleiner Fingerzeige wahr – das fehlende Brot, die plötzliche Erkenntnis, dass der Hund schon wieder Essen vom Tisch stibitzt hat, oder weil Meg ihn nicht wie gewohnt begrüßt hat. Welcher Hinweis es auch immer war, Andy erwarb ein Talent dafür, die ersten Warnsignale für Ärger in der Luft wahrzunehmen, aus Gründen, die wir gleich erörtern werden. Sofort bekam er Angst vor dem bevorstehenden Streit, und er nahm es seiner Frau mehr als nur ein bisschen übel, dass sie so schwer auszuhalten ist.

Dies Muster ist Andy vertraut. Es begann damit, dass Meg Andy mit Problemen anging. Aber es schien ihn nicht zu interessieren. Seine Aufmerksamkeit schweifte ab, er gab belanglose Antworten und zeigte sich während der Unterhaltung allgemein gelangweilt oder verdrossen. Das wiederum frustrierte Meg. Je mehr er sich aus der Unterhaltung ausklinken wollte, umso heftiger verlangte sie von ihm, dass er sich beteiligen solle.

Als Meg Andy an jenem Tag kommen hörte, steigerte sich der kleine Frust wegen des Brotes in Unruhe über die bevorstehende Auseinandersetzung (es gab nichts daran zu leugnen, dass das Brot verschwunden war) und Ärger bei dem Gedanken, dass sie in ihrer Ehe zu kurz gekommen war. Wo war ihr herzensguter und liebevoller Ehemann geblieben?

Obwohl jeder von beiden den Streit zu umgehen versuchte, ertappte Meg sich dabei, wie sie Andy fragte, warum er das Brot so liegen gelassen hatte, dass der Hund herankam. Andy wiederum machte einen müden Ansatz, sich zu verteidigen, wurde dann still und mürrisch und verhielt sich, als ob Meg ihm egal wäre. Genau wie beide befürchtet hatten, verloren sie sich in dem Muster, das so tief eingeschliffen war.

Diesem Muster lag etwas zugrunde, das Meg nicht von Andy wusste. Sein scheinbar mürrisches, gleichgültiges Benehmen war nicht zufällig entstanden. Es war nicht neu und es war auch nicht seine Absicht, sie zu frustrieren. Ganz im Gegenteil. Es war eine alte Verhaltensweise, mit der er früher im Leben gut gefahren war, weil sie ihm Menschen mit Ärger vom Leibe hielt.

Andy wuchs mit einer Mutter auf, die viel Alkohol trank. Sie schlug ihn zwar nie, aber der Alkohol machte sie mit ihren Launen und Worten unberechenbar. Andy wusste nie, wann sie einen Wutausbruch bekommen würde. Manchmal schrie sie Andys Vater an, manchmal war Andy die Zielscheibe. Wenn sie dachte, dass Andy etwas Ungehöriges getan hatte, schimpfte sie ihn aus und schickte ihn dann auf sein Zimmer. Oft beschimpfte sie ihn als dumm und achtlos.

Der junge Andy war nie imstande, vorherzusehen, was ihre betrunkene Raserei auslöste. Die Dinge, die sie an einem Tag wütend machten, lobte sie am nächsten Tag, und umgekehrt. Das ist das Rezept für ein ängstliches Kind. Er versuchte, ihre Vorschriften einzuhalten, aber sie änderten sich von Tag zu Tag. Sein Vater war keine Hilfe, denn jedes Mal, wenn sie sich aufregte, verzog er sich in sein Arbeitszimmer und überließ Andy seinem Schicksal.

Glücklicherweise war Andys Geist da, um ihn zu beschützen. Er lieferte ihm zwei wertvolle Überlebenstalente. Erstens wurde er sehr geschickt darin, frühe Warnsignale zu erkennen – ein leeres Weinglas auf dem Tisch, ein Stimmungsumschwung seiner Mutter oder die beklemmende Stille, die sich ausbreitete, wenn sie über eingebildete Beleidigungen oder Ungerechtigkeiten nachsann. Das zweite war, dass er lernte, wie er ihr aus dem Weg gehen konnte.

Wann immer er ihren Ärger kommen sah, versteckte er sich schon vorher in seinem Zimmer.

Manchmal verpasste er aber die Warnsignale, und hier kreuzt sich Andys Geschichte mit Meg. Wann immer der junge Andy zum Empfänger einer wütenden, inkohärenten Predigt wurde, übte er sich in Fügsamkeit: Er wurde still, wand den Blick ab und wagte nicht zu sprechen, aus Angst, dass eine Entgegnung noch größeren Ärger und Schelte hervorrufen würde. Er hasste es, von seiner eigenen Mutter als dumm beschimpft zu werden, und er glaubte schließlich, dass es stimmt. Er begriff, dass blinde Ergebenheit der kürzeste Weg in sein sicheres Schlafzimmer war.

Andys junger Geist machte genau das, was seine Aufgabe war. Er erhöhte seine Überlebenschancen, indem er einen ärgerlichen lieben Menschen besänftigte. Heute, all die Jahre später, benutzt er noch immer dieselbe alte Strategie, wenn Meg frustriert ist, auch wenn die blinde Ergebenheit, so effektiv sie damals war, heute kontraproduktiv ist. Er möchte etwas sagen, fühlt aber, dass seine Fähigkeit, Worte zu finden, wie abgeschaltet ist.

Meg nimmt seine Ergebenheit als Gefühlskälte war und wird noch frustrierter, was wiederum bei Andy zu weiterer Ergebenheit führt und Megs Frust nur steigert, und so weiter und so fort. Andy gräbt sich, mit allen guten Absichten, hier selbst eine ziemliche Grube.

Die Geschichte verblasst – verschwindet aber nie

Andys Geist scheint nur das zu machen, was die meisten machen, wenn eine Überlebensstrategie nicht mehr wirkt. *Streng dich noch mehr an!* Auch wenn die alte Strategie hier eindeutig versagt, richtet sich der Geist im Stress nach der Vorgeschichte. *Wenn es früher funktionierte, versuch es wieder so.*

Zahlreiche Menschen haben mir gesagt, dass sie sich ihre Geschichte einfach weg wünschen. Genauer gesagt, wollen sie *einen Teil* ihrer Geschichte weg haben. Sie wollen die guten Erinnerungen behalten und die schmerzlichen loswerden.

Wir sammeln Geschichte an, ob uns das gefällt oder nicht. Auch wenn wir uns nicht mehr an bestimmte Ereignisse erinnern, prägt die Erfahrung den Geist. Im zweiten Kapitel ging es um inzidentelles oder implizites Lernen. Das sind Vorgänge in unserem Geist, die, ohne dass wir uns dessen bewusst werden, Informationen zusammentragen und Entscheidungen treffen. Der Geist hat die Aufgabe, uns zu solchen Erfahrungen zu drängen, die in der Vergangenheit gut funktionierten, und weg von Erfahrungen, die in der Geschichte Schmerz verursachten. Geschichte – besonders die schmerzvolle Variante – geht nie weg.

Die Art, wie der Geist Geschichte und Erinnerungen verarbeitet, bietet den Nährboden für einige spezifische Probleme. Erstens und am wichtigsten ist, dass das Gedächtnis uns trügen kann. Was die Geschichte angeht, können wir uns nicht immer auf den Geist verlassen. Vielleicht liegt das daran, dass die Ereignisse nicht wie auf einem Kassettenrekorder aufgenommen werden, sondern selektiv, nach den wichtigsten Merkmalen, rekonstruiert werden (Lin, Osan und Tsien 2006). Manchmal besteht der Geist (zu unseren Ungunsten) auf einem Handeln aufgrund der Vorgeschichte, die mit den stärksten Emotionen behaftet ist, und manchmal täuscht er uns einfach über das, was wir erfahren haben.

Unser Gedächtnis wird auch von Stimmungen beeinflusst. In deprimierter Verfassung neigen wir zum Verallgemeinern und fehlerhaftem Erinnern bei autobiografischen Ereignissen (Liu et al. 2010). Unser Geist kann schlussfolgern, wir seien für alle potentiellen Partner unattraktiv, auch wenn uns nur einige wenige so behandelt haben. Und Erinnerungen, die in Stressperioden entstehen, können ziemlich fehleranfällig und ungenau sein (Jelinek et al. 2010).

Andy hat allerdings ein ganz anderes Problem mit seinen Erfahrungen. Er hat keine falschen Erinnerungen an die vielen negativen Erfahrungen mit seiner Mutter, sondern er hat das Problem, dass die Erfahrungen sein Verhalten gerade dann steuern, wenn das Erlernte ihm am wenigsten nützlich ist.

Andy erlebt die Kehrseite des impliziten Lernens. Im Verlaufe seines Lebens lernt er eine Menge darüber, wie Beziehungen funktionieren. Und es überrascht nicht, dass all das Erlernte Regeln für das Agieren in der Welt aufstellt. Ein gut funktionierender Geist wird seinen Inhaber in komplexen Beziehungen zu schützen versuchen, genau wie er Andy vor ärgerlichen Frauen beschützen will, und das trotz der Tatsache, dass er diesen Schutz gar nicht mehr braucht. In komplexen Beziehungen vollzieht unser Geist eine besondere Lernvariante, die darauf ausgerichtet ist, Beziehungen berechenbar und reibungslos zu halten – wenn nicht ganz reibungslos, so doch wenigstens auf vertraute Weise. Aufgrund der Beziehungsgeschichte leitet der Geist etwas ab, das manche Psychologen als *inneres Funktionsmodell* bezeichnen (Bretherton und Munholland 1999).

Stellen wir uns das innere Funktionsmodell als erfahrenen Berater vor. Er sagt uns nicht nur, wie unsere Beziehungen bisher gelaufen sind, sondern auch, wie wir in einer laufenden Situation reagieren sollen, auf Grund dessen, was in der Vergangenheit bereits am besten funktionierte. So dass beispielsweise ein Kind, das in einer Familie aufwuchs, wo Kummer und Tränen stets missbilligt und kritisiert wurden, dann als Erwachsener für Kummer in anderen bedeutsamen Beziehungen auch Missbilligung und Kritik erwartet.

Zu wissen, was uns erwartet, ist wertvoll für unsere Anpassungsfähigkeit, aber das ist nur die halbe Gleichung. Der eigentliche Wert innerer Funktionsmodelle ergibt sich, wenn unser Geist dann übernimmt, was er von anderen gehört hat. Das Kind, das für sein Weinen gescholten und kritisiert wurde, wird sich eines Tages selbst dafür verurteilen, oft auf auffallend ähnliche Weise. Wenn die Eltern sagten: „Sei nicht so ein Baby, sei dankbar für das, was du hast!", wird unser Geist im späteren Leben etwas ganz Ähnliches abspulen. *Ich benehme mich wie ein Baby. Ich sollte dankbar dafür sein, was ich habe.* Die Person erkennt womöglich nie, dass das dieselben Dinge sind, die andere ihr eingetrichtert haben. Indem sie sich für ihren Kummer bestraft, wendet sie das Verhalten ihrer Familie in deren Abwesenheit auf sich selbst an.

Das ist eine brillante Überlebensstrategie, eine, die Andy zweifellos anwendet, wenn Meg sich über ihn ärgert. Wenn ich Andys Geist wäre, würde ich ihm etwa Folgendes sagen: Ich muss etwas Dummes und Achtloses getan haben, dass sie so ärgerlich ist. *Ich darf mich nicht rühren und muss meinen Mund halten, damit sie sich nicht noch mehr ärgert.* In dem Moment ist er so verspannt, dass er nicht erkennt, wie sehr seine eigenen Gedanken wie die seiner Mutter klingen.

Es ist eine brillante Strategie, aber manchmal zu verallgemeinert und selbstzerstörerisch. Es fehlt die Anerkenntnis der einfachen Tatsache: *Das war damals und dies ist heute.* Andy weiß, dass Meg ein anderer Mensch ist, als seine Mutter es war, aber wenn ihr Ärger auftaucht, sieht er nur die Bedrohung und verhält sich so, wie es in der Vergangenheit zu seinem Schutz funktioniert hat.

Die Psychologin Sarah Burgamy veranschaulicht die Tendenz des Geistes, alte Verhaltensweisen in Stressphasen wieder aufzugreifen (persönliche Mitteilung, 17. Februar 2011). Sie benutzt das Bild von Schnürschuhen und wie man die Methode, sie zuzubinden, meist ein ganzes Leben beibehält. Und heute können wir unsere Schuhe wahrscheinlich mit geschlossenen Augen zubinden und gleichzeitig eine Unterhaltung führen. Das Verhalten ist eingeübt und automatisch.

Nun stellen wir uns vor, dass Sarah uns eine neue Methode zeigt, wie wir die Schuhe binden können. Vielleicht ist es eine bessere oder effizientere Methode. Aber da sie neu ist, verlangt sie von uns mehr Aufmerksamkeit als die alte. Wir können sie nicht mit geschlossenen Augen durchführen. Zumindest noch nicht, bis wir genug Übung erworben haben.

Jetzt stellen wir uns weiter vor, dass ein Feldwebel über uns steht, während wir die Schuhe zubinden wollen, und uns anbrüllt: „Schuhe zubinden, du Wurm! SOFORT!" Welche Methode würden Sie wohl anwenden? Die neue, abgewandelte Bindetechnik oder die zuverlässige alte? Unser Geist funktioniert meist so, dass er das nimmt, was er kennt.

Manchmal ist das, was wir von der Welt „kennen", aber ungenau oder unvollständig. Doch unser Geist hat kein Interesse an so nuancierter Weisheit. Er interessiert sich dafür, uns vor harten Zeiten zu bewahren. Gibt es einen besseren Weg zum Überleben in der heutigen turbulenten Welt, als die bereits erlernten Lektionen anzuwenden? Der Geist schickt uns Angst und ordnet an, manchmal gegen unseren Willen, Reaktionen zu wiederholen, die einst effektiv waren – auch wenn sie uns nicht länger von Nutzen sind. Also warum lassen wir das zu? Handeln aufgrund unserer Geschichte bestätigt uns. Jedes Mal, wenn Andy einen Streit mit seiner Frau vermeidet und davonkommt, wird das im Geist als Erfolg angekreidet. Jedes Mal, wenn Meg sich wieder beruhigt und Andy *nicht* als Idioten beschimpft, verbucht er einen weiteren Beleg dafür, dass sein Abschotten als Überlebensstrategie geeignet ist.

Andy kann aber Einblick in seine eigene Geschichte gewinnen und braucht sich nicht von ihr beherrschen zu lassen. Wie immer ist der erste Schritt, unseren Geist in Aktion zu beobachten, um nicht geblendet zu werden. Es folgt eine Übung, wie Sie dies lernen können.

ÜBUNG

Die „Fakten" des Lebens in Frage stellen

Da wir unsere eigene Geschichte durchlebt haben, könnte man meinen, dass wir Experten auf dem Gebiet sind. Die meisten erinnern sich leicht an die Ereignisse in ihrem Leben, aber eine besondere Anstrengung ist nötig, um zu verstehen, wie der Geist unsere Geschichte nutzt, um uns besonders in schwierigen Momenten zu lenken.

Bei dieser Übung denken Sie an eine nicht lange zurückliegende schwierige Interaktion – eine Uneinigkeit mit einem geliebten Menschen, einen Konflikt mit dem Chef oder einen stressigen Wortwechsel mit einem Fremden. Versuchen Sie, mit den Methoden aus Kapitel 3 Ihre Gedanken aus der Distanz zu beobachten; visualisieren Sie die Parade der Zinnsoldaten, mit der Einleitung: „Ich erfahre den Gedanken, dass…", und wenden Sie Ihre Sinne und Aufmerksamkeit der Außenwelt zu, sobald die Gedanken oder Gefühle übermächtig werden, und erinnern Sie sich daran, dass Ihre Gedanken und Gefühle keine Fakten sind.

In erster Linie achten Sie auf die Gedanken und Gefühle über sich selbst und andere, die Ihnen faktisch vorkommen. Besondere Beachtung verdienen dann solche Empfindungen, in denen „immer", „nie", „sollte" oder „muss" vorkommt:

- Männer werden mich nie richtig behandeln.
- Frauen nutzen mich immer aus.
- Mitarbeiter nehmen mir immer die Arbeit weg.

… Und achten Sie auf die Urteile über Ihre eigenen Reaktionen:

- Ich sollte mich nicht darüber ärgern.
- Man muss mich für bekloppt halten, so emotional wie ich bin.
- Kein normaler Mensch würde so reagieren.

Achten Sie nun auf Ihre Reaktionen auf diese „Fakten". Andy beispielsweise verstummt, wenn er sich angegriffen fühlt. Für ihn ist es eine Tatsache, dass es besser ist, wenn er schweigt. Selbst wenn er sprechen wollte, hat er das Gefühl, das sei unmöglich, er sei völlig blockiert. Was verlangt Ihr Geist, wenn es schwierig wird?

Machen Sie sich über mehrere Wochen lang Notizen, vielleicht tauchen Muster auf, wenn Sie in schwierige Situationen geraten. Was erzählt Ihnen der Geist über die Welt, über sich selbst, über Ihre Beziehungen? Wichtige Kleinigkeiten aus der eigenen Geschichte bilden die Grundlage für das, was wir für wahr halten. Und nach jahrelang eingeübten Verhaltensmustern auf dieser Grundlage sind wir darin ziemlich gut.

Schließlich, wenn Sie feststellen, was im Geist als Tatsachen angesehen wird und wie Ihr Verhalten gegenüber den „Fakten" des Lebens aussieht, können Sie die Widersprüche und Graustufen erforschen. Denken Sie daran, dass das, was wir für absolut wahr halten – aufgrund unserer Geschichte –, vielleicht nur zu bestimmten Zeiten wahr ist. Sie werden Ihren Geist nicht von einem erweiterten Blickwinkel auf Ihre Geschichte überzeugen können, aber das brauchen Sie auch nicht. Das Beobachten reicht schon und schafft neue Optionen.

Warum unser Geist sich auf die Geschichte verlässt

Der Geist liebt die Geschichte ganz einfach, und was wäre ohne Liebe? Die Fähigkeit, Lektionen aus der Umwelt zu sammeln und anzuwenden, ist eine seiner primären Aufgaben. Wir können das besser als alle anderen Geschöpfe. In früheren Kapiteln haben wir gesehen, wie der Geist uns festhält und dirigiert, und er kann uns festhalten, wenn er glaubt, wir sollten Verhaltensweisen wiederholen, die in der Vergangenheit funktionierten – wir brauchen nur Andy zu fragen. Es gibt besonders zwei Kategorien von Situationen, wo der Geist uns auffordert, den Lektionen der Geschichte zu gehorchen.

Die erste betrifft aufkommende Probleme, beispielsweise wenn Andys Frau auf ihn wütend ist. Der Vorteil ist, wir können neue, unerprobte Verhaltensweisen, die womöglich fehlschlagen, vermeiden. Wir kommen durch mit dem, was wir kennen, und damit sind wir vom Standpunkt des Geistes aus fast immer auf der sicheren Seite. Neue Reaktionen bringen unvorhersehbare Konsequenzen mit sich, und das kann uns teuer zu stehen kommen, wenn wir uns verschätzen. Die alten Verhaltensweisen sind zuverlässig, auch wenn sie nicht perfekt sind. Das ist gut genug, solange Überleben vor Glücklichsein geht.

Der zweite Fall, in dem unser Geist die vergangene Geschichte heranzieht, ist während einer unklaren Situation. Unklare Situation verlangen nach neuen Strategien und neues Verhalten kann uns teuer kommen. Angenommen, wir besuchen eine Kirche oder einen Tempel von einer Religion, die wir nicht kennen. Wir kennen weder die Vorschriften noch die Erwartungen, wir wissen aber, dass ein Verstoß gegen die Regeln die Anwesenden kränken könnte.

Bis wir uns neu orientiert haben, können wir wenigstens die Lektionen anwenden, die wir in einem ähnlichen Kontext gelernt haben – das heißt in anderen religiösen Einrichtungen, die uns vertraut sind. *Sprich leise, sei ehrerbietig, und mache das, was die anderen machen*, so könnte die Anweisung lauten. Das mag nicht perfekt sein, ist aber immer noch besser, als etwas Ausgefallenes auszuprobieren, wie zur Kanzel marschieren und ein Bier bestellen. Wenn wir die Anweisung nicht befolgen, werden wir uns wahrscheinlich eine ziemliche Portion Angst einhandeln.

Flexibel bleiben, wenn der Geist an der Vergangenheit festhält

Unsere Geschichte wird so angewandt, wie es für unser Überleben förderlich ist. Was dabei herauskommt, wie wir sahen, ist der Verlust an psychologischer Flexibilität. Andys Reaktion auf seine verärgerte Gattin ist in einem rudimentären Sinn effektiv, aber ihm entgehen alle möglichen, weitaus lohnenderen Verhaltensweisen. Ironischerweise erschafft gerade das sklavische Festhalten an der Geschichte erst das Problem, dem wir entgehen wollen. Andys Rückzugtaktik soll Meg ja beschwichtigen. Stattdessen steigert das den Ärger. Er hofft, einem Streit aus dem Wege zu gehen, und handelt sich größeren ein. Danke, Geist.

Die obige Übung, bei der wir die „Fakten" des Lebens hinterfragten, hilft uns zu erkennen, wann unser Geist auf einer Wiederholung der Geschichte besteht. Mit zunehmender Übung, wenn Sie das Festhalten an der Vergangenheit besser erkennen, schlage ich vor, dass Sie dem Geist für seine vorzügliche Arbeit danken. Hören Sie auf ihn, falls Sie das wünschen, und wählen Sie dann Ihre eigene beste Vorgehensweise. Jedes Mal, wenn Sie eine eigene Vorgehensweise wählen, erhöhen Sie Ihre psychische Flexibilität.

Eine weitere Möglichkeit, psychologisch flexibler zu werden, besteht darin, einzuüben, wie Sie sich an neue Ereignisse erinnern wollen, anstatt sie in die altvertrauten Raster rutschen zu lassen. Hier eine Übung, die uns hilft, wählen zu können, wie wir neue Ereignisse abspeichern.

ÜBUNG

Wie will ich mich an das erinnern?

Das war damals und dies ist heute ist ein Konzept, das für den zum Überleben programmierten Geist nur schwer greifbar ist. Es erfordert eine besondere Anstrengung aus dem höheren Geist, sich ein vollständiges Bild über unseren

Werdegang zu machen. Sich selbst überlassen, speichert die Erinnerung das Geschehen auf eine Weise ab, die in erster Linie das Überleben und nicht so sehr Glück oder psychische Flexibilität fördert. Wenn unsere Vorgeschichte zu unserem Schutz herangezogen wird, findet sie oft einen Weg, sich zu wiederholen.

Bei dieser Übung denken Sie an eine andere, nicht lange zurückliegende und beunruhigende Interaktion in Ihrem Leben – an einem Streit mit dem Partner, eine Konfrontation mit dem Chef, eine misslungene Verabredung oder etwas Ähnliches. Als Nächstes beobachten Sie, ob Sie die Erfahrung im Geist kategorisieren wollen.

Als Beispiel nehmen wir an, Sie entscheiden sich für ein misslungenes Rendezvous. Falls Sie schon schlechte Erfahrungen mit der Partnersuche hatten (und wer hat die nicht?), kategorisieren Sie es als einen Beweis mehr dafür, dass man potentiellen Partnern nicht trauen kann. *Man kann niemandem trauen und dieser Knilch hat's nur bestätigt! Mach nie wieder den Fehler, auf jemanden reinzufallen, nie wieder!* Ja, so schrill kann das Denken sein.

Wenn wir diese Denkweise hinnehmen, ohne ganz bewusst einmal alternative Standpunkte zu betrachten (ohne Streit), haben wir das Problem, dass ein Gedanke auch Wege findet, das zu manifestieren, woran er glaubt. Wenn wir die „Tatsache", dass man potentiellen Partnern nicht trauen kann, für bare Münze nehmen, wird es unwahrscheinlich, dass wir vertrauenswürdige Menschen überhaupt erkennen. Und falls wir einen vertrauenswürdigen Menschen in unsere Nähe ließen, würde er durch unser Misstrauen wahrscheinlich abgeschreckt. *Voilà!* So entsteht eine sich selbst erfüllende Prophezeiung.

Eine bewährte und stimmige Methode, die Selbstbestätigungen des eigenen Denkens zu verhindern, besteht darin, über neue Erfahrungen, besonders die quälenden, zu reflektieren und zu entscheiden, wie wir sie in Erinnerung behalten wollen, in dem Wissen, dass der Geist seine eigene überlebensorientierte Version bewahrt. Nach einer schlimmen Erfahrung, wie etwa dem hypothetischen *Blind Date*, können folgende Fragen an uns selbst von Nutzen sein:

- Wie will ich dies Erlebnis in Erinnerung behalten?
- Was ist das Nützlichste daran gewesen?
- Fühlt sich das Erlebnis vertraut an? Habe ich etwas Ähnliches bereits erlebt?
- Welche Faktoren führten dies Erlebnis herbei?
- Welche der Faktoren waren unter meiner Kontrolle und was lag außerhalb meiner Kontrolle?

Nach einer schwierigen Erfahrung hilft oft am meisten, einfach etwas aufzuschreiben. Eine systematische, schriftliche Analyse von schmerzlichen Ereignissen verbessert unser Wohlbefinden in einem Maße, wie das bloße Nachdenken darüber es nicht schafft (Lyubomirsky, Sousa und Dickerhoof 2006). Das Aufschreiben dient aber nicht dem Zweck, einen bestimmten Standpunkt zu vertreten, sich Luft zu machen oder sich zu überzeugen, dass es gar nicht so schlimm war, sondern alle Anhaltspunkte in die Waagschale zu werfen und abzuwägen, anstatt nur die stark vereinfachte und selbstbezogene Sicht eines voreingenommenen Geistes.

Wenn Sie über ein schmerzhaftes Erlebnis schreiben wollen, beginnen Sie am besten damit, die Ereignisse so festzuhalten, wie Sie sie erinnern und wie Sie reagiert haben. Danach möchten Sie vielleicht Fragen wie die obigen zu Hilfe nehmen, um ein vollständiges und kohärentes Bild des Geschehens zu entwerfen, so dass Ihr Bericht umsichtig und distanziert ist. Wenn es im Geist denkt: *Mein Date-Partner ist so still und will offenbar nicht mit mir zusammen sein,* bleibt aber die *Tatsache,* dass Menschen aus zahllosen Gründen ruhig und still sind. Vielleicht sind sie nicht gesund oder die Katze ist gerade gestorben oder sie sind von Ihrer Anziehungskraft ganz überwältigt. Wenn alte Muster sich wiederholen wollen, ist es Zeit, die Fakten zu untersuchen.

Unser rationaler Geist unterscheidet sehr wohl die Ereignisse unserer Vorgeschichte. Wir erkennen durchaus, *das war damals und dies ist heute*. Andererseits hält unser primitiver Geist an der Überzeugung fest, *das war damals und dies ist damals*. Er setzt uns unter Druck, mit dick aufgetragenen Emotionen, damit wir uns so verhalten wie angesichts einer alten Bedrohung, auch wenn alles ganz gefahrlos ist.

Im nächsten Kapitel untersuchen wir ein weiteres Druckmittel, mit dem der Geist uns austrickst, das sich genauso überzeugend anfühlt und ebenso emotionsgeladen ist.

Trumpfkarten und zweierlei Maß

Sogar als geschulter Psychologe werde ich manchmal unabsichtlich in Argumente mit einem Klienten verwickelt. Da gab es zum Beispiel einen, den seine Gedanken in die Enge getrieben hatten. Er hielt seine Ehe, seinen Beruf und sein Leben für hoffnungslos und sich selbst für einen Totalversager als Mensch. Bei jedem Beispiel und jeder Erklärung, wie hoffnungslos und kaputt er war, hielt ich brav eine hausbackene Erwiderung dagegen. Ich wollte ihn überzeugen, dass er sich ein gutes Leben aufgebaut hatte, und brachte ein Beispiel nach dem anderen, wie patent, fähig und wichtig er doch war.

Nach ein paar Minuten gutgemeintem Hin und Her seufzte er, schaute mir in die Augen und sagte: „Ich weiß das alles, aber ich bin trotzdem ein Taugenichts." Alle meine Argumente waren übertrumpft. Wie konnte ich einen Gedanken, der so emotionsgeladen und verbissen war, widerlegen? Ich sah ein, dass ich mich auf ein Argumentieren eingelassen hatte, bei dem ich unmöglich gewinnen konnte.

Manchmal können wir solches Denken einfach nicht ausmanövrieren, entweder weil es technisch korrekt ist (etwa der Gedanke, dass *dies* der Moment sein könnte, in dem das Flugzeug abstürzt) oder weil es unerbittlich kompromisslos bleibt. Für meinen Klienten war der Gedanke „ich bin trotzdem ein Taugenichts" die Strategie seines Geistes, der darauf bestand, dass die Lösungen für seine Probleme irgendwo in ihm selbst lagen. Sein Leben würde sich verbessern, wenn er nur weniger Mist bauen würde. Davon schien sein Geist überzeugt, und mein Klient hat es geglaubt.

Ich hatte ihm seinen Gedanken unabsichtlich ja auch abgenommen, aber auf andere Art. Ich verbiss mich in die Idee, dass sein Gedanke wichtig genug war, ihn widerlegen zu müssen.

Derartige Gedanken überkommen uns, wenn wir sie am wenigsten brauchen und wenn wir ihnen gegenüber am verwundbarsten sind. Sie überkommen uns, wenn wir deprimiert sind, abgelehnt wurden oder uns verzweifelt abmühen, die Richtung wiederzufinden. Sie scheinen geradezu angelegt, uns zu entmutigen. Sie materialisieren sich in unseren schwierigsten Momenten wie die Kobolde. Hier meine ich Gedanken mit einschneidender Wirkung, etwa *Wenn sie mich kennen würden, könnten sie sehen, was für ein Schwindler ich bin*, oder *Dieses Mal könnte alles für immer in die Brüche gehen*, oder: *Ganz egal, was sie sagen, ich bin trotzdem Ausschussware*.

Noch schlimmer, uns fehlt es oft an genügend Munition gegen solches Denken. Die Gedanken lassen sich einfach nicht abweisen, weil die Male, als es nicht so lief, wegen des alten Ablageproblems nicht in unserem Geist „veröffentlicht" wurden. Vielleicht ist diese scheinbare Unwiderlegbarkeit Selbstzweck. Denn was wäre der Sinn, vom Standpunkt des Geistes aus, wenn all die gespeicherte Geschichte nicht genutzt werden kann, um den sichersten Weg beizubehalten?

Um uns auf diesem sicheren Weg zu halten, braucht der Geist doch die Mittel, uns vollends zum Stillstand zu bringen, sei es durch eine Panik, ein Erstarren oder, auf ausgeklügeltere Tour, durch Gedanken, die uns vom Risiko fernhalten. Der letztere Punkt, Gedanken, die uns erstarren lassen, sind das Thema dieses Kapitels. Das sind die Trümpfe und doppelten Maßstäbe des Geistes.

Trumpfkarten

Sicherheit und Überleben sind die Triebkräfte hinter unseren schmerzlichsten Gedanken und Gefühlen. Unser Geist benutzt aber die Trumpf-Argumente nicht einfach, um uns zu quälen. Daran hat er kein Interesse, soweit ich weiß. Er gibt uns die nicht abzuweisenden Gedanken im Dienste der Sicherheit. Die aufs Überleben programmierte Sorgenmaschine wird immer für unsere Sicherheit kämpfen, sogar wenn sie uns dafür lähmen muss.

Im ersten Kapitel hatten wir ein paar Beispiele für das, was viele Psychologen irrationales Denken nennen. Mit genügend Anstrengung können wir manchmal die kognitiven Sandgruben, etwa das Alles-oder-nichts-Denken, Katastrophendenken, Negativdenken oder das Persönlich-Nehmen, ausmanövrieren. Aber Gedankentrümpfe sind anderer Art. Sie sind keine Sandgrube, sondern Treibsand. Sie sind so überzeugend und faktisch wie die Sonne am Himmel.

Was macht es so schwierig, diese Gedanken abzuweisen? Zum einen sind sie mit Emotionen aufgeladen. Wie wir sahen, verstärken Emotionen die Illusion des Faktischen. Und was noch wichtiger ist, die Gedanken beruhen auf Erfahrung – selektiver Erfahrung, weil unser Geist so veranlagt ist – und Erfahrungen lassen sich nur schwer abstreiten.

Falls Sie meinen, Sie seien mit solchen Gedanken im Kopf allein, seien Sie beruhigt. Ich bin noch keinem Geist begegnet, der nicht irgendwelche Gedankentrümpfe hervorzaubern würde, wenn er an einem schwierigen Problem arbeitet. Hier sind einige der häufigsten:

- *Wenn du mich wirklich kennen würdest… (wenn du wüsstest, wie ich wirklich bin…)*
- *Ja, aber ich bin trotzdem erledigt.*
- *Diesmal könnte alles in die Brüche gehen.*
- *Aber wie war das denn, als…*

Wie Sie vielleicht schon vermuten, schlage ich nun vor, dass eine Reaktion auf diese unversöhnlichen Gedanken sein kann, sie so anzunehmen, wie sie sind, anstatt mit ihnen zu argumentieren. Das heißt nicht, dass Sie diese Gedanken glauben sollen, sondern nur, dass es mühselig und unproduktiv wäre, sie widerlegen zu wollen.

Vielleicht sind diese Gedanken keine Feinde. Vielleicht sind sie da, um uns zu dienen. Wir könnten sie wie eine neurotische Rechtsliga ansehen – als Superhelden, die eine Vollbremsung durchführen, bevor wir verletzt werden.

Wahrscheinlich haben Sie ganz einzigartige eigene Gedanken, andere als die oben aufgeführten, die Sie starr und ratlos machen. Was es gerade für ein besonderer Gedanke ist, spielt nicht so sehr eine Rolle wie welche Funktion er hat. Lassen Sie uns diese wenigen Beispiele auseinandernehmen und dann besprechen, wie wir auf diese Trumpfkarten-Argumente, in welcher Form auch immer, antworten können.

Wenn du wüsstest, wie ich wirklich bin...

Nehmen wir an, Sie haben soeben zum ersten Mal die Familie Ihres Ausgehpartners getroffen. Vorher waren Sie tagelang nervös, aber trotz Ihrer Befürchtungen schien die Familie Sie zu mögen. Sie begrüßten Sie herzlich, schienen aufrichtig interessiert an Ihnen und lachten über Ihre Scherze. Sie luden Sie sogar zum nächsten Familientreffen ein, und baten Sie, Ihren speziellen Kartoffelsalat mitzubringen, von dem sie schon so viel gehört hatten.

Trotz alledem hatten Sie Schwierigkeiten, zu glauben, dass ihr Gefallen an Ihnen echt war. Sie finden einen Grund nach dem anderen, um an ihrer Aufrichtigkeit zu zweifeln. Onkel Joe war doch nur höflich; Tante Margret wirkte unecht; Cousin Mike hatte es offenbar darauf abgesehen, Ihnen Honig um den Bart zu schmieren. Gedanken wie diese können besonders stark sein, wenn Ihre Vorgeschichte von unverlässlichen Beziehungen geprägt wurde. Der Geist kann einfach nicht darauf vertrauen, dass sie Sie wirklich ins Herz geschlossen haben. Er fürchtet sich vor Ablehnung.

Schließlich, wenn Ihr Partner dann versucht, Sie zu beruhigen, und versichert, wie charmant und liebenswert die Familie sie fand, meldet sich wie ein kleiner Kobold eine Stimme aus der Vergangenheit: *Wenn sie wüssten, wie ich wirklich bin, würden sie nicht wollen, dass ich mit dir ausgehe.*

Fakten und Indizien hin oder her, hier spielt der Geist gerade seine Trumpfkarte aus. Jedes Mal, wenn mir eine so unerbittliche Denkweise begegnete, erfolgte sie im Dienste eines offensichtlichen und wichtigen Ziels: der Vermeidung von Ablehnung. *Wenn sie wirklich wüssten…* ist das Mittel, in Gegenwart bedeutender Leute sein bestes Benehmen an den Tag zu legen, damit man sie nicht enttäuscht und keine Verachtung verdient.

Doch so ein Denken bringt eine gefährliche Falle mit sich. Bei dem Versuch, es zu verdrängen, tauchen sofort etliche Beispiele aus dem Gedächtnis auf, die belegen, dass wir unsere tief sitzenden Schwachstellen nur verbergen wollen. *Erinnerst du dich, als man dich feuerte? Natürlich bist du ein Versager. Erinnerst du dich, als man dich einfach fallen ließ? Lass sie nicht rausfinden, dass du Müll bist.* Es findet sich immer noch ein Beweis mehr.

Dieser Prozess ist genau derselbe, wie im Falle meines Klienten, als ich ihm widersprach, bis er mir schließlich sagte: „Ich bin trotzdem ein Taugenichts." Meine Gegenargumente bestärkten ihn noch in seiner Denkweise, bis er die unvermeidliche (und falsche) Schlussfolgerung zog.

Die andere Gefahr liegt in der paradoxen Wirkung, die entsteht, wenn wir glauben, was wir denken. Der Glauben daran kann am Ende dazu führen, genau das zu verlieren, was eigentlich beschützt werden sollte.

Wenn wir einen Gedanken annehmen, ihn also entweder für bare Münze nehmen oder uns darin verheddern, ihn widerlegen zu wollen, dann verhalten wir uns doch so, als ob er wahr wäre. Wenn Tante Margret darum bittet, den berühmten Kartoffelsalat zum nächsten Treffen mitzubringen, und wir zögern, wird sie die defensive Haltung wahrscheinlich spüren. So erzeugt der Geist angespannte, distanzierte Interaktionen und verhindert, dass sie uns wirklich kennenlernt. Schließlich spürt sie, wie sie mit ihren Annäherungsversuchen auf Widerstand stößt, was unseren ursprünglichen Verdacht nur erhärtet. Was im Geist zur Vermeidung einer Ablehnung gedacht war, kann ironischerweise die Ablehnung gerade herbeiführen. Eine unheimliche Art und Weise, die eigenen Ängste zu manifestieren.

Wie sollten wir also vorgehen, wenn das Ankämpfen gegen einen Gedanken ihn nur bestärkt und ihn zu glauben, verheerend sein könnte? Ein dritter Weg mag der zuverlässigste sein: den Gedanken zulassen und der Versuchung widerstehen, ihn nach richtig oder falsch einzuordnen. Lassen Sie sich nicht in ein Schachspiel verwickeln. Stattdessen nehmen Sie den Gedanken für das, was er ist – entstanden aus dem dringenden Bedürfnis, Sie vor Ablehnung zu bewahren.

Es braucht Übung und ist ein ständiger Kampf, unsere Distanz zu dem Schachspiel zu halten, besonders dann, wenn wir ein Leben lang damit zugebracht haben, unseren Gedanken einfach zu glauben. Aber auch nachdem wir lebenslang in einen Gedanken investiert haben, bleibt er nichts als ein Gedanke.

Ja, aber ich bin trotzdem erledigt

Seltsamerweise kommt so ein Gedanke oft, wenn es einigermaßen gut läuft oder wir uns von einem Verlust erholen. Ein Beispiel: Eine Person baut sich, nach einer Kette von schmerzhaften Trennungen, eine enge, romantische Beziehung auf. Gerade dann, wenn sie das Zutrauen und die Bindung ihrer neuen Beziehung erlebt, fängt ihr Geist mit den Sorgen an: *Das fühlt sich vielleicht nach einer idealen Beziehung an, aber denk dran: Ich bin trotzdem erledigt.*

Dieser Gedanke kann sich sogar anfühlen, als ob er uns aus Spaß quälen will. Aber wahrscheinlicher ist es wohl, dass er aus dem Bemühen hervorgeht, ungelöste Probleme zu schlichten, und, viel wichtiger, zu verhindern, dass etwas noch einmal passiert. Erinnern Sie sich an Lukes Dilemma im ersten Kapitel? Er wollte verzweifelt verhindern, dass sich die alten Muster in einer neuen Beziehung wiederholen. Wenn er herausfinden könnte, was er in vorhergegangenen Beziehungen falsch gemacht hat, so schien er zu folgern, dann könnte er auch eine Wiederholung verhindern. „Ich bin trotzdem erledigt" ist der Versuch, drohende Selbstgefälligkeit abzuwenden und alte Muster zu reparieren.

Noch einmal, der dritte Weg kann der nützlichste und produktivste sein. Erkennen Sie die Beschützernatur des Gedankens, danken Sie Ihrem Geist dafür und wenden Sie sich vom Schachspiel ab.

Diesmal könnte alles in die Brüche gehen

Gott sei Dank haben wir diesen Geist, der immer im Dienst ist, um Gefahren und Selbstgefälligkeit abzuwehren. Der obige Gedanke ist Pessimismus in Großbuchstaben und er ist zu unserer Sicherheit da. Er soll uns davon abhalten, einen Fehler zu begehen, der uns teuer zu stehen käme. (Dies gibt uns einen Vorgeschmack auf das pessimistische Denken, das im nächsten Kapitel im einzelnen behandelt wird, besonders im Hinblick auf seine beschützenden Züge.)

Wie die anderen Trümpfe spielt unser Geist diese Karte bei den bedeutendsten (und ungünstigsten) Gelegenheiten aus. Wenn Sie sich am liebsten Zuversicht und stabile Nerven wünschen, kann der Geist genau die gegenteilige Erfahrung produzieren.

Dieser Gedanke entsteht am ehesten in einer Situation, die *vermutlich* in Ordnung ist, aber das Potential für einen schlechten Ausgang hat. Flugreisen sind ein gutes Beispiel. Während sie in der Regel außerordentlich sicher sind, kann unser Denken uns daran erinnern, dass es diesmal entsetzlich schiefgehen könnte.

Die besondere Schwierigkeit mit diesem Gedanken liegt darin, dass er technisch korrekt ist. Jeder einzelne Flug *könnte* derjenige sein, der abstürzt. Unwahrscheinlich, aber möglich. Wenn Sie mit Ihrem Geist argumentieren, vorhalten, dass jedes andere Linienflugzeug sicher gelandet ist, wird er einwenden, dass es nicht um jedes andere Flugzeug geht, sondern um *dieses* eine. Und sicherstellen, dass Sie angemessene Angst empfinden.

Dieser Trumpf basiert auf einer ganz simplen Überlebenslogik: Es ist besser, davon auszugehen, dass eine Situation gefährlich ist und sich damit zu irren, als eine Situation fälschlich für sicher zu halten. Kapitel 5 und 6 enthalten Vorschläge, wie wir einem ängstlichen Geist mit Mitgefühl und Akzeptanz begegnen, und wie bereits erwähnt, werden wir das Thema des Pessimismus im nächsten Kapitel näher behandeln.

Aber wie war das denn, als...?

Wenn von Ängsten die Rede ist, gibt es noch einen weiteren Gedanken, der uns untätig machen und vor Gefahren bewahren soll und der gerade dann aufsteigt, wenn wir ihn am wenigsten brauchen können. *Aber wie war das denn, als...?* ist eine Manifestation des machtvollen unmittelbaren Lernens. Wie war das mit Andys stark verallgemeinertem Verhalten gegenüber ärgerlichen Frauen? Der Geist *hasst* es, denselben Fehler zweimal zu machen.

An diesem Gedanken ist das einmalig Schwierige, dass man ihn oft gar nicht entdeckt. Vielleicht deshalb, weil er gewöhnlich von genügend Angst begleitet wird, um unser geistiges Funktionieren zu benebeln, und vielleicht auch deshalb, weil seine Wurzeln so schwer zu lokalisieren sind.

Wir stellen uns eine junge Frau vor, die einmal von einem schlechten Ausgehpartner äußerst gedemütigt wurde. Jahre später, während sie mit einem Mann ausging, der sie irgendwie an den Kerl erinnert, der so gemein zu ihr gewesen war, spürt sie, wie sie ängstlich wird und sich danebenbenimmt. Vielleicht bemerkt sie gar nicht, wie ihr Geist eine Ähnlichkeit zwischen den beiden Männern registriert und einen Schub Ärger und Wut auslöst, als Warnung, die frühere Erfahrung nicht noch einmal zu wiederholen. Beide beenden die Verabredung und haben keine Ahnung, was eigentlich passiert ist.

Indem der Geist ein wunderbares *Date* ruinierte, erfüllte er seine Aufgabe, sie zu beschützen: Die Ironie dabei ist, dass ein weiteres ruiniertes Date entstanden ist, das für die Zukunft herangezogen werden kann. Das nächste Mal, wenn sie mit jemandem ausgehen will, schreit etwas in ihrem Geist auf: *Aber wie war das denn, als...?* Vielleicht erkennt sie nicht, was geschieht, wenn die alte Angst und Wut wieder aufsteigt. Deshalb ist es so wesentlich, den Geist im Auge zu behalten und zu verstehen, was er eigentlich erreichen will.

Mit Trumpfkarten umgehen

Dies ist bei weitem keine vollständige Liste der Trumpf-Argumente. Vermutlich haben Sie eigene bei sich entdeckt. Einer meiner persönlichen Favoriten, und der ist ziemlich verbreitet, lautet: *Das ist ein Zufallstreffer*. Diese Gedanke dient dazu, dass wir uns einer Sache nicht allzu sicher sind, von der wir glauben, wir verdienen sie gar nicht oder sie könnte ohnehin jederzeit wieder verschwinden, ob es ein Beruf ist, eine Beziehung oder ein finanzieller Gewinn. Der Gedanke zügelt unseren Enthusiasmus und engt unser Verhalten ein. Natürlich erhöht dieses Denken, indem es uns von unserem Glück ablenkt und distanziert, nur die Chance, dass wir tatsächlich das verlieren, was wir nur allzu gerne zu bewahren hoffen.

Das ist die Ironie der geistigen Trumpfkarten. Einmal ermahnte mich ein Ausbilder beim Fallschirmspringen, ich solle auf meinem Weg nach unten nicht auf die Bohrinseln und Stromleitungen schauen. Wenn du auf sie starrst, sagte er, wirst du wahrscheinlich draufstürzen. Er wusste, dass ich diese Gefahrenstellen deshalb anvisieren könnte, damit ich sie vermeide, aber indem ich das täte, den unglücklichen, paradoxen Effekt herbeiführen und direkt draufkrachen könnte.

Die Trumpfkarten unseres Denkens funktionieren ähnlich. Wenn wir ihnen Bedeutung verleihen, entweder indem wir ihnen glauben oder aber gegen sie ankämpfen, erhöhen wir die Wahrscheinlichkeit, genau das zu erreichen, was vermieden werden sollte.

Solche Gedanken gehören zu den überzeugendsten Werkzeugen des Geistes. *Ignoriere mich nicht! Das lasse ich nicht zu!* scheint er zu sagen. Wir *können* Gedanken aber sehr wohl ignorieren, solange wir beachten und würdigen, was der Geist vorhat. Das geht gegen unsere Natur, weil er uns vor Gefahren bewahren soll. Vielleicht bemerken Sie erst viel später, dass ein Trumpf im Spiel war, aber jedes Mal, wenn Sie durchschauen, was geschehen ist, wird es beim nächsten Mal leichter. Unterm Strich: Es geht ein wenig gegen unsere Natur und es braucht Übung. Seien Sie geduldig mit sich selbst. Benutzen Sie die folgenden vier Strategien, um mit den hartnäckigsten Argumenten umzugehen: die Fakten prüfen, eine kohärente Sicht auf die Vorgeschichte entwickeln, Erklärungen in Betracht ziehen, die das Denken nicht ohne Weiteres anbietet, und wissen, wann man dem Denken nicht trauen kann. Lassen Sie uns jede dieser Strategien etwas näher anschauen.

1. Die Fakten prüfen

Der Geist könnte uns weismachen, dass wir die Pforten der Hölle betreten, aber was sagt die Umgebung? Sind wir physisch in Gefahr? Ist eine Beziehung gefährdet? Gibt es ein gefährliches Problem, das bevorsteht? Wenn die Antwort nein lautet, ist es vielleicht am besten, den Geist zu ignorieren. Man braucht nicht über Fakten zu argumentieren. Stattdessen können Sie zulassen, dass zwei Gedankenstränge gleichzeitig ablaufen – diejenigen Gedanken und Gefühle, die Sie nicht gewählt haben, sowie diejenigen zu den objektiven Beobachtungen. Wenn Sie beispielsweise vor einer Rede Angst haben, können Sie die Angst mit der objektiven Würdigung der Situation nebeneinander bestehen lassen. Wie bei den Figuren auf dem metaphorischen Schachbrett ist es nicht nötig, die eine oder andere Seite zu eliminieren. Sie müssen nur entscheiden, wie Sie handeln wollen.

2. Eine kohärente Sicht auf die Vorgeschichte entwickeln

Es gilt zu erkennen, dass der Geist auf das Abspeichern gefährlicher Ereignisse eingestellt ist. Das ist das alte Ablageproblem. Machen Sie daher eine besondere Anstrengung, sich an *alles* aus ihrer Vorgeschichte zu erinnern – Warzen und Heiligenscheine gleichermaßen. Die Übung Wie will ich mich daran erinnern? am Ende des vorigen Kapitels bietet Wegweiser um dem Ablageproblem die Macht über uns zu nehmen. Sie können die Übung ebenso für jüngere wie für länger zurückliegende Geschehnisse benutzen.

3. Erklärungen in Betracht ziehen, die das Denken nicht ohne Weiteres anbietet

Wie wir bereits gesehen haben, sucht unser Denken meist selbstkritische Erklärungen, wenn nichts anderes ansteht. (Alternativ dazu gibt es auch die Denkweise, ständig die Schuld bei anderen Menschen oder den Umständen zu suchen, und das kann genauso selbstzerstörerisch wirken.) Beispielsweise könnten Sie denken, dass Tante Margret bei der letzten Familienzusammenkunft deshalb so distanziert war, weil sie wütend auf Sie ist. Doch womöglich hat ihr Verhalten gar nichts mit Ihnen zu tun. Häufig gilt die alte Weisheit: Andere Leute denken lange nicht so viel von uns, wie wir uns vorstellen.

Alternative Erklärungen kommen nicht von allein. Es ist viel leichter, das Denken bei seinen gewohnten Schlussfolgerungen ankommen zu lassen. Doch eine Alternative zu finden ist eine relativ überschaubare Aufgabe, wozu wir die Faktoren bestimmen, die – abgesehen von uns selbst – die Situation beeinflusst haben. Vielleicht hatte Tante Margret eine Auseinandersetzung mit Onkel Joe. Vielleicht fühlte sie sich nicht gesund. Vielleicht hatte sie Probleme auf der Arbeit. Fürchten Sie sich vor allem nicht, die Fakten zu überprüfen. Wenn Tante Margret sich seltsam verhält, fragen Sie sie, was los ist. Unser Geist zeigt sich von seiner schlimmsten Seite, wenn wir zulassen, dass wir uns mit unseren Gedanken isolieren.

4. Wissen, wann man dem Denken nicht trauen kann

Wir alle haben Zeiten und erleben Situationen, in denen wir unserem Geist einfach nicht trauen können, wenn wir beispielsweise erschöpft oder durch unzusammenhängende Einflüsse überlastet sind. Wenn uns Sorgen über unserer Arbeitsstelle beschäftigen, sind wir zu Hause leichter reizbar und streiten über kleinste Anlässe. Die Fähigkeit, erkennen zu können, wann wir den geistigen Botschaften gegenüber am verwundbarsten sind, ist bemerkenswert befreiend.

Sie verlangt, die kleinen Situationen beiseite zu lassen und die größeren Zusammenhänge zu untersuchen. Habe ich zu wenig Schlaf? Hunger? Ärger mit dem Chef? In Teil 4 gehen wir näher auf Stimmungen und die eigene Fürsorge ein und behandeln insbesondere, was wir gegen belastende Gemütsverfassungen tun können.

Zweierlei Maß

Ein gesunder Geist hat zweierlei Maßstäbe: einen für alle anderen und einen für sich selbst. Ein sehr eifriger Student mag schrecklich selbstkritisch sein, wenn er in einem schweren Kurs eine schlechte Note bekommt, und gleichzeitig anerkennen, dass ein Minus – bei jemand anderem – völlig akzeptabel ist.

Solche Doppelmaßstäbe sind dann schlimm, wenn sie uns zu Erfahrungen zwingen, denen wir aus dem Weg gehen wollen. Für den leistungsstarken, selbstkritischen Studenten kann ein Minus entsetzlich quälend sein, wenn es ihn daran erinnert, dass er das Ergebnis nicht immer kontrollieren kann, oder noch schlimmer, wenn er befürchtet, die Menschen, die ihm viel bedeuten, könnten von ihm enttäuscht sein.

Warum sollte ein gesunder Geist uns so etwas durchmachen lassen? Verbindungen mit anderen sind überaus wichtig und die hier angesprochene Doppelmoral ist mit dem Überlebenstrieb verflochten. Ein gut funktionierender Geist wird auf die Möglichkeit, im Stich gelassen zu werden, überempfindlich reagieren und erhöht seine Chancen, verbunden zu bleiben, mit gnadenlosem Maßstab für sich selbst und lockereren Maßstäben für andere.

Betrachten wir eine Situation, die den meisten Eltern bekannt ist. Sie nehmen Ihr kleines Kind mit zum Gemüseladen oder Spielplatz oder an einem anderen bevölkerten Ort und bemerken plötzlich, dass Ihr Kind verschwunden ist. Panik kommt hoch, bis kurz darauf das Kind wieder da ist. Da käme uns nur selten der Gedanke: *Ach, kein Grund zu Sorge, das passiert jedem.*

Genau das würden die meisten von uns zu anderen Eltern sagen, aber als wir selbst in der Situation waren, waren wir weit weniger nachsichtig mit uns selbst. *Du Idiot. Du bist ein schrecklicher Vater, eine schreckliche Mutter. Pass nächstes Mal gefälligst auf dein Kind auf!*

1954 veröffentlichte Leon Festinger einen in der ganzen Psychologie berühmt gewordenen Aufsatz, in dem er als Hauptzug menschlichen Sozialverhaltens beschrieb, dass wir uns ständig mit anderen vergleichen. Er führte das auf unseren starken Drang nach Selbsteinschätzung zurück, wofür wir uns als Vergleichsgrundlage auf andere ähnliche Menschen verlassen. Mütter vergleichen sich mit anderen Müttern, Studenten messen sich mit anderen Studenten und Psychologen messen sich mit anderen Psychologen. Seit Festingers Veröffentlichung gab es zahlreiche Theorien und bergeweise Untersuchungen darüber, wie wir uns mit anderen vergleichen. Partnerwahl, Beförderung, Meinungsbildung, Eifersucht, Gerechtigkeit und Leistung sind einige wenige der menschlichen Hauptbelange, die in Verbindung mit sozialem Vergleichen erforscht wurden. Wir werden so schwerwiegende Fragen hier nicht lösen können, doch wir werden die Doppelmaßstäbe untersuchen, insofern sie unser momentanes Verhalten beeinflussen.

Ohne das Verlangen, uns mit anderen zu vergleichen, gäbe es keine Doppelmoral. Das scheint, zumindest teilweise, als eine Art Sozialversicherung zu fungieren. Indem wir uns selbst mit strengerem Maßstab messen als andere, schaffen wir uns einen Sicherheitsabstand. Die Kehrseite ist, dass es weh tut und, wie bei den Trumpfkarten, uns das einbringen kann, was wir am wenigsten wollten.

Doppelmaß der Leistung

Als die unbezwingbar geselligen Geschöpfe, die wir sind, sind wir stets auf die Gunst der anderen angewiesen. Dies erreichen wir, indem wir kompetent und nützlich sind. Der doppelte Maßstab, auf unsere Leistungen bezogen, hilft uns, am Ball zu bleiben – solange er uns nicht auffrisst und keinen paradoxen Effekt herbeiführt.

Denken wir an die Mutter, die sich selbst schwere Vorwürfe macht, weil sie ihr Kind aus den Augen verlor, und bei anderen dasselbe Versehen völlig verzeihlich findet. Die unmittelbare Funktion dieses zweifachen Maßstabes scheint auf der Hand zu liegen. Das Lenken der Aufmerksamkeit auf ihre eigene Nachlässigkeit, zwingt sie, darüber nachzudenken, damit die Chancen abnehmen, es wieder zu tun. Das ist gesunde Überlebenslogik und von nicht geringem Wert für ihresgleichen. Mit anderen Worten, es ist nützlich.

Dieser Maßstab verliert aber seinen Nutzeffekt, wenn ihre Selbstkritik sie so sehr vereinnahmt, dass sie ihre gute Elternschaft behindert. Beispielsweise kann sie so übertrieben fürsorglich zu ihrem Kind werden, dass sie ihm alle Freiheit raubt, Dinge zu erforschen, etwas falsch zu machen und ein einfallsreicher Mensch zu werden (währenddessen sie aber anderen Eltern Geduld und Toleranz entgegenbringt). Das Paradox an so zwanghaftem Verlangen, das Kind zu beschützen, liegt darin, dass sie ihm letztlich schadet, weil sie ihn der Möglichkeit beraubt, aus eigenen Fehlern zu lernen.

Unser Geist scheint in seinem verbissenen Beharren auf Sicherheit manchmal unfähig, die unbeabsichtigten Konsequenzen vorherzusehen.

Doppelmaß der Vorgeschichte

Das folgende Beispiel ist vielleicht weniger eine Doppelmoral als eine kognitive Voreingenommenheit und funktioniert so: Wenn ich an dich denke, erinnere ich mich an das Gute wie an das Schlechte; wenn ich an mich selbst denke, neige ich dazu, meine schlimmsten und peinlichsten Momente herbeizurufen.

Wie bereits an anderer Stelle erwähnt, hat eine solche Voreingenommenheit den Zweck, uns vor der Wiederholung von Fehlern zu bewahren, gereicht uns aber offensichtlich zum Nachteil, wenn sie unsere Selbstbeurteilung beeinträchtigt. Eine Freundin von mir wurde einmal zur Supervision vorgeschlagen, aber sie war skeptisch, ob ihre Fähigkeiten für die Aufgabe ausreichen würden. Wenn sie an ihre beruflichen Leistungen bis dato dachte, konnte sie sich nur an ihre Fehler und Irrtümer erinnern. Wegen ihrer Selbstzweifel lehnte sie die Beförderung ab und die Stelle ging an jemanden, den sie für fähig hielt, der aber nach dem, was man hörte, weit weniger qualifiziert war als sie.

Die Voreingenommenheit, die eigenen Fehler im Gedächtnis zu behalten und die Fehler anderer nachzusehen, bietet einen ziemlich offenkundigen Überlebensvorteil. Sie bewahrt uns davor, Irrtümer zu wiederholen. Sie hilft uns auch, unsere Grenzen zu erkennen und uns nicht zu viel zuzumuten, wie meine Freundin es befürchtete.

Aber wenn die Voreingenommenheit zu weit geht, kann sie uns von einer realistischen und kohärenten Sicht auf uns selbst abbringen. Der zweifache Maßstab meiner Freundin hinsichtlich ihrer Leistungen sollte sie und die Organisation vor Schaden bewahren; am Ende aber hatten beide darunter zu leiden.

Emotionale Doppelmoral

Stoische Ruhe ist eine wunderbare menschliche Eigenschaft, bis zu einem bestimmten Punkt. Die meisten von uns – jedenfalls da, wo ich herkomme – wollen ihre Emotionen in Schach halten, damit sie uns nicht auf destruktive Abwege führen. Wir ziehen es vor, Haltung zu bewahren.

Wir neigen dazu, bei den Emotionen anderer Milde walten zu lassen. Wir rechnen damit, dass sie auf Hochzeiten oder Beerdigungen Tränen vergießen, und wir geben unseren Mitarbeitern frei für „psychische Gesundheitstage", wenn sie sich überlastet fühlen. Aber wer von uns möchte selbst derjenige sein, der bei einer Beerdigung weint (wie oft haben wir jemanden sagen hören „ich habe mir gesagt, fange bloß nicht zu weinen an!")? Und wenn uns die stärkeren Emotionen überwältigen – diejenigen, die zu einem Tag frei zwecks psychischer Gesundheitspflege führen – halten wir diese Emotionen bei uns selbst für unangemessen. Ich bin *zu* glücklich, *zu* traurig, *zu* wütend. Ich kann die Klienten nicht zählen, die mir sagten: „Ich habe kein Recht, mich so zu fühlen", obwohl mir schien, dass ihre Emotionen völlig angemessen waren.

Wir neigen dazu, eigene Emotionen besonders hart zu verurteilen, wenn wir bemerken, dass es andere Menschen in der Welt gibt, die leiden. „Ich habe kein Recht, mich so zu fühlen, wenn es so viel Leid in der Welt gibt." Folgen wir dieser Logik bis zum Schluss, dann dürfte nur eine einzige Person auf einmal (diejenige, die gerade den schlimmsten Tag der Welt erlebt) sich aufgebracht fühlen. Jede andere müsste für ihr gutes Schicksal dankbar sein, ganz gleich, in welch schwieriger Lage sie gerade steckt.

Wir haben sehr wenig Kontrolle über unsere Emotionen und haben die Fallgruben gesehen, wenn wir sie unterdrücken wollen. Das zweifache Maß kann uns unmerklich weiter nach unten ziehen, wenn wir es nicht erkennen.

Umgang mit zweierlei Maßstäben

Um den Schriftsteller G. K. Chesterton frei zu zitieren, steckt hinter jeder Doppelmoral eine einzige Agenda. In unserem Fall scheint die Agenda das konstante Anliegen des Geistes die Fehlervermeidung zu sein, besonders die

Vermeidung kostspieliger sozialer Fehler. Wir zwingen uns, unser eigenes Verhalten auf Vordermann zu bringen und anderen zu vergeben. Beides sind gute Überlebensstrategien.

Der Schlüssel, mit diesen natürlichen und gesunden Tendenzen umzugehen, liegt, glaube ich, einfach darin, sie zu beobachten, während sie vor sich gehen, ihren Zweck zu verstehen und unsere eigene Vorgehensweise zu wählen, sobald sich eine unproduktive, paradoxe Wirkung abzeichnet. Wir brauchen sie nicht zu eliminieren; wir können trotz ihres Vorhandenseins einfach weitermachen.

Manchmal erfordert das ein Hinterfragen der Selbstbeurteilung und das kann ganz schön unbequem sein. Denn unsere Selbsteinschätzungen sind mit der Überlebenslogik verflochten, und diese in Frage zu stellen, kann sich anfühlen, als ob wir mit sozialen Katastrophen liebäugeln. Zum Glück können wir menschlichen Wesen eine Portion Unbehagen vertragen, wenn es dazu dient, zu einer vernünftigen Selbsteinschätzung zu kommen.

Um unsere ansonsten gesunde Doppelmoral nicht zu weit zu treiben und keinen Schaden zu nehmen, ist es unabdingbar, dass wir zwischen Tatsachen und emotionalen Bewertungen unterscheiden können.

Beispielsweise könnte jemand, für den eine Beförderung ansteht, Gedanken hegen wie *Ich habe schlechte Verträge abgeschlossen, ich bin nicht gut zu Untergebenen und wahrscheinlich kann ich die zusätzliche Verantwortung nicht tragen*. Das sind Bewertungen, keine Fakten. Fakten sehen so aus: *93 % der Verträge habe ich korrekt gehandhabt, erkennbare Fehler unterliefen mir bei 7 %, zehn von 12 Gleichrangigen stuften mich bei meiner letzten Bewertung positiv ein und ich werde mein Zeitmanagement verbessern müssen, um die zusätzliche Verantwortung zu tragen.*

Diese beiden Einschätzungen derselben Situation geben völlig unterschiedliche Bilder ab. In der nachstehenden Übung lade ich Sie dazu ein, die Einschätzungen Ihres eigenen Lebens zu überprüfen.

ÜBUNG

Bewertungen und Fakten

Wir haben oben drei häufig vorkommende Bereiche skizziert, in denen unser Geist zu zweierlei Maßstäben neigt: Leistung, Vorgeschichte und Emotionen. Nun möchte ich Sie bitten, sich an eine Gelegenheit zu erinnern, bei der Sie zweierlei Maßstab an sich selbst anlegten. Es wird vermutlich nicht schwierig sein, etwas zu finden. Denken Sie an irgendeine Situation, in der Sie ähnliche Gedanken wie die oben beschriebenen hatten; vielleicht waren Sie streng mit sich in einer Sache, die Sie bei anderen mit Nachsicht betrachten, oder Sie empfanden sich selbst im Vergleich zu andern als schrullig oder hatten Gedanken wie *Das bringt mich zu sehr auf.*

Sobald Sie eine Doppelmoral erkannt haben, bringen Sie sie ans Licht, indem Sie etwas zu jedem der drei folgenden Themen schreiben:

- **Thema 1:** Was mir mein Geist sagt über meine Leistung, Vorgeschichte, Gefühle und so weiter.
- **Thema 2:** Was erwarte ich von mir selbst
- **Thema 3:** Was erwarte ich von anderen

Wenn Sie fertig sind, sollten Sie ein klares Bild davon haben, wozu Ihr Geist fähig ist und was er im Schilde führt. Vielleicht stellen Sie beispielsweise fest, wie Ihre Gedanken darauf ausgerichtet sind, dass Ihre beruflichen Leistungen die Erwartungen übertreffen, damit Ihre berufliche Karriere gesichert bleibt. Vielleicht entscheiden Sie, dass Ihr Geist so streng ist, dass er Schaden in Kauf nimmt. Falls zutreffend, beachten Sie diesen Gedanken und tragen ihn bei sich, während Sie fortfahren. Andererseits möchten Sie vielleicht entscheiden, dass Sie Ihre Doppelmoral gern beibehalten wollen. Sie haben die Wahl. Es gibt keine falsche Antwort, von Natur aus ist an doppelten Maßstäben nichts verkehrt. Die Herausforderung ist, den eigenen Werten mit vollem Bewusstsein zu folgen, anstatt vagen Gedankendiktaten hinterherzulaufen.

Wachsam bleiben und Distanz wahren

Trumpfkarten und zweierlei Maßstäbe sind Teil der geistigen Überlebenslogik. Es gibt sie aus gutem Grund und manchmal haben sie sogar Recht. Wenn der Geist sagt: *Ignoriere mich nicht! Das lasse ich nicht zu!*, dann will er eine wichtige Botschaft übermitteln. Zu wissen, ob wir dem Geist dann trauen können oder nicht, hängt von der Fähigkeit ab, die Fakten von emotional gefärbten Bewertungen unterscheiden zu können.

Diese Fertigkeit erfordert von uns, dass wir imstande sind, den Geist mit Abstand zu beobachten, damit wir vermeiden können, in die kostspieligen Kämpfe gegen unsere eigenen inneren Prozesse verwickelt zu werden. Hoffentlich hatten Sie inzwischen die Gelegenheit, einige der Beobachtungstechniken und die nötige Distanz einzuüben, etwa anhand der Zinnsoldatenparade, des „ich erfahre den Gedanken, dass…" und des Bildes von der Rennstrecke (in Kapitel 3). Es hilft besonders, sich daran zu erinnern, was der Geist zu leisten versucht. Inzwischen bemerken Sie wahrscheinlich, wie sich die Sorgen um Sicherheit und Überleben einstellen, auch wenn die gegebenen Belange keine wirkliche Bedrohung darstellen. Es ist wirklich seltsam, dass sich unser Denken so in der Aufgabe, unser Leben retten zu müssen, verfangen kann, wo wir uns doch meistens nur durch ziemlich profane Situationen wie ein neues Date oder eine Meinungsverschiedenheit mit dem Vorgesetzten lavieren müssen.

Eine schnelle Überprüfung der Realität kann auch dazu beitragen, Abstand von den Gedanken zu gewinnen. Zum Beispiel könnten Sie bemerken, dass Ihr Körper reagiert, *als ob* Sie physisch in Gefahr wären, während sie einen öffentlichen Vortrag vorbereiten – erhöhter Puls, schnelles Atmen, Schwitzen und Ähnliches. Da wir wissen, dass das Argumentieren mit dem Denken in solchen Fällen das Problem nur verschlimmert, können wir unserem Geist einfach Danke sagen, dass er über uns wacht, und uns daran erinnern, dass er nicht alle Fakten hat, und im Dienste unserer Werte weiter fortfahren. Wir brauchen unserem Denken nicht zu beweisen, dass es Unrecht hat, bevor wir uns wieder den Geschäften des Lebens zuwenden.

9

Pessimistisch denken

Mit dem selektiven Gedächtnis der Vorgeschichte, den Trumpfkarten und doppelten Maßstäben kann unser Geist unheimlich überzeugend sein. Die nächste menschliche Eigenschaft, das pessimistische Denken, kann genauso überzeugend sein und einen, wie die anderen, regelrecht fertigmachen.

Es ist nicht nur normal, pessimistische Gedanken zu hegen, sondern genauso normal, von anderen Vorurteile und sozialen Druck zu erfahren, damit wir nicht negativ denken. Wenn wir pessimistische Gedanken äußern, laden wir Bemerkungen ein wie „sei positiv" oder „so solltest du nicht denken".

Ich sehe den Pessimismus optimistischer. Ebenso wie die übrigen Gedankenprozesse, die wir beschrieben, enthält der Pessimismus starke Überlebenswerte. Er könnte einfach für den grundlegenden Zweck unserer Lebenserhaltung da sein, und er kann sehr hartnäckig darin sein.

Pessimistisch denken – die Tendenz, an Situationen die Schwachstellen zu sehen und unerwünschte Folgen vorherzusehen – herrscht allgegenwärtig im menschlichen Geist. Das soll nicht bedeuten, dass wir alle zu Pessimismus neigen. Einige tun das nicht. Von denen, die eher pessimistisch angelegt sind, haben einige mehr Erfolg damit als andere. Wir sehen gleich warum.

Der Geist kann ein ultimativer Neinsager sein. *Das funktioniert nicht. Das ist nicht richtig. Dieser Plan geht nach hinten los.* Einer meiner einflussreichsten Lehrer, der Psychologe Ragnar Storaasli, veranschaulicht die universelle Erfahrung des Pessimismus' mit einer aussagestarken Metapher (persönliche Mitteilung, 5. November 2010).

Wir stellen uns vor, wie wir in einer fremden Stadt die Straße entlanggehen und an einer Kathedrale mit wunderschönen Buntglasfenstern vorbeikommen. Die Muster sind komplex, die Farben brillant, die Ausgestaltung formvollendet. Da ist nur ein Problem. In einem der Fenster fehlt ein Stückchen Glas. Was glauben Sie, worauf ein normal funktionierender Geist seine Aufmerksamkeit richten wird?

Ich kann Ihnen verraten, dass meine Gedanken sich auf den Makel fixieren würden. *Eine Schande, dieses Loch in einem so schönen Kunstwerk. Da wird ein kalter Luftzug in die Kathedrale strömen und das fehlende Glas ist eine offene Einladung für Ungeziefer!* Es ist kaum wahrscheinlich, dass ich die Fehlstelle übersehen hätte, und ich hätte eine bewusste Anstrengung machen müssen, das Kunstwerk wertzuschätzen, während mein Geist an dieser kleinen Unvollkommenheit herumnörgelte. Wir sind einfach darauf programmiert, Probleme zu sehen. Aber man kann sich fragen, warum solche Quälerei nötig ist.

Das Problem ist nicht so sehr, dass wir auf negative Bewertungen aus sind, sondern dass der Geist dafür eingerichtet ist, Wahrscheinlichkeiten zu kalkulieren und Irrtümer zu handhaben. Er versteht, dass wir Fehler machen werden, wenn wir uns durch unsere Umgebung bewegen, und dass manche Fehler weniger gefährlich sind als andere.

Der Geist scheint brillant darin zu sein, Hypothesen zu testen. Denken wir an einen Jäger oder Sammler der Vorzeit, der durch das Unterholz zieht und plötzlich ein Rascheln in der Nähe vernimmt. Er weiß, dass andere Raubtiere in der Gegend sind, und kann sein Handeln nach einer von zwei Möglichkeiten ausrichten. Entweder er wettet, dass hinter dem Busch Gefahr lauert, und weicht zurück oder er setzt darauf, dass die Situation gefahrlos ist und nimmt seine Jagd wieder auf.

Eine von beiden Möglichkeiten könnte falsch sein, aber für Letztere würde er teuer bezahlen müssen, was der Geist weiß. Das ist das Schöne am Pessimismus. Der Geist würde eher einen positiv-falschen Irrtum begehen (ein Problem entdecken, das es nicht gibt) als einen negativ-falschen (ein Problem nicht entdecken, das sehr wohl da ist). Die Tendenz, Gefahren zu wittern, auch wo sie unwahrscheinlich sind, liegt nahe, weil die Überlebenschancen in einer Welt voller Irrtümer davon abhängen, dass man sich für die richtigen Irrtümer entscheidet (Haselton, Nettle und Andrews 2005).

Infolge dieses Umgangs mit Hypothesen ist unser Geist allzeit bereit, Fehler zu begehen, solange es nur die richtigen Fehler sind.

Die Kehrseite an diesem brillanten Überlebensmechanismus ist, dass er manchmal mit unserer Gabe zur Entspannung und zum Genießen der Schönheit um uns herum in Konflikt gerät. Unmittelbar und automatisch wird unsere Aufmerksamkeit auf die Schwachstelle im Glasfenster gezogen. Vielleicht verurteilen wir den Pessimismus deshalb so streng. Aber ich nicht. Ich sehe den Pessimismus optimistisch.

Es ist kein Pessimismus – sondern Fehlermanagement

Oft lohnt es sich, sich zugunsten des Pessimismus' zu irren. Abneigung gegen Fremde beispielsweise ist eine universell menschliche Erfahrung, die Sinn ergibt. Wenn wir davon ausgehen, dass die Nachbarsippe gefährlich ist, und damit am Ende Unrecht haben, bezahlen wir dafür nicht unmittelbar. Tödlich könnte es allerdings ausgehen, wenn wir irrtümlich wetten, dass sie freundlich und vertrauenswürdig ist.

Es gibt auch viel banalere Beispiele. Wenn wir noch einmal an die Trumpfkarten denken, eine bemerkenswert effektive und überzeugende lautet: *Sie sagen es nur so*. Wenn wir im Zweifel sind, ob wir bei anderen in Gunsten stehen, könnten diese anderen uns beruhigen wollen: „Nein, wirklich, wir haben nichts gegen dich. Wir halten dich für einen wunderbaren Menschen und wollen dich in unserem Leben dabeihaben." *Sie sagen es nur so*, antwortet es im Geist. Von der Warte des Geistes aus ist es besser, davon auszugehen, dass sie uns angeblich beruhigen, und entsprechend zerknirscht zu bleiben.

Es ist aber nicht so, dass unser Geist hinter jeder Ecke Gefahr wittert. In manchen Angelegenheiten gehen die Wettannahmen des Geistes in viel optimistischere Richtungen. Martie Haselton und Kollegen (2005) fanden heraus, dass wir das sexuelle Interesse von anderen häufig überbewerten. Männer sind besonders anfällig für diese Fehleinschätzung, was vielleicht gar kein Fehler ist, sondern eigentlich das Fortbestehen unserer Spezies fördert.

Das ist eine weitere logische Wette des Geistes. Wenn ein Mann darauf setzt, dass eine Frau interessiert ist, wird er sie verfolgen. Das schlimmste Ergebnis wäre Ablehnung, in welchem Fall er nicht wirklich etwas verloren hätte. Das bestmögliche Ergebnis wäre eine freudvolle und fruchtbare Eheschließung. Aber wenn er davon ausgeht, dass sie kein Interesse hat, wird er sie ignorieren und daher auch keine Chancen bei ihr haben. Besser, er würde sich in optimistischer Hinsicht irren. Das mag erklären, warum der Salonlöwe in unserer Stammkneipe es auch nicht in seinen Kopf kriegt, dass die Kellnerin nicht an ihm interessiert ist.

Diese scheinbar widersprüchlichen Voreingenommenheiten (pessimistisch bei Bestätigung, optimistisch bei Sex) sind ein Hinweis dafür, dass unser Geist eher darauf eingestellt ist, im Leben die richtigen Fehler zu machen, als sie von vornherein zu vermeiden. In einer ungewissen Welt, wo wir statt Informationen bestenfalls Wahrscheinlichkeiten haben, sind wir auch nur begrenzt zu akkuraten, treffsicheren Entscheidungen fähig. „Pessimismus" und „Optimismus" sind einfach die Werturteile, mit denen wir innere geistige Vorgänge belegen.

Und doch verurteilen wir den Pessimismus streng, und nicht ganz ohne Grund. Gängige Volksweisheit und eine gute Portion Forschungsarbeit belegen Zusammenhänge zwischen Pessimismus und Depression, Handlungsunfähigkeit, schwacher physischer Gesundheit und sich selbst erfüllender Prophezeiung (Seligman 2006). Vielleicht finden wir deshalb in jedem größeren Buchhandel Dutzende, wenn nicht Hunderte von Titeln über positives Denken.

Damit Sie jetzt nicht den Eindruck bekommen, dass ich gegen positives Denken und Streben nach einer glücklichen Geisteshaltung sei, nein, ich bin sehr für diese Dinge. Wegen unserer natürlichen Anlage zum Problemsehen reicht es allerdings üblicherweise nicht aus, sich einreden zu wollen, dass alles bestens ist. Sich mehr mit unserem Geist vertraut zu machen, kann da sehr hilfreich sein. Von daher ist die ganze Grundlage dieses Buches aufzuzeigen, dass wir uns nicht vom eigenen Geist versklaven lassen müssen. Wir können uns von den eigenen vorherrschenden, bedrückenden Gedanken befreien.

Die Gefahr ist die einer falschen Dichotomie. Positives Denken zu kultivieren ist eines, negative Gedanke auslöschen zu wollen etwas anderes. Warum nicht beides? In unserem Geist haben mehr als zwei Denkweisen Platz und es ist an uns, zu entscheiden, welche Gedanken wir haben und nach welchen wir handeln wollen.

Wir können unser ganzes Leben damit zubringen, negative Gedanken auszumerzen, aber vielleicht können wir unsere begrenzte Zeit für Besseres nutzen. Außerdem ist ein „negativer" Gedanke einfach nur ein Gedanke, den wir mit einem Werturteil belegt haben. Wenn ich einen Fehler in einem Buntglasfenster entdecke, kann ich mir vorhalten, warum ich mich darauf fixiere, oder kann das innere Schachspiel umgehen und den Gedanken als das sehen, was er ist – ein Erbe meiner Vorfahren, um mich in die Lage zu versetzen, Wahrscheinlichkeiten zu kalkulieren und Probleme zu vermeiden. Danke, meine Vorfahren, und danke, mein Geist!

Anstatt uns zu fragen, wie wir solche Gedanken loswerden, sind nützlichere Fragen etwa diese: Wie „machen" wir einen hervorragenden Pessimismus? Wie finden wir die positive Seite eines negativen Gedankens?

Pessimismus: uralte Kur für moderne Zeiten

Pessimismus macht weit mehr, als nur Gefahren vermeiden und Schönheitsfehler in einem Kirchenfenster zu entdecken. Er hilft, Probleme zu lösen. Wie der Psychologe Robert Leahy aufzeigte, spielte sich ein Großteil unserer Evolutionsgeschichte am Rande des Überlebens ab, und Fehlkalkulationen konnten fatal sein.

Pessimismus ist ein evolutionärer Gedankenprozess, der von unseren Erfahrungen geformt wurde und dazu dient, unsere Zukunft zu beeinflussen (hoffentlich zum Positiven). Die inneren Vorgänge dabei sind manchmal ziemlich ausgetüftelt. Leahy weist beispielsweise darauf hin, dass pessimistisches Denken uns bremsen kann, wenn wir zu schnell vorwärtsstürmen, und das zu unserem Besten. Pessimismus und Selbstkritik bilden das, was er als *Verhaltensbremssystem* bezeichnet. Beides trägt zu einer Verlustsperre bei und verringert die Chancen, ein vormals Verlust bringendes Verhalten zu wiederholen.

Leahy erläutert den *vorausschauenden Pessimismus*, der sich in Form von Befürchtungen und Hoffnungslosigkeit äußert und uns damit langsamer macht und noch einmal überlegen lässt. Indem der Pessimismus unserem Verhalten ein bisschen Nachdenken hinzufügte, hielt er unsere Vorfahren vermutlich davon ab, wieder und wieder zu derselben ausgetrockneten Wasserstelle zurückzukehren, und hält uns heute davon ab, gutes Geld dem schlechten hinterher zu werfen – im wörtlichen oder übertragenen Sinn.

Laut Leahy hilft pessimistisches Denken auch dabei, etwaige Probleme kommen zu sehen. Da unsere pessimistische Seite auf die in der Umgebung vorhandenen Mängel aufmerksam macht, haben wir auch die Möglichkeit, Lösungen auszudenken oder aber den entgegenkommenden Schwierigkeiten einfach aus dem Wege zu gehen.

Das nächste Mal, wenn Sie für einen pessimistischen Gedanken gerügt werden, zeigen Sie der Person doch den Überlebensvorteil dieses geistigen Rüstzeugs. Wenn Sie gerade angriffslustig sind, könnten Sie ebenso auf die Ironie hinweisen, die darin besteht, eine so pessimistische Sicht des Pessimismus zu haben.

Dennoch kann der Pessimismus genauso verheerend sein wie alles andere, was wir zu halbherzig oder zu exzessiv unternehmen. Auch beim Pessimismus kommt es auf die Situation an.

Pessimismus richtig angewendet

Die Dinge haben sich dramatisch verbessert, seit unsere Vorfahren mit Speeren auf die Jagd gingen. Früher mussten wir wilden Tieren entgehen, heute dem Verkehr, der im allgemeinen weit berechenbarer ist. Wir in der westlichen Welt haben es leicht, unsere Grundbedürfnisse zu befriedigen. Im Vergleich zu den Generationen vor uns leben wir in absolutem Luxus, ganz zu schweigen von unseren fernen Ahnen, die unter Mühsalen dem Land ihr täglich Brot abringen mussten. Vielleicht überrascht es nicht, dass wir trotz idealer Lebensbedingungen weiter auf Problemsuche bleiben – und kann das nicht sogar der Grund für unsere idealen Lebensbedingungen sein?

Der Pessimismus ist und bleibt eine wunderbare Problemlösungsstrategie, wenn er richtig angewendet wird: Eine spezifische Form, der *defensive Pessimismus*, veranschaulicht, wie er sich zum Vorteil nutzen lässt. Vor einer schwierigen Aufgabe oder in unkontrollierbarer Lage wird der defensive Pessimist seine Erwartungen herunterschrauben und sich auf die Dinge konzentrieren, die schiefgehen könnten. Hat er einmal die potentiellen Probleme erkannt, beginnt die entscheidende Phase, das Entwerfen eines Krisenplans (Norem 2008). Ein nervöser Immobilienmakler könnte z. B. alle Eventualitäten durchgehen, warum ein Verkauf schiefgehen könnte, und dann entscheiden, wie er auf die Probleme eingehen will, etwa auf die wahrscheinlichen Einwände des Käufers, die wahrscheinlichsten Schwierigkeiten des Vermieters und alle möglichen anderen Fallstricke, die er vorhersehen kann.

Defensiver Pessimismus ist vielleicht nur eine andere Bezeichnung für produktive Besorgnis. Der pessimistische Ansatz bringt dem Immobilienmakler in eine vorteilhafte Position. Die Wahrscheinlichkeit, von einem unvorhergesehenen Problem überrumpelt zu werden, hat sich drastisch verringert. Genauso wichtig: die mentale Vorbereitung mildert den Stress, macht eine Niederlage erträglicher und verleiht uns die Kontrolle. Der defensive Pessimismus erfüllt eine doppelte Aufgabe, die Handhabung der Ergebnisse und die Handhabung der Angst.

Pessimismus hat oft einen schlechten Ruf als sich selbst bewahrheitende Denkhaltung: „Denk das nicht, sonst bewahrheitet es sich". Vielleicht basiert diese Befürchtung (die herrlich pessimistisch ist) auf der Erfahrung, dass unser Denken uns tatsächlich in eine Grube der Hoffnungslosigkeit ziehen kann, wo wir völlig zum Stillstand kommen.

Interessanterweise ist das abergläubische Denken vielleicht nur eine weitere geistige Technik für Fehlermanagement. Wir denken dann etwa so: *Wenn ich negative Gedanken fernhalten kann, werden sie auch nicht wahr.* Wie jede andere pessimistische Wahrscheinlichkeitsrechnung ergibt auch dieses abergläubische Denken von einer gewissen Warte aus Sinn. Wir setzen wenig aufs Spiel, wenn wir glauben, dass wir ein Ergebnis durch unsere Denkhaltung kontrollieren können, und theoretisch können wir viel gewinnen (Haselton, Nettle und Andrews 2005). Mit anderen Worten kostet dieser Aberglaube uns nichts. Es scheint sogar, dass es sich lohnt, wenn wir pessimistische Gedanken erfolgreich verbannen und die Dinge sich entsprechend gut entwickeln.

Auf der anderen Seite ist der defensive Pessimismus weit davon entfernt, sich selbst zu bewahrheiten. Er kann im Gegenteil die Leistung einer Person verbessern und ist eine beliebte Strategie bei vielen Erfolgstypen (Lim 2009).

Defensive Pessimisten bringen ähnliche Leistungen wie natürliche Optimisten, aber sie übertreffen die *Gesinnungspessimisten* – jene, die ständig negative Folgen erwarten, aber keine Schadensbegrenzungspläne schmieden, um die Situation zu beeinflussen (del Valle und Mateos 2008). Gesinnungspessimisten neigen anstelle einer gesteigerten Fähigkeit, auf Schwierigkeiten zu reagieren, zu einem zunehmenden Gefühl der Hilflosigkeit.

Es liegt auf der Hand, dass Pessimismus auch schaden kann, besonders dann, wenn jemand sich von bedrückenden oder beängstigenden Gedanken lähmen lässt. Aber der Pessimismus kann unser Freund sein. Die magische Zutat ist unser *Reflexionsvermögen*, das sich auf ein strategisches Planen und Taktieren bezieht, wie es einer pessimistischen Vorhersage folgen soll. Das Reflexionsvermögen wirkt den lähmenden Tendenzen des Pessimismus entgegen, indem es vier leistungsorientierte Faktoren bestärkt:

- **Zielorientierung:** Defensive Pessimisten setzen sich Ziele, verfolgen diese und wollen ein Scheitern verhindern
- **Anstrengung:** Da defensive Pessimisten negative Ergebnisse verhindern wollen, strengen sie sich stärker an.
- **Erwartungen:** Ihre Planung macht defensive Pessimisten langsam zuversichtlicher auf Erfolg. Seltsamerweise kann die Angst vor einer schlechten Leistung tatsächlich die Zuversicht erhöhen, solange die Angst von Vorausplanen begleitet ist.
- **Voraussicht emotionaler Regenerierung:** Da sie die Möglichkeit eines schlechten Abschneidens vorwegnehmen, erwarten defensive Pessimisten ebenso ein schnelles Regenerieren nach einem Scheitern (Gasper, Lozinski und LeBeau 2009). So beschleunigen sie ihre Erholung nach

einer Niederlage. Wie es einem Kind nichts ausmacht, wenn es sich das Knie abschürft, kommen auch wir rascher wieder auf die Beine, wenn wir die Zuversicht haben, dass wir die Probleme auch aushalten können.

Nichts von alledem soll dem Optimismus kurzen Prozess machen, aber wir erkennen und akzeptieren, dass mancher Geist ängstlicher und pessimistischer funktioniert als andere. Selbstverständlich können optimistische Gedanken nützlich sein. Wenn ein Team zu verlieren droht, strengen sich die optimistischen Spieler stärker an, um noch zu gewinnen (Gordon 2008). Auch wenn wir positives Denken kultivieren können, wird sich ein ängstlicher, pessimistischer Geist nicht so leicht in einen puren Optimisten verwandeln lassen. Dies trifft besonders dann zu, wenn der Geist fühlt, er *solle* Angst haben und er *solle* sich auf diese uralte, effektive Problemlösungsstrategie verlassen.

Mit einem pessimistischen Geist leben

Im Lichte der langen und erforschten Geschichte des pessimistischen Denkens in unserer Spezies scheint die Frage, ob wir negative Gedanken erfahren oder nicht, längst beantwortet. Den meisten von uns erscheinen die Gedanken, ob wir sie mögen oder nicht. Wie wir mit ihnen umgehen, scheint die wichtigere Fragestellung. Es gibt drei Strategien, wie wir den Pessimismus zu unseren Gunsten verwenden.

Zuerst einmal, falls Ihr Denken zu Pessimismus neigt – das heißt, dazu neigt, vorauszusagen, dass die Dinge nicht gut ausgehen – dann ist es weise, nicht in die Falle des Gesinnungspessimismus zu geraten. (Also wenn jemand glaubt, dass die Dinge nicht gut ausgehen, aber nichts dagegen unternimmt.) Stattdessen kultivieren wir die Talente des defensiven Pessimisten. Wenn der Geist sagt: Dieser Plan wird nicht funktionieren, fragen Sie sich im Einzelnen, wie und weshalb einem ein Strich durch die Rechnung gemacht werden soll und wie Sie bei bestimmten Problemen reagieren können.

Zum zweiten kultivieren sie positive Gedanken, um die negativen auszugleichen. Das Ziel dabei ist nicht, die negativen Gedanken zu eliminieren oder zu ersetzen, sondern nur eine vollständigere und kohärentere Sichtweise auf die Situation zu schaffen.

Im Fall des Immobilienmaklers, der befürchtet, dass der Handel platzt, kann er auf seine pessimistischen Gedanken reagieren, indem er einen Notfallplan entwirft, wie oben angesprochen. Aber er kann auch versuchen, die starken Seiten und Vorteile in der Situation zu erkennen. Vielleicht möchte der Käufer etwas, was der Verkäufer liefern kann, oder vielleicht kann ein gemeinsames Ziel gefunden werden, wenn man die Motive beider Parteien untersucht.

Das heißt, wir brauchten uns nicht mit den Informationen zufriedenzugeben, die ein voreingenommener Geist automatisch liefert. Wir können eigene Informationen ausfindig machen.

Das bringt uns zu einer dritten Strategie: überlegtes Annehmen und Eingehen auf das, was der Geist anzubieten hat. Hosogoshi und Kodama fanden heraus, dass defensive Pessimisten sich besserer Gesundheit erfreuen, wenn sie ihre negativen Gedanken akzeptieren lernen, anstatt gegen sie anzukämpfen. Sie stellten außerdem fest, dass Personen, die in angstbehaftetem, depressivem Denken feststecken, sehr wenig Kontrollmöglichkeiten an einer Situation wahrnehmen. Das verhindert die Planung und unterminiert die Motivation.

Akzeptanz bezieht sich nicht nur auf die Gedanken. Geschickte Pessimisten sind auch imstande, die mit ihren düsteren Prognosen einhergehenden unangenehmen Gefühle zu akzeptieren. Defensive Pessimisten neigen zu besten Leistungen, wenn sie sich vorher ihren negativen Gedanken hingeben. Mark Seery und Kollegen weisen darauf hin, dass diese negative Vorausschau häufig zusammen mit einem ganzen Bündel unangenehmer Gefühle auftaucht, dass aber diese negativen Gefühle zu einer guten Vorbereitung führen.

Aber Optimismus ist manchmal emotional ebenso schwierig. Während der Pessimismus vor einem Vorhaben weh tut, kann Optimismus hinterher schmerzen, wenn die Ergebnisse anders ausfallen, als der Optimist erhoffte. Während defensive Pessimisten selten kalt erwischt werden, sind Optimisten mitunter emotional nicht auf eine Niederlage vorbereitet.

Pessimismus, definiert als die Fähigkeit, potentielle Probleme zu entdecken und Schwierigkeiten vorauszusehen, ist eindeutig fest in uns angelegt. Einige von uns erfahren mehr davon als andere, aber der Gedanke, dass die Dinge schlecht ausgehen, kann zu unseren am meisten emotionsgeladenen und überzeugendsten Gedanken gehören.

Wie immer, wenn der Geist uns in ein Schachspiel verwickeln will, haben wir mehr Optionen, als es den Anschein hat. Die natürliche Tendenz ist, Schach zu spielen, entweder geben wir den Gedanken nach oder wir bekämpfen sie. Aber es gibt eine dritte Option: zum Schachbrett werden und einfach nur beobachten, was im Geist vor sich geht. Er kalkuliert Wahrscheinlichkeiten und hilft in einer Welt, in der Fehler unvermeidlich sind, die bestmöglichen zu begehen.

Wer immer das „Positive Denken" erfand, übersah die gute Seite am Pessimismus.

Die Pascalsche Wette

Blaise Pascal war ein französischer Philosoph, der glaubte, dass man die Existenz Gottes nicht durch Logik beweisen könne, aber dass ein Mensch darauf wetten kann, dass Gott existiert. Pascal kam aus der jüdisch-christlichen Tradition und folgerte, dass so zu leben, als ob Gott existiere, den Menschen in die Lage versetze, alles (den Himmel) zu gewinnen, falls er Recht habe, und nichts zu verlieren (die Existenz hört einfach auf), falls er Unrecht habe.

Wenn er andererseits darauf wettet, dass Gott nicht existiert, dann setzt er aufs Spiel, alles zu verlieren, falls er Unrecht hatte (Hölle) und nichts zu gewinnen, falls er Recht hatte. Im besten Fall kommt null heraus.

Pascal glaubte, dass der Mensch um diese Wette nicht herumkommt. Er muss sich entscheiden. Entweder glaubt einer an Gott, oder er tut es nicht. Darauf zu wetten, dass Gott existiert, ist zumindest gutes Risikomanagement.

Trotz der scheinbaren Gleichgültigkeit hat Pascals Logik etwas Wunderschönes. Sie nimmt jedes emotionale Urteil aus der Gleichung und wirft Licht auf das, was wahrhaftig auf dem Spiel steht. Eine Person möchte vielleicht nicht an Gott glauben, weil sie verärgert, enttäuscht oder einfach rebellisch ist. Pascals Analyse extrahiert die Optionen und Folgen ohne die Ablenkung einer emotionalen Bewertung.

Der Psychologe Kelly Wilson, der zu diesem Buch die Wertorientierung beigetragen hat, stellt seine klinischen Kollegen vor eine ähnliche Herausforderung (Wilson und DuFrene 2008). Wir können entweder auf den Erfolg unserer Klienten setzen und uns so verhalten, als ob sie in allem, was sie sich wünschen, erfolgreich sein werden, oder wir können darauf wetten, dass sie scheitern. Wenn wir wetten, dass unsere Klienten Erfolg haben werden und ihnen unsere besten Dienste anbieten, dann haben wir Teil an einem außergewöhnlichen Geschehen. Falls wir Unrecht haben, fühlen wir uns schlecht und unseren Klienten geht es schlecht. Das ist der Preis, den wir bezahlen.

Nehmen wir andererseits an, dass wir gegen unsere Klienten wetten. (Und tatsächlich tun einige klinische Therapeuten das, vielleicht weil sie eine Enttäuschung vermeiden wollen.) Ob wir dann Recht oder Unrecht bekommen, wir haben unsere Klienten auf jeden Fall ausverkauft. Falls unsere Klienten dann nichts Außergewöhnliches erreichen (was bedeutet, wir haben richtig gewettet), dann feiern wir den hohlen Sieg, Recht gehabt zu haben.

Die Pascalsche Wette und Wilsons Wette beziehen sich auf ziemlich verschiedene Eventualitäten. Unrichtig darauf zu wetten, dass Gott existiert, zieht in der jüdisch-christlichen Tradition keine wirkliche Strafe nach sich. Wenn es falsch war, dann endet die Existenz und es gibt nichts – keine Bestrafung, keine Belohnung.

Unrichtig auf den Erfolg eines Klienten zu wetten, zieht aber durchaus eine Strafe nach sich. Es tut weh, jemanden leiden zu sehen, nachdem man sich um seinen Erfolg bemüht hatte. Ich möchte gern glauben, dass die meisten Klinikärzte ihren Wertvorstellungen folgen und in jedem Fall auf den Erfolg ihrer Klienten wetten, dabei völlig bereit, den Schmerz über die Enttäuschung auszuhalten, falls sie Unrecht hatten.

Mit einem ähnlichen Ansatz wie bei Pascal kann die folgende Übung Ihnen helfen, Abstand vom automatischen Pessimismus unseres Geistes zu gewinnen, so dass sie die pessimistischen Gedanken zu Ihrem Vorteil anwenden und informierte Entscheidungen treffen können.

ÜBUNG

Pessimismus-Eventualitäten-Tabelle

Das Leben ist voller Situationen, in denen wir gezwungen sind, uns für eine Richtung zu entscheiden. So nützlich der Pessimismus auch sein kann, er ist gleichzeitig ein weiterer geistiger Mechanismus, der uns von unseren Werten abbringen kann, wenn wir ihm freien Lauf lassen. Wenn die standardmäßige Voraussage lautet, dass die Dinge nicht gut ausgehen, müssen wir eine besondere Anstrengung unternehmen, um unser Handeln trotzdem weiter von unseren Werten leiten zu lassen.

In solchen Momenten können wir dem Beispiel Pascals folgen und eine *Eventualitäten-Tabelle* erstellen und die Beziehung zwischen zwei oder mehr Variablen veranschaulichen.

Für diese Übung wählen Sie eine Situation, vorzugsweise eine derzeitige, in der sie pessimistische Gedanken erleben, die mit Ihren Wertvorstellungen aufeinanderprallen. Dann stellen Sie eine Tabelle wie die folgende auf.

Als Beispiel nehmen wir an, dass Sie nach einer schlimmen Trennung erwägen, noch einmal eine Beziehung einzugehen. Jeder gut funktionierende Geist wird sofort aufschreien: *Mach das bloß nicht! Der Preis ist zu hoch! Unmöglich, wahre Liebe zu finden!* Aber ist das wirklich so? Wenn der Geist spricht, ist es im Allgemeinen eine gute Strategie, erst die Fakten zu prüfen. Im Falle von Pessimismus wollen wir die wahren Kosten und Nutzen unserer Optionen kennen. Wenn wir die auf der Hand liegenden Gedanken gleich akzeptieren, entfernen wir uns womöglich von dem, was uns wichtig ist.

Bei der Kosten-Nutzen-Abwägung ist es wichtig, ganz ehrlich zu sich zu sein. Pessimistische Gedanken sind oft zu vage. In unserem Beziehungsbeispiel könnte jemand Gedanken haben wie: *Das Risiko, es noch einmal zu versuchen, ist mir zu hoch.* Sowohl *Risiko* als auch *zu hoch* sind so vage, dass sie nichts bedeuten, aber ziemlich verhängnisvoll klingen. Lassen Sie sich nicht von so vagen, ominösen Gedanken leiten. In unserem Fall gibt es die sehr reale Möglichkeit, neuen Liebeskummer zu erfahren. Ist Ihnen der Preis zu hoch, wie das Denken vorgibt? Das können nur Sie selbst beantworten – aber es ist schwierig, etwas realistisch einzuschätzen, wenn mehrdeutige, düstere Gedanken übermächtig sind.

Wieder auf Partnersuche gehen?

Glück mit Risiko Liebeskummer	Ihr idealer Partner sucht Sie, aber er oder sie wird Sie nicht finden.
Erfahrung des Liebeskummers	Fortwährende Einsamkeit. Kein Liebeskummer, keine Liebe

Diese einfache Übung kann dazu beitragen, dass wir uns von den geistigen Einschätzungen der Ergebnisse lösen. Und wenn uns einmal klar ist, was wirklich auf dem Spiel steht, dann sind unsere Werte da, uns zu leiten. Manche Menschen finden es völlig unannehmbar, noch einmal ein gebrochenes Herz zu riskieren, während andere, ihren Wertvorstellungen gehorchend, immer wieder das Beziehungsrisiko eingehen. Die einzig richtige Antwort ist die, die von ihren Werten getragen ist.

Pessimismus wertschätzen

Vielleicht ahnen Sie schon, dass mein letztes Argument zum Pessimismus lautet: nicht argumentieren.

Die Welt ist wirklich voller Gefahren. Unser Geist scheint das zu wissen. Einige wollen mehr als andere die Probleme im Voraus angehen, und da setzt der Pessimismus ein. Ihr eigener Grad an Pessimismus kann etwas mit Ihrer Vorgeschichte und Ihrer Veranlagung zu tun haben. Aber das spielt eigentlich keine Rolle. Ihr Geist macht das, was er macht.

Pessimistisches Denken ist für manche von uns so glaubhaft, weil es sich in emotionalen Impulsen wie Hoffnungslosigkeit oder Angst äußert. Der Pessimismus gewinnt an Kraft aus der Tatsache, dass wir ihn streng verurteilen und bekämpfen. Das zieht uns nur tiefer in das nicht zu gewinnende Schachspiel hinein. Wir können uns aber mit dem Wissen gürten, dass wir nicht die Sklaven unserer pessimistischen Gedanken sind. Wir erleben einfach die in der Natur des Geistes angelegte Fähigkeit, Ergebnisse und relative Kosten für Irrtümer im Voraus einzukalkulieren. Wir können unserem Geist dafür danken. Ziemlich eindrucksvoll, wenn wir es richtig bedenken.

10

Sofortlösungen

Der Geist hat mehrere wirksame Strategien zur Verfügung, wenn er uns vor Gefahr bewahren und in die richtige Richtung lenken will. Sein selektiver Gebrauch der Vorgeschichte hält uns davon ab, in die alten Fallen zu tappen, Trumpfkarten und doppelte Maßstäbe erhalten unser Ansehen bei anderen, und eine pessimistische Denkweise hilft uns in einer gefahrvollen Welt, mit Risiken umzugehen.

All diesen ist eines gemeinsam. Sie haben alle eine nicht greifbare Zwangskomponente, die zuweilen von starken, schwer zu benennenden und noch schwerer auszuhaltenden Emotionen angekurbelt wird. Der mächtigste Ansporn des Geistes ist wohl das Verlangen, Probleme des Wohlergehens und der Sicherheit zu lösen, und zwar *sofort*. Das kann uns soweit treiben, dass wir unsere Probleme durch komplexes Verhalten wie Trinken, Kaufrausch oder oberflächlichen Sex zu „lösen" versuchen, kann aber auch auf subtilere Weise operieren.

Nehmen wir Nancy, eine Frau bei einer Dinnerparty, die sich unbehaglich fühlt; da sind die Formalitäten des Treffens wie auch die Erwartung, mit Fremden in Kontakt zu kommen. Das ist eine Gabe, die sie nie entwickelt hat. Sie steht ungeschickt für sich allein da, ihre soziale Nervosität steigt, da segelt ein Kellner mit einem Tablett mit gebackenen Krabbenhäppchen vorbei.

Nancy hält strikte Diät und ihr ist klar, dass sie über sich selbst enttäuscht sein wird, wenn sie eines nimmt. Sie weiß auch aus ihrer eigenen Vorgeschichte, dass ein einziges Krabbenhäppchen eine haltlose Kette an Überessen für den Rest des Abends in Gang setzen könnte. Dennoch merkt sie, wie sie nach den Krabbenhäppchen greift und mehrere isst, fast so, als ob sie sich nicht beherrschen könne. Ihrer eigenen Voraussicht treu isst sie im Laufe des Abends viel zu viel. Die Versuchung war einfach zu groß.

Später wird sie sich Vorwürfe machen, weil sie ihre Diät nicht einhielt, und es wird ihr richtig leid tun. Derselbe Geist, der sie trieb, nach dem ersten Happen zu greifen, bestraft sie nun mit einer saftigen Dosis Schuldgefühlen dafür. Sie wird mit einem niederschmetternden Gefühl zu Bett gehen und sich fragen, warum sie so beschämend wenig Selbstbeherrschung hat.

Vielleicht ist es nicht besonders nützlich, ihr Verhalten als „Mangel an Selbstbeherrschung" zu betrachten. Vielleicht ist es sinnvoller, es als Problemlösungsverhalten zu sehen. Denn der Geist kümmert sich die ganze Zeit um uns, wenn auch manchmal recht kurzsichtig.

In Nancys Fall löste der Griff zu dem Krabbenhäppchen zwei Probleme auf einmal. Zum einen war es die Lösung für das ständige Problem der Kalorienzufuhr. (Jedenfalls war das ein ständiges Problem für unsere Vorfahren, die sich mit gesalzenen, fettigen Krabbenhappen vollgestopft hätten, weil sie wahrscheinlich wochenlang kein Salz und Fett mehr bekommen hätten.) Dies Bedürfnis zu befriedigen ist ein gutes Gefühl. Und der Geist mag gute Gefühle.

Zum zweiten, und etwas subtiler, lenkte der Krabbenhappen sie momentweise von dem Unbehagen wegen ihrer Kontaktscheu ab. Die Vermeidung des Unbehagens ist eines der vorrangigen Ziele in unserem Geist.

So erfüllte der Krabbenhappen zwei Funktionen: Er erlöste sie von ihren Qualen und verschaffte ihr obendrein Genuss – zwei Belohnungen für ein einziges Handeln. Kein Wunder, dass Nancys Krabbenzwang übermächtig wurde.

Die duale Funktion beschleunigt Probleme wie übermäßiges Essen bis hin zu Suchtverhalten. Das ist ein unauslöschlicher Charakterzug des Geistes, und ihn zu überwinden ist eine riesige Herausforderung. Und ja, derartiges Verhalten beginnt bei der Überlebenslogik. Wenn wir Durst haben, macht der Geist das Besorgen von Wasser zur höchsten Priorität. Wenn uns etwas weh tut, auch emotional schmerzt, ist es die Aufgabe unseres Geistes, sofortige Linderung zu suchen.

In diesem Kapitel betrachten wir, wie diese Überlebenslogik operiert und wie wir damit umgehen können. Oft, und besonders in Suchtangelegenheiten, ist es das Beste, sich professionelle Hilfe zu suchen. Aber wir werden einige der Gründe darlegen, warum der Geist so große Überredungskunst hat und wie er damit paradoxerweise so oft Öl ins Feuer gießt. Nancy war gezwungen, so zu handeln, damit sie sich gut fühlen und ihren Stress mildern konnte, aber am Ende fühlte sie sich dann viel schlechter.

Wie der Geist mit sich selbst im Wettstreit liegt

Manchmal hat es den Anschein, als ob der menschliche Geist ein riesiges Bündel von miteinander wettstreitenden Impulsen sei – und das mag sogar der Wahrheit entsprechen. Wir befinden uns immer wieder in einem inneren Ringen um Eventualitäten. Unser höheres, rationales Denken verfolgt langfristige Ziele, während der primitive Geist unmittelbare Genugtuung sucht.

Was würde geschehen, wenn wir eine Hälfte der Gleichung entfernen und die eine oder andere Seite ausbremsen? Wenn wir dem rationalen Geist einen Maulkorb anlegen, hat der primitive Geist dann freien Lauf oder zumindest größeren Einfluss auf uns? Die Antwort scheint ja zu lauten. Das scheint genau eine der Nachwirkungen bei *Schädelhirntraumen* zu sein.

Den *präfrontalen Cortex* – den direkt oberhalb der Augen liegenden Bereich des Gehirns – können wir uns als Sitz unseren höheren, rationalen Geistes vorstellen. Er wird in Verbindung gebracht mit Urteilskraft, Vernunft, Impulskontrolle und Flexibilität des Verhaltens – oder, in psychologischem Kurzjargon, mit unseren *Exekutivfunktionen*. Wegen seiner relativ isolierten Position im Gehirn und der Nähe zu den knochigen Schädelstrukturen ist der präfrontale Cortex besonders empfindlich gegenüber Stößen an den Kopf oder gegenüber schnellem Beschleunigen, wie es bei Autounfällen vorkommen kann.

Wenn der frontale Cortex beschädigt wird, leidet unsere Fähigkeit zur Mäßigung unserer Reaktionen (Wood 2001). Wenn die höhere Vernunft von dem primitiven Denken abgeschnitten ist und nicht mehr regulierend eingreift, neigt unser Verhalten zu stärkerer Impulsivität.

Im Gegensatz zum präfrontalen Cortex liegt das *limbische System* tief und geschützt im Innern des Gehirns. Dies System ist zuständig für Reize, Antriebe und emotionales Verhalten – die Domänen des primitiven Geistes. In einer sehr vereinfachten Darstellung können wir uns ein Schädelhirntrauma (es gibt noch viel Unerforschtes auf dem Gebiet) als ein Ereignis vorstellen, das die Fähigkeit zur Drosselung der eigenen Impulse einschränkt, dabei aber die Impulse intakt lässt. Mit anderen Worten, der emotionale Motor läuft, aber die Bremsen sind unzuverlässig. Einige der Verhaltensauffälligkeiten, die von Verletzungen des präfrontalen Cortex herrühren, sind von Psychologen unter dem Begriff der *exekutiven Dysfunktion* zusammengefasst worden. Zu den Symptomen gehören Reizbarkeit, Impulsivität und reduzierte Frustrationstoleranz (Smith 2006).

Phineas Gage ist ein Mann, dessen Schädelhirntrauma in fast jedem Psychologiestudium gleich zu Beginn auf dem Stundenplan steht, als Prototyp für die sozialen und Verhaltensstörungen, die infolge der Hirnverletzung entstehen können. Gage arbeitete als Vorarbeiter an einer Schienenbaustrecke in Cavendish, Vermont, als ihm am 13. September 1848, ausgelöst durch eine versehentliche Explosion, eine Walzenstange durch den Kopf schoss.

Die Verletzung von Gage war der erste schriftliche Fallbericht einer schweren Beschädigung des ventromedialen präfrontalen Cortex – ein Großteil der linken Vorderseite seines Gehirns war durch den Unfall zerstört worden (Wagar und Thargard 2004). Nach seiner anfänglichen Gesundung waren seine Freunde und Familie entsetzt, was aus dem geselligen, ausgeglichenen, effektiven Vorarbeiter, der Gage einst war, nun geworden war. Er wurde zum Schandmaul, ohne Respekt, unkonzentriert und unfähig, in seinem Beruf, in dem er früher so hervorragend war, weiterzumachen.

Die Verletzung von Gage veranschaulicht die modulare Bauweise des menschlichen Gehirns ebenso wie die Tatsache, dass verschiedene Systeme manchmal gegeneinander arbeiten (der primitive Geist treibt uns dazu, handgreiflich zu werden, falls uns jemand nicht passt, während der rationale Geist nach zivilisierteren Verhaltensweisen verlangt). Relativ ungehindert beherrschten nun die primitiven Hirnanteile das Verhalten von Phineas Gage. Seine Verletzung brachte die Gedanken, Gefühle und Impulse des primitiven Geistes an die Oberfläche.

Wir wissen, dass der primitive Geist eine unerschöpfliche Lernmaschine ist. Eine Art des Lernens findet durch Interaktionen mit der Umwelt statt und wir speichern im Gedächtnis, welche Folgen unsere Handlungen auf die Umwelt haben. Dies ist das ABC-Lernmodell (engl. antecedent-behavioral-consequence-learning), das zusammen mit der Geschichte von Phineas Gage in jedem seriösen Grundkurs für Psychologie gelehrt wird.

Wenn beispielsweise ein kleines Kind ein buntes Sortiment Bonbons am Ladenausgang entdeckt (Auslöser oder Bedingungselement), könnte es schreien: „Ich will das haben, ich will das haben!" (Verhalten), bis seine Eltern ihm Süßigkeiten kaufen (Konsequenz). Wir können sicher sein, dass er sich an diese Antwort erinnert und bei der nächsten Gelegenheit dasselbe Verhalten anwendet.

Es scheint, dass der Geist den Konsequenzen auf verschiedenen Ebenen nachspürt, der primitive Geist drängt zur Sofortbefriedigung, während der höhere, rationale Geist uns in Richtung höherer Ziele und langfristiger Nutzen drängt. Genau das erfuhr Nancy auf ihrer Dinnerparty. Ihr primitiver Geist sah die Krabben und rief, bildlich gesprochen: „Ich will das haben, ich will das haben!", während ihr höherer, rationaler Geist sie zu längerfristigen, wichtigeren Zielen drängen wollte, wie etwa auf ein gesundes Gewicht zu achten.

„Ich will das haben, ich will das haben!" wird nie verschwinden. Der primitive Geist ist ständig auf der Suche nach sofortiger Erfüllung, und gewinnt oft genug, wie bei Nancy.

Doch zurück zu unserer ursprünglichen Frage – was würde geschehen, wenn wir den rationalen Geist mundtot machten und dem primitiven Geist freien Lauf ließen? Wo immer er auftritt, zeigt der primitive Geist seine Natur in vollen Konturen, wie im Falle des Phineas Gage. Und illustriert im Kontrast dazu die Natur des rationalen, höheren Denkens. Unsere weiter entwickelten Hirnstrukturen schirmen uns vor den Konsequenzen unserer eigenen Impulsivität ab.

Umgekehrt sind wir ähnlich beeinträchtigt, wenn nicht noch stärker, ohne die Triebe des primitiven Geistes. Bedenken wir, was geschieht, wenn die Amygdalae beschädigt sind (die mandelförmigen Strukturen tief im Inneren des Gehirns, von denen im fünften Kapitel die Rede war). Tiere, die an derartigen Schäden leiden, verlieren ihre Angst vor Gefahrensituationen und werden übertrieben zutraulich, neben anderen emotionalen und Verhaltensauffälligkeiten (Klüver und Bucy 1939). Bei Menschen mit geschädigten Amygdalae geht auch die Fähigkeit zur Vermeidung riskanter Geldgeschäfte verloren, sie werfen ihr Geld bereitwillig an sichere Verlustgeschäfte weg (de Martino, Camerer und Adolphs 2010). Fast so, als ob sie ihren nützlichen Pessimismus verloren haben.

Und die Lektion hieraus? Abgesehen von der Tatsache, dass Gaben wie Angst und Pessimismus genauso leicht verloren gehen können wie die höheren Funktionen (etwa Takt und Beherrschung), wird der primitive Geist uns immer in primitive Richtungen drängen, und immer zu sofortiger Befriedigung. Er wird uns drängen, noch einen sprichwörtlichen Krabbenhappen zu nehmen, zum Henker mit den Langzeitfolgen. Es liegt an uns, den Weitblick nicht zu verlieren und den primitiven Geist in seine Schranken zu weisen.

Der natürliche Drang nach Sofortbefriedigung

Manchmal lassen sich unsere inneren Kämpfe auf einen Wettkampf zwischen kurzfristigen und langfristigen Folgen reduzieren. Geben wir der kleinen Gaumenfreude nach, die uns Genuss verschafft und Unbehagen mildert, oder streben wir nach höheren, weniger greifbaren Zielen?

Oft wählen wir das kurzfristige Vergnügen, weil die Langzeitfolgen im Augenblick der Entscheidung abwesend sind. Wenn uns Beschwerden oder Begierden plagen, sind die kurzzeitigen Folgen in unserem unmittelbaren Erleben vorherrschend und haben größeren Einfluss auf unser Verhalten (Ramnerö und Törneke 2008).

In jüngeren Kindern ist der Trieb nach sofortiger Befriedigung offen sichtbar, bis sie die unschätzbare und einzigartige menschliche Gabe erwerben, nach weiter entfernten Zielen zu streben. Ende der 60er Jahre führte der Psychologe Walter Mischel eines der berühmtesten Experimente durch: Er gab Vier- und Fünfjährigen *Marshmallows*. Natürlich war ein Haken dabei.

Während des Experimentes führte Dr. Mischel das Kind in einen Raum mit einem Tisch und einem *Marshmallow*. Er sagte dem Kind, dass er den Raum für fünfzehn Minuten verlassen würde, und während dieser Zeit könne das Kind das *Marshmallow* essen. Allerdings könnte es *zwei* davon bekommen, wenn es warten könnte, bis er zurückkommt.

Nur etwa 30 % der Kinder waren imstande, die Belohnung aufzuschieben und das *Marshmallow* auf dem Tisch fünfzehn Minuten lang – und das ist für ein kleines Kind sehr lange – zu ignorieren. Einige Kinder aßen das *Marshmallow* gleich. Die übrigen warteten etwa dreißig Sekunden, während sie unverwandt auf das *Marshmallow* starrten, bevor sie es aßen (Lehrer 2009).

Der Trieb zur Sofortbelohnung kann so mächtig sein, dass er uns gegen unser besseres Wissen handeln lässt. Intellektuell weiß jedes Kind, dass zwei *Marshmallows* besser sind als eines, aber im Eifer des Gefechts siegt dieser unbezwingbare Impuls des primitiven Geistes. Mit der Zeit und den Erfahrungen lernen wir, solches Verlangen zu mäßigen, aber der primitive Antrieb geht nie verloren. Er ist immer bereit, den Köder zu schnappen, auch wenn wir besser dran wären, wenn wir auf die Sofortlösung verzichten könnten. Untersuchungen wie die von Walter Mischel zeigen uns, wie wir mit solchen Impulsen am sinnvollsten umgehen.

Das Sofortbelohnungsmuster durchbrechen

Im Kampf um die Eventualitäten zahlt es sich aus, den primitiven Geist in seine Schranken zu weisen. Dr. Mischels Arbeit war mehr als nur ein interessantes Experiment mit Vorschulkindern, wie weit sie Belohnungen aufschieben können. Er beobachtete die Kinder weiter bis ins junge Erwachsenenalter und konnte feststellen, dass diejenigen, die als Kinder das Warten auf beide *Marshmallows* aushalten konnten, im Leben viel besser zurechtkamen. Sie waren in der Schule besser, sie waren zielstrebiger und hatten bessere Selbstbeherrschung. Sie konnten Versuchungen leichter widerstehen, Frustrationen aushalten und mit Stress umgehen (Mischel, Shoda und Rodriguez 1989). Auch wenn der primitive Geist es gut meint, tut uns das nicht immer gut.

Das Rezept, wie wir das Muster der Sofortbelohnung durchbrechen können, ist ziemlich geradlinig, aber nicht besonders einfach. Wenn der Geist auf etwas fixiert ist, ist es schon verzwickt, dagegen anzugehen. Es erfordert, dass wir den Reizen widerstehen können, aber ohne der Gedankenunterdrückung in die Falle zu gehen. In Kapitel 1 sahen wir beispielsweise, wie das Unterdrücken von Gedanken ans Essen die Tendenz zu Fressorgien noch erhöht.

Sinnvoller ist es, den Reiz zu bemerken und sich dann für ein anderes Verhalten zu entscheiden. Wir können ihn ignorieren, sollten aber nicht versuchen, ihn zu eliminieren. Behandeln wir ihn wie einen lauten und störenden Hund in der Zimmerecke. Wir müssen nicht auf ihn eingehen, sondern können mit unseren Aufgaben weitermachen, während er im Zimmer ist. Im amerikanischen Psychologenjargon wird das *ERP* (exposure with response prevention) genannt und meint Beanspruchung bei gleichzeitiger Reaktionsverhütung. Wir können mit den Reizen Kontakt aufnehmen, die unser Verhalten bisher bestimmt haben, aber uns die sofortige Befriedigung versagen.

Es scheint, dass er genau das ist, was die erfolgreichen 30 Prozent der Kinder in Dr. Mischels Experiment taten. Eine der Strategien, die die Kinder zu Hilfe nahmen, bezeichnet Dr. Mischel treffend als „strategische Aufmerksamkeitslenkung".

Anstatt sich auf das *Marshmallow* zu fixieren, lenkten die Kinder sich selbst ab, indem sie sich etwa die Augen zuhielten, etwas sangen oder unter dem Tisch versteckten. Wir können sicher sein, dass sie das Verlangen nach dem *Marshmallow* nicht eliminierten, sie haben einfach ihre Aufmerksamkeit auf andere Dinge gerichtet und sich mit anderen Dingen beschäftigt (Lehrer 2009).

Indem sie ihre eigene Blickrichtung veränderten, gelang den Kindern etwas Bedeutsames. Sie schirmten sich vor den Sinnesreizen des *Marshmallows* ab – vor dem Duft, der Konsistenz, der Puderschicht. Sie wichen den verführerischen Merkmalen des *Marshmallows* aus. So weit wir wissen, versuchten sie nicht, ihren Gedanken auszuweichen, denn das ist nicht möglich. Sie vermieden die verlockendsten Aspekte des *Marshmallows* selbst. (*Marshmallows* sind vermeidbar, der Wunsch nach *Marshmallows* aber nicht.)

Wenn die Kinder diesen verlockenden Merkmalen aus dem Weg gingen, konnten sie leichter standhaft bleiben und höhere Ziele verfolgen. Die erfolgreichen Kinder verlagerten ihre Blickweise von den Sinnesreizen auf die abstrakten, informativen Qualitäten. „Wenn ich warte, bekomme ich zwei." Die Schwerpunktverlagerung von den sinnlichen auf die intellektuellen Elemente macht es leichter, einer Versuchung zu widerstehen (Mischel, Shoda und Rodriguez 1989).

Die Verschiebung der eigenen Aufmerksamkeit und Änderung des Blickwinkels beim Gedanken an das *Marshmallow* ist ungefähr das, was Dr. Mischel die „Versuchung verdunkeln" nennt. Indem wir einen Abstand zwischen uns selbst und der Versuchung schaffen, verringern wir die Chancen, schwach zu werden (Quinn et al. 2010). *Iss den Krabbenhappen! Ich will ihn haben, ich will ihn!* Und wir antworten darauf: *Ich lass mich da nicht reinziehen, ich gehe dem Krabbenhappen aus dem Weg.*

Worauf sich unser Verlangen richtet, ob auf Krabben oder *Marshmallows*, ist nebensächlich. Was zählt, zeigen uns Dr. Mischels Vorschulkinder: Wie gehen wir mit diesen impulsiven Forderungen aus unserem Geist nach sofortiger Befriedigung um? Wir können die Impulse nicht zum Schweigen bringen, aber wir können sie ignorieren – wenigstens eine Zeit lang. Mit zunehmender Praxis wird es leichter. Wie Muskeln durch Training kräftiger werden, kann unser Üben auch die Systeme stärken, mit denen wir Impulsen standhalten. Für diese Fähigkeit braucht es allerdings ein bisschen absichtliches Vermeidungsverhalten.

Bisher habe ich zweifellos den Eindruck erweckt, dass das Vermeiden etwas Gefährliches ist. Tatsächlich hängt es davon ab, was wir vermeiden. In Kapitel 1 haben wir erfahren, dass das Vermeiden unserer eigenen Gedanken und Gefühle ein gefährlicher Weg ist. Der Suchtabhängige, der seine inneren Erfahrungen mit Drogen oder Alkohol betäubt, wird immer höhere Dosierungen brauchen, weil auch die Scham, Reue, Depression und Ängste zunehmen. Eine verlorene Schlacht.

Aber hier reden wir nicht von Gedanken- oder Gefühlsvermeidung. Soweit wir wissen, unternahmen die Kinder in Mischels *Marshmallow*-Experiment nichts, um ihr Verlangen oder ihre Gedanken zu unterdrücken, auch nichts gegen das unruhige Warten. Soweit wir wissen, unterdrückten sie nichts, was in ihrem eigenen Geist vorging.

Das Zielobjekt ihrer Vermeidung befand sich außerhalb ihres Körpers und Geistes. Sie vermieden bestimmte Aspekte des *Marshmallows*. In einigen Fällen versteckten sie sich davor. Dann lenkten sie ihre Gedanken weg von den sinnlich wahrnehmbaren Zügen der *Marshmallows* hin zu abstrakteren Merkmalen der Situation, und diese Umorientierung ist nicht dasselbe wie die gefährliche Gedankenverdrängung. Wir haben die Wahl, worauf wir unsere höheren, rationalen Geisteskräfte jeweils konzentrieren wollen.

Die Vermeidungshaltung der Kinder geschah bewusst und mit Absicht. Vermeidung ist nicht immer schlecht, solange wir das Objekt weise wählen. Betrachten wir drei Strategien zur bewussten und zielgerichteten Vermeidung: die Versuchung verschleiern, den Bus anhalten, ich will aussteigen und einen Schritt nach dem anderen tun.

1. Die Versuchung verdunkeln

Angesichts einer Verlockung können wir tun, was die Kinder taten. Als Erstes entfernen wir uns, und zwar schnell. Als Nancy nach den Happen auf dem Tablett des Kellners schmachtete, wenn auch nur kurz, war genug Zeit, um festzustellen, wie verlockend sie waren. Sie erhaschte einen Hauch der kleinen Delikatessen, sah sie da liegen und begann sich auszumalen, wie sie schmecken würden. Unabsichtlich wurde ihr äußerst bewusst, wie befriedigend es wäre, sie zu essen. Sie erlaubte sich den Blick auf die sofortige Befriedigung in ihrer Reichweite – und wir wissen, welche Kraft sofortige Ergebnisse auf uns haben.

Als Nächstes lenken Sie die Aufmerksamkeit auf abstrakte Züge in der Situation. Nancy hätte sich einen Moment Zeit nehmen können, um sich über ihre Vorsätze und Diät ordentlich ins Gewissen zu reden.

Was Sie als Allererstes angesichts einer Verlockung tun könnten, ist innezuhalten. Laufen Sie weg. Gehen Sie zur Toilette, nach draußen, ändern Sie etwas an Ihrer physischen Situation. Damit versetzen Sie sich in die Lage, das Ganze rationaler zu betrachten, und Sie verhindern, dass die Sache zum Selbstläufer wird.

2. Den Bus anhalten, ich will aussteigen

Manchmal schaffen wir es nicht über die erste Hürde. Es gelingt uns nicht, die Versuchung im Dunkeln zu lassen, und schon sind wir in die Impulse unseres Geistes hineingezogen. Manchmal haben wir die Delikatesse schon im Mund, bevor wir es merken.

Das sind entmutigende Momente – und sie werden vorkommen. *Ich habe schon drei Krabben gegessen und meine Diät ruiniert*, sagt der Geist. *Ich könnte ebenso gut aufgeben.* Aber wir brauchen nicht so weiterzumachen, bloß weil wir so begonnen haben.

Wenn das geschieht, halten Sie an. Machen Sie eine Verschnaufpause. Entfernen Sie sich aus der Situation. Denken Sie an Ihre Werte und die langfristigen Konsequenzen. Es ist nie zu spät für einen Kurswechsel. Der Wandel kommt ruckweise und nur sehr wenige von uns meistern die Verlockungen auf Anhieb.

Wenn Sie Ihren Geist so etwas sagen hören wie *„du hast dein Vorhaben schon gebrochen, also kannst du genauso gut weitermachen"*, dann untersuchen Sie diesen Gedanken bitte auf seinen Nutzwert. Selbst wenn es schon passiert ist, können Sie immer noch üben, anzuhalten. Jedes Mal, wenn Sie innehalten, werden Sie darin besser. Jedes Mal ist eine gute Gelegenheit für Erfolg.

3. Einen Schritt nach dem anderen tun

Manchmal besteht die Sofortbefriedigung darin, etwas *nicht* zu tun – zu Hause bleiben, statt zur Gymnastik zu gehen, Hausaufgaben ungetan lassen oder einem schwierigen Gespräch entgehen. Wenn unser Geist sich stur weigert, sich weiterzubewegen, und unsere Aufmerksamkeit auf die sinnlichen und angenehmen Aspekte des Unterlassens zieht *(Wäre es nicht wunderbar, hier zu sitzen und Kekse zu essen, statt zur Gymnastik zu gehen?)*, ist es oft hilfreich, die Aufgabe in kleine Schritte aufzuteilen.

Der Gedanke an die Anstrengung kann jeden, der sich gern vor sportlicher Betätigung drückt, völlig unter sich begraben. Stattdessen können wir uns die ganz kleinen Schritte auf dem Weg dahin vornehmen. Erst einen Schuh anziehen, dann den anderen. Dann zum Auto gehen, und so fort. Wenn wir die Aufmerksamkeit vom großen Gesamtbild weg lenken und uns den kleinen, durchführbaren Aufgaben zuwenden, können wir schon bald das komplette Training absolviert haben, ganz gegen die Bestrebungen unseres Geistes, uns die Mühsal ersparen zu wollen.

Mit dem Drang nach Schnelllösungen umgehen

Manchmal sucht unser Geist solche Schnelllösungen, um einen Appetit zu stillen. *Ich will eine würzige, fettige Leckerei, und zwar jetzt!* Ein anderes Mal sucht er nach einer schnellen Lösung für etwas anderes: zum Spannungs- oder Angstabbau. Obwohl daran andere physische Systeme beteiligt sind als die bisher besprochenen, sucht der Geist seine schnelle Lösung.

Sucht- und Zwangsstörungen verdeutlichen die Sofortlösung zum Spannungsabbau im Extrem. Die Symptome beinhalten „wiederkehrende Zwangs- oder Suchthandlungen von solchem Ausmaß, dass sie sehr viel Zeit rauben oder erheblichen Stress oder Beeinträchtigungen verursachen" (APA, American Psychological Association 2000). Nach Schätzungen der APA leiden kulturübergreifend zwischen 0.5 und 2.1 Prozent der Bevölkerung irgendwann in ihrem Leben an diesen Symptomen. Wenn Sie selbst eine Zwangsstörung haben, braucht Ihnen niemand zu erklären, welche Qualen dieses Problem mit sich bringt.

Eine Zwangsstörung ist wie ein Krieg zwischen dem rationalen, höheren und dem primitiven Geist. Der primitive Geist hat gelernt, dass bestimmte ritualisierte Verhaltensweisen, wie Hände waschen oder Schlösser prüfen, kurzzeitige Erleichterung von Ängsten verschaffen. Der höhere Geist weiß, dass der Preis dafür mit jeder Wiederholung steigt. Arbeiten bleiben unerledigt, Beziehungen leiden und die scheinbare Irrationalität des Ganzen fühlt sich peinlich an. (Eigentlich ist von der Warte des Geistes aus nichts Irrationales daran. Es ist dann ein Erfolg, wenn die Handlungen die Ängste oder Beschwerden lindern.)

Das Ringen mit den Zwangsstörungen ist wie eine tobende Schlacht im Innern. Der Geist verlangt die Handlungen, die die Beschwerden erfahrungsgemäß verringern (wenn auch nur temporär), während das Vernunftdenken die Folgekosten aufrechnet. Und wie der Hund hinterm Gartenzaun hin und her rennt und hysterisch jeden harmlos vorbeigehenden Fremden anbellt, wird auch das Zwangsmuster mit jeder Wiederholung stärker.

Wie jeder andere Geist strebt auch der zwanghafte Geist danach, zu wissen, dass er in Sicherheit ist. Aber in diesem Fall ist die Sicherheit an ritualisierte Gedanken und Verhaltensmuster gekoppelt, die immer wieder stattfinden sollen. Die einfachste Art, unseren Geist zu beruhigen, ist, seinen Forderungen nachzugeben. Das lockert kurzzeitig den Druck, aber wie der Hund am Gartenzaun bleibt der Geist nicht lange zufrieden.

Ein Geist mit Zwängen unterscheidet sich nicht wirklich von anderen – er produziert nur mehr Ängste und verlangt mehr Handeln als andere. Auch wenn wir seine Natur nicht grundlegend ändern können (jeder Geist sorgt sich), können wir den zwanghaften Geist trainieren.

Um einmal mehr zu veranschaulichen, wie die Modularität des Gehirns operiert und wie wir das zu unserem Vorteil nutzen können –, betrachten wir kurz einige der Schaltungen hinter den Zwangsstörungen.

Zwangsstörungen betreffen einige spezifische Hirnstrukturen, einschließlich des *Nucleus Caudatus*, der tief innen in jeder Gehirnhälfte liegt. Bei Patienten mit Zwangsstörungen zeigen Abbildungsverfahren des Gehirns, dass diese Bereiche ungewöhnlich hohe Energiemengen verbrennen (Linden 2006). Aber sie lassen auch vermuten, dass diese kleinen Ecken des primitiven Geistes trainiert werden können. Erfolgreiche Gesprächstherapie reduziert die Zwangssymptome, währenddessen der *Nucleus Caudatus* auf ein normaleres Maß seiner Basisaktivität zurück pegelt. Wieso?

Die Therapie bei Zwangsstörungen beinhaltet, den geistigen Impulsen die Soforterfüllung zu verweigern und die Aktivität umzulenken. (Klingt vertraut? Die Kinder bei Dr. Mischel würden zustimmen. Es ist ein bisschen wie mit dem Hund, dem wir nicht erlauben, sich am Zaun in eine Panik hineinzusteigern. Der Hund – und unser Geist – werden zunächst protestieren und der Angstpegel steigt womöglich, aber können wir ihnen das verübeln?

Sie versuchen doch nur, eine Katastrophe zu verhindern, so wie sie es sehen.

Wenn wir die Führung übernehmen, beschwichtigend einwirken und den Hund ablenken, wird er schließlich begreifen, dass die Dinge gewöhnlich auch ohne den ganzen Krawall in Ordnung kommen. In ähnlicher Weise lässt der primitive Geist sich dahin erziehen, dass die Dinge schon in Ordnung kommen, auch ohne die ritualisierten Gedanken und Handlungsmuster, mit denen Effektivität vorgetäuscht wird. Das Waschen der Hände, bis sie bluten, löst keine Probleme, aber dem primitiven Geist kann es so vorkommen, weil sich die Anspannung sofort löst. Das Durchschauen dieser Illusion ist schwierig und verlangt, sich den Fakten zu stellen. Wie wir Hunde führen können, können wir auch vom höheren Geist aus bestimmen, was der primitive Geist verlangt.

Es gibt keinen Aus-Schalter, aber Hoffnung

Manchmal will der Geist die Führung übernehmen und uns von unseren Werten abbringen. Er will, dass das Pendel unserer Erfahrungen in einem kleinen, behaglichen Bogen ausschlägt. Sicherheit geht vor.

Die primitiveren Anteile des Geistes verstehen nicht, worauf die höhere Vernunft abzielt. Sie haben andere, manchmal sogar gegensätzliche Motive. Wenn der Geist bemerkt, dass wir Hilfe brauchen – wenn das Pendel zu weit ausschlägt –, schreitet er ein, ob wir das so wollen oder nicht. Und er hat wirksame Werkzeuge zur Verfügung.

Das Gedächtnis für Schmerz und Gefahr ist nahezu unfehlbar. Es kann uns die Bewegungsfreiheit nehmen, auch wenn wir intellektuell einsehen, dass keine Gefahr besteht. Aber das kann es nur, wenn wir vergessen, es im Auge zu behalten, mitfühlend alles annehmen, was es uns gibt, und uns einen festen Stand in unseren höheren Werten sichern. Am Ende bedeutet das Leben mit dem primitiven Geist, dessen Forderungen auch ignorieren zu können und darüber hinauszugehen.

Ich hoffe, dass Sie in diesem Kapitel nützliche Strategien finden konnten, mit denen Sie mit den Impulsen zur Sofortlösung umgehen können. Mitunter entwickeln solche Impulse Gewohnheiten und Abhängigkeiten, die unseren ganzen Anstrengungen trotzen. Wenn Sie mit einem Suchtverhalten oder hochgradigen Ängsten zu ringen haben, ist es sinnvoll, professionelle Hilfe zu suchen.

Bisher haben wir besprochen, wie der Geist funktioniert, wie wir das beobachten können und wie wir den Gehorsam zugunsten höherer Zielsetzungen verweigern können. Manchmal versucht der Geist uns mit Macht zu bezwingen oder er beschleicht uns leise, wenn wir nicht genügend aufpassen. Im letzten Abschnitt nun wollen wir unsere Aufmerksamkeit den höheren Geistesanteilen zuwenden, wie wir diese in guten Zustand halten können, zur Vorbeugung gegen Überfälle aus dem Hinterhalt.

Teil 4

Gemütslage, Lebensstil und psychische Flexibilität

Tantalus, die Gestalt aus der griechischen Mythologie, hatte eine viel versprechende Karriere als Herrscher über die Menschen, bis er die Götter kränkte. Am Anfang stahl er ihr Ambrosia für sein Volk. Dann besiegelte er sein Schicksal, indem er seinen Sohn Pelops als Opfer darbot. Er zerteilte das Kind in Stücke und servierte das den Göttern in einem Pelops-Ragout. Das waren unkluge Maßnahmen von jemandem, der einst an der Tafel des Zeus willkommen gewesen war. Die Götter waren verstimmt, um es milde auszudrücken. Seine Strafe war, auf ewig Gelüste zu empfinden, die außerhalb seiner Reichweite waren.

Die Götter warfen Tantalus in einen klaren, kühlen See, aus dem er nie trinken konnte. Wenn er versuchte, das Wasser zu schöpfen, wich es vor ihm zurück und ließ nur dicken, schwarzen Schlamm zu seinen Füßen zurück. Über seinem Kopf hingen Zweige voller wunderbarer Früchte. Sobald er danach griff, bewegte ein Windstoß den Zweig gerade soweit weg, dass er nicht mehr herankam. Und so existiert Tantalus bis heute im tiefsten Reich der Unterwelt, auf ewig in Folter- und Tantalusqualen.

Unser eigener Geist kann uns in eine ähnliche Situation bringen wie die des Tantalus, wenn er uns vorenthält, was wir am stärksten begehren. Beziehungen, Aktivitäten oder was sonst unsere Werte uns vorgeben, können stundenlang, wochenlang oder fast ein Leben lang unerreichbar scheinen. Der Schuldige ist kein Gott auf dem Olymp, sondern oft unser eigener Gemütszustand.

Stimmungen können die Wahrnehmung unserer Umgebung und die unserer selbst verändern. Mitunter verlieren wir das Gefühl, Herr der Lage zu sein. Stimmungslagen können sogar unser Gedächtnis verändern: In gedrückter Stimmung überlassen wir das Steuer unserem Geist, der uns vor jeder Gefahr bewahrt und uns damit aber völlig unglücklich macht. Aber im Gegensatz zu dem armen Tantalus brauchen wir uns nicht mit der immerwährenden Entbehrung abzufinden. Wenn wir verstehen, wie unsere Gemütszustände funktionieren, und wenn wir einen Lebensstil annehmen, der uns weniger verwundbar macht gegenüber den geistigen Launen und Stimmungen, werden wir psychisch flexibler und frei, unsere geheiligten Werte zu leben.

11

Willkommen im eigenen Gemütszustand

Es ist völlig normal, sich wie ein ganz anderer Mensch, mit ganz anderen Optionen zu fühlen, wenn eine Stimmungslage von unserem Geist Besitz ergreift und die Wahrnehmung färbt. Stimmungen können überall beteiligt und konstant vorhanden sein, oder sie schwanken beunruhigend häufig. In Mallorys Fall beeinflusste ihr Gemütszustand buchstäblich den Verlauf ihres Lebens.

Mallorys Gemütszustand

Mit gerade mal 34 Jahren hat Mallory sich beruflich bereits gut etabliert. Sie leitet ein effizientes und einflussreiches Büro für Informationstechnologie in einem großen Wirtschaftsprüfungsunternehmen. Sie ist geachtet und gefragt und ihr Gehalt ist beachtlich. Ihre Aufgabe bringt noch eine weitere Annehmlichkeit mit sich, doch sie ist sich dessen nur vage bewusst: Ihre Stellung definiert auch die Grenzen und Parameter ihrer Beziehungen. Sie isoliert sie von anderen. Oder zumindest lässt sie es so zu.

Mallory ist ein zutiefst privater Mensch. Der einzige Ort, an dem sie gezwungenermaßen mit anderen Menschen interagiert, ist ihre Arbeitsstelle, und so ist es kein Zufall, dass sie sich dort in anspruchsvoller und sozial formeller Gesellschaft bewegt. Der Professionalismus und geordnete Umgang erlauben ihr, passende Beziehungen mit ihren Mitarbeitern und Untergebenen auf Armeslänge zu unterhalten. Mallory ist für diese Grenzen dankbar. Ohne diese, so fürchtet sie, könnten die alten Muster wieder hochkommen.

Auf früheren Stellen wurde Mallory als launisch, distanziert und ungesellig angesehen. Manchmal war sie die „Büroziege". Sie lachte über die Kränkungen hinweg und prahlte damit, dass sie die am besten organisierte Ziege im ganzen Landkreis war, aber der Spaß sollte ihr über den Schmerz hinweghelfen, den die Bemerkungen verursacht hatten. Witzeln war einfacher als für das zu kämpfen, was sie wirklich wünschte.

Entgegen allem Anschein wünschte sie sich verzweifelt Kontakte zu ihren Mitarbeitern. Sie wollte nach der Arbeit mit ihnen gemeinsam lachen, auf gesellige Veranstaltungen eingeladen werden und an ihrem lockeren Pausengeplänkel teilnehmen. Aber es schien alles so fern und unerreichbar. Etwas Namenloses stand ihr im Weg. Es kam von innen und laugte sie aus. Tag für Tag rang sie mit ihren Gedanken und Gefühlen und wurde davon so erschöpft, dass kaum noch Raum für etwas anderes in ihrem Leben übrig war.

Einmal hat Mallory einer Verwandten anvertraut, dass sie seit ihrem Schulabschluss immer schlechte Laune gehabt habe. Den größten Teil ihres Erwachsenendaseins hatte sie unter *Dysthymie* gelitten – so bezeichnen die Psychologen eine chronisch depressive Stimmungslage, bei der aber die Kriterien für eine schwere Depression fehlen. In diesem Zusammenhang hat sie Gedanken, die sie verachtet, aber nicht verhindern kann.

Mallory erwartet von anderen das Schlimmste und von sich selbst auch, obwohl sie gern optimistischer wäre. Sie bemerkt an anderen am ehesten Ärger und Feindseligkeit, obwohl sie weiß, dass sie das Gute in den Menschen suchen sollte. Sie hat sogar Schwierigkeiten, sich an andere als nur die schlimmsten Erfahrungen aus ihrer Vergangenheit zu erinnern, und hat dabei das Gefühl, sie solle ihr Leben besser wertschätzen. Sie fühlt sich wie ein Gespenst, das durch die Welt der Lebenden wandelt, aber ohne die Dinge so zu sehen wie die anderen oder die Vielfalt des Lebens zu erfahren. Ihre Stimmung lässt alles und jeden stumm und entfremdet erscheinen.

In dem Glauben, dass die Vielfalt des Lebens einfach außerhalb ihrer Reichweite liegt, hat Mallory eine ausreichende Lösung für sich gefunden. Mit einer beruflichen Stellung, die sie vor Vertrautheit und Nähe abschirmt, bleibt sie bei aller Sichtbarkeit unauffällig. Sie hat in der Menge die Einsamkeit gefunden und funktioniert allem Anschein nach auf bewundernswerte Weise. Hier wird sie einfach als distanziert angesehen. Hier passt sie anscheinend hin.

Trau nicht jeder Laune, die dir begegnet

Gemütsverfassung und Wahrnehmung sind unlösbar miteinander verflochten, so scheint es. Die Wahrnehmung beeinflusst unsere Stimmung und, wie wir im Einzelnen untersuchen, beeinflusst die Stimmungslage die Wahrnehmung.

Wahrnehmung und Kontext: Wie der Geist Informationen filtert

Unsere Wahrnehmung ist eine trickreiche Angelegenheit. Die Informationen, die durch die Module im Gehirn und in unser Bewusstsein durchsickern, sind wahrscheinlich nicht so zuverlässig wie wir meinen. Eine Wirkung von Gemütslagen besteht darin, dass sie unsere Wahrnehmung verändern, und zwar auf eine Art und Weise, die wiederum dieselbe Gemütslage, die zu Beginn auf unsere Wahrnehmung einwirkte, verstärkt und aufrechterhält.

Der Kontext wirkt sich auf die Informationen aus, die unser Geist abrufen kann. Beispielsweise mag jemand eine andere Person nur mit Schwierigkeiten wiedererkennen, wenn sie sich außerhalb ihres gewohnten Kontextes begegnen – es ist verwirrend, wenn wir jemand im Supermarkt treffen, den wir bisher nur an unserer Arbeitsstätte gesehen haben.

Zu den Auswirkungen des Kontextes führten Viorica Marian und Margarita Kaushanskaya (2009) ein Experiment durch, in dem sie zweisprachigen Probanden in den beiden Sprachen Englisch und Mandarin Fragen stellten. In einer Frage ging es darum, den Namen einer Statue zu nennen, die mit erhobenem Arm dasteht und in die Ferne blickt. Wenn diese Frage auf Mandarin gestellt wurde, beschrieben die Probanden meistens eine berühmte Statue von Mao Tse Tung; wurde die Frage auf Englisch gestellt, kam als Antwort überwiegend die amerikanische Freiheitsstatue. Außerdem ergab die

Untersuchung, dass die Probanden Informationen leichter abrufen können, wenn die Testfragen in derselben Sprache waren, in der die Information ursprünglich aufgenommen wurde.

Was ist an diesen Ergebnissen wichtig? Sie legen nahe, dass der Geist die Informationen aufgrund ihrer Relevanz und Assoziationen für uns filtert und auswählt.

Die Informationen, die unseren höheren, rationalen Geist erreichen, sind in Hirnbereichen verarbeitet worden, die zwischen Aufmerksamkeit und Gedächtnis vermitteln. Unglücklicherweise sind diese Informationen dann nicht immer die akkuratesten oder nützlichsten. Wenn wir die Arbeitsbekanntschaft im Supermarkt treffen, wäre es doch schön, wenn unser Geist uns den Namen verraten würde oder in welcher Beziehung wir stehen. Das ist aber nicht immer der Fall.

Ein Stückchen Kontext, der eine tief greifende Wirkung auf unsere Wahrnehmung hat, besteht aus der jeweiligen Stimmung. Sadock und Sadocks (2003) beschreiben in *Synopsis of Psychiatry* einleuchtend, was sie unter Stimmung oder Gemütslage verstehen. Sie definieren sie als „tief greifende und anhaltende Emotion einer Person, die ihre Weltwahrnehmung färbt".

Der Kontext besteht nicht nur aus äußeren Variablen wie Ort und Zeit. Der Kontext umfasst auch unsere inneren Zustände. Und Stimmungen sind wie ein starkes Prisma, durch das wir die Welt sehen. Von Emotionen gefärbte Informationen können bemerkenswert unzuverlässig sein. Wie eine neue Linse auf der Kamera das Bild verändert, so verändert eine Stimmung unsere Wahrnehmung. Manchmal dürfen wir unserem Geist unter dem Einfluss von Stimmungen einfach nicht trauen.

Wie Stimmungen die Wahrnehmung färben

Stimmungen können unsere Wahrnehmung der Welt färben und verzerren, und zwar so, dass die Wahrnehmung die jeweilige Stimmung endlos fortsetzt. Das mag ein Grund gewesen sein, warum Mallory so festgefahren war. Je länger sie die Welt durch ihr Stimmungsprisma betrachtet, desto stärker wird das Prisma. Und das Prisma einer schlechten Laune kann buchstäblich sehr einengend sein. Es kann sogar unsere visuelle Wahrnehmung beeinflussen.

Yana Avramova und Kollegen (2010) stellten fest, dass fröhliche Menschen normalerweise ein weiteres Gesichtsfeld haben und mehr auf die globalen Merkmale des Sichtbereichs fokussiert sind. Traurige Menschen dagegen weisen ein engeres Gesichtsfeld auf und sind eher auf spezifische Merkmale im Sichtbereich fokussiert. Traurige Menschen zeigen auch einen stärker am Detail orientierten, analytischen Denkansatz.

Wir mögen intuitiv die „fröhliche" Sichtweise als besser einstufen, aber Avramova und Kollegen treffen keine solche Unterscheidung. Jede Sichtweise ist nützlich. Sie stellen die Hypothese auf, dass negative Stimmungen, die vermutlich dazu da sind, uns für Gefährdungen aus der Umwelt zu sensibilisieren, naturbedingt mit einer Sichtweise einhergehen, die selektiver und wachsamer ist. Positive Stimmungen, die das Wahrnehmungsfeld erweitern, sind das Signal des Geistes, dass die Umwelt wohlwollend ist. Wir können ein bisschen entspannen und alles aufnehmen.

Was bedeutet das in unserem Alltag? Da unser Geist die visuelle Wahrnehmung buchstäblich ausdehnt und verengt, unterliegen wir gewissen Fehlertypen. Wenn wir in Hochstimmung sind, mögen wir relevante Details verpassen; wir mögen wichtige Hinweise aus dem Kontext verpassen, wenn wir in der Gosse liegen.

Letzterer Fehler kann die Tiefstimmung endlos fortsetzen. Wir mögen bei jemandem ein Stirnrunzeln entdecken, aber den Grund dafür übersehen. Wir mögen den Eindruck gewinnen, dass die Person ohne Grund schlecht gelaunt war, und zu viel davon macht unsere Welt zu einem hässlichen Ort.

Diese Schieflage der Wahrnehmung ist an sich noch nicht so dramatisch und trifft nicht auf jeden gleichermaßen zu. Es ist ja nicht so, dass wir bei einem Stimmungsabfall plötzlich einen abgrundtiefen Tunnelblick entwickeln, dennoch übt der visuelle Fokus einen von vielen stimmungsabhängigen Einflüssen auf unsere Wahrnehmung aus. Es gibt noch andere.

Schmidt und Mast (2010) fanden heraus, dass Menschen in negativer Stimmungslage leichter negative Gesichtsausdrücke bei anderen erkennen. Sie haben allerdings größere Schwierigkeiten als neutral gestimmte Menschen, fröhliche Gesichtsausdrücke zu erkennen. Menschen mit positiver Stimmung hingegen erkennen traurige Gesichtsausdrücke nicht so leicht. Es scheint uns schwerer zu fallen, die Gefühlslage anderer zu erkennen, wenn sie sich von unserer eigenen unterscheidet. Das ist eine weitere Wahrnehmungsverzerrung, durch die eine Stimmung perpetuiert wird.

Untersuchungen ergaben einen weiteren Perpetuierungseffekt bei Stimmungen. Wir behalten Informationen leichter, wenn sie zu unserer jeweiligen Stimmung passen. Wenn wir traurig sind, achten wir mehr auf traurige Informationen. Weil wir darauf achten, behalten wir sie leichter (Blaney 1986). Wir erinnern uns auch leichter an Dinge, wenn wir in derselben Gefühlslage sind wie bei der Informationsaufnahme (Kenealy 1997). Wenn wir traurig sind, erinnern wir uns leichter an die traurigen Zeiten, und wenn wir ärgerlich sind, eher an feindselige Geschichten und an das, was wir an anderen auszusetzen haben (Bower 1981).

Durch diese stimmungsgefärbte Übermittlung einer Information, die wir beachten, setzt die Stimmung sich endlos weiter fort. Völlig unabsichtlich kann ein Geist wie der von Mallory ein Leben lang Informationen sammeln, die traurige Gefühle nähren.

Die Stimmung beeinflusst auch unsere Empfänglichkeit für Botschaften. Rene Ziegler (2010) stellte fest, dass Personen sowohl in guter als auch schlechter Stimmung Botschaften weniger gründlich anschauen. Sie täuschen sich leichter als Menschen in neutraler Stimmungslage. Ziegler wies auch darauf hin, dass wir zu größerer Skepsis neigen, wenn eine Botschaft nicht zu unserer Stimmung passt. Umgekehrt nehmen wir Informationen leichter auf, die mit unserer jeweiligen Gefühlslage harmonieren.

Und als ob das noch nicht genug wäre, beeinflusst die Stimmung auch das Gedächtnis. Eine depressive Stimmung reduziert das episodische Erinnern (die Erinnerung an spezifische Ereignisse im Leben), so dass unsere eigene Geschichte schwerer abrufbar ist (Ellis et al. 1985). Sogar unser *implizites Gedächtnis* (das ganzheitlich etwas lernt, ohne dass wir merken, dass wir etwas gelernt haben) wird von negativen Stimmungen verzerrt. Wenn wir bedrückt sind, neigen wir dazu, negativ gefärbte Informationen abzurufen (Watkins et al. 1996).

Dies kann ein weiterer heimtückischer Prozess sein, in dem eine Depression weitere Depression züchtet. Wenn wir in einem Stimmungstief zu einem Bewerbungsgespräch gehen, bemerken wir vielleicht nicht, wie der Geist im Hinterkopf weiter grummelt, misslungene Bewerbungen ins Gedächtnis ruft und unser Verhalten beeinflusst.

Erschwerend kommt hinzu, dass das Unterdrücken von Stimmungen genauso unproduktiv ist wie das Unterdrücken von Gedanken. (Und haben wir nicht gesehen, wie das funktioniert? Wie schwierig war der Versuch, nicht an Affen zu denken?) Unsere Bemühungen, Stimmungen zu unterdrücken, können die Stimmung weiter verschlechtern, besonders dann, wenn wir mit Sorgen beschäftigt sind. Ironischerweise hat unser Geist die Tendenz, sich Sorgen zu machen, wenn wir uns schlecht fühlen (Dalgleish et al. 2009). Stimmungslagen, und besonders die tieferen, können zyklisch wiederkehren und sich selbst reproduzieren.

Mit schlechten Gemütsverfassungen umgehen

Also wie können wir mit diesen Launen umgehen, die die Wahrnehmung vernebeln, das Gedächtnis beeinträchtigen, die Urteilskraft trüben und sich selbst reproduzieren? Wir müssen nicht einfach so daliegen und das hinnehmen, aber wenn wir eine Verkettung von schlechten Stimmungen entwirren wollen, braucht das Geduld, Anstrengungen und sogar ein Handeln entgegen unseren spontanen Eingebungen.

Vielleicht beginnen wir mit unserem altvertrauten Rezept: Wir beobachten, was im Geist passiert, wir sind dankbar für die Schönheit und das Funktionieren und entscheiden dann, ob es uns im Moment nützt oder nicht. Sich aus schlechter Stimmung befreien zu wollen ist wie im Treibsand sein. Je mehr wir strampeln, umso schlimmer wird es. Das Geheimnis besteht darin, den Schmerz anzuerkennen und zu akzeptieren, dass wir unserem Geist nicht trauen können, wenn er damit beschäftigt ist, unsere Wahrnehmung zu färben.

Und das ist keine schlechte Nachricht, denn die Möglichkeit, dass unser Geist uns aus Liebe irreführt, macht Hoffnung. Ich halte das für eine wunderbare Nachricht! In diesem Wissen können wir hoffen, dass unser Geist sich vielleicht – womöglich – diesmal täuschen *könnte*. Daraus erwächst die Möglichkeit, über das, was der Geist uns anbietet, hinauszusehen, und die Hoffnung, dass bessere Tage kommen werden.

Mein Geist könnte sich täuschen

Das Annehmen dessen, was der Geist uns anbietet – einschließlich der Launen und aller anderen Phänomene – kann sich wirklich auszahlen. Amanda Shallcross und Kollegen (2010) bemerkten, dass emotionale Akzeptanz viel mehr sein kann als eine philosophische Wohlfühlplatitüde. Es ist eine effektive Bewältigungsstrategie, auch wenn unsere schlechten Stimmungen eine direkte Widerspiegelung von Schwierigkeiten im Leben sind. Nach Shallcross vermindert die Akzeptanz unangenehmer Emotionen, auch während schwieriger Phasen, die negativen Affekthandlungen. Viele Menschen haben mir von der Befürchtung berichtet, dass ihre Emotionen außer Kontrolle geraten, wenn sie sich in die Erfahrung hineinbegeben. Genau das Gegenteil scheint der Fall zu sein.

Die Akzeptanz negativer Emotionen muss auch bedeuten, dass wir die Möglichkeit einräumen, dass die Wahrnehmung gefärbt sein könnte und dass wir nicht allem trauen müssen, was aus dem Geist kommt. Das kann eine schwierige Aufgabe sein. Der Mensch verabscheut von Natur aus Uneindeutigkeiten. Der Geist drängt uns zum Verstehen, besonders dann, wenn es ein Problem gibt, das gelöst werden muss. Es ist aber möglich, die Unklarheit auszuhalten, und es kann sogar nützlich sein.

Jedenfalls traf das auf eine meiner Klientinnen zu, die wegen ihrer Depression zu mir kam. Sie fühlte sich eine Zeit lang wohl, bis ein stressgeladenes Ereignis in ihrem Leben sie entmutigte. Ihre mutlosen Stimmungen waren begleitet von ziemlich paranoiden Vorstellungen. Wenn sie deprimiert war, nahm sie an, dass die anderen ihr übel wollten, und witterte das Schlechteste hinter ihren Absichten. Einmal lud eine Mitarbeiterin sie harmlos zum Mittagessen ein. Meine Klientin, die gerade eine depressive Phase durchmachte, nahm an, dass die Frau sie einlud, um an Informationen zu kommen und diese dann zum Erpressen oder Manipulieren zu nutzen.

Aber es waren die Schwierigkeiten mit ihrem Freund, die sie schließlich zu mir führten. Während ihrer depressiven Phasen machte sie ihm unbegründete Vorhaltungen. Es war für sie, als ob ein völlig anderer Mensch in ihr steckte, der in den dunklen Momenten die Führung übernahm, harmlose Worte und Handlungen von anderen verdrehte und unheilvolle Verschwörungen witterte.

Solange sie in einer depressiven Phase war, fiel es ihr schwer, die Unstimmigkeiten in ihrem Denken zu erkennen. In der schlechten Stimmung und getrübten Wahrnehmung fühlten sie sich real an. Wir praktizierten Beobachtungstechniken, wie in einigen Kapiteln beschrieben, und mit zunehmender Praxis lernte sie, sich an die Möglichkeit zu halten, dass ihr Geist sich auch täuschen könnte. Obwohl ihre Gedanken sich in der tiefen Phase real anfühlten, wusste sie gleichzeitig, dass dieselben Gedanken ihr vor kurzem noch falsch vorkamen und dass sie in naher Zukunft auch wieder falsch sein konnten. Das reichte schon, damit sie ihre Gedanken nicht mehr allzu ernst nahm.

Mit dem Wissen, dass ihre Gedanken und Stimmungen vorübergehen würden, und mit dem Erkennen der nicht vertrauenswürdigen Gedanken – etwa *Mein Freund wird mich nie verstehen* oder *Er verletzt meine Gefühle absichtlich, um mich zu vertreiben* – konnte sie ihre Stimmungen leichter aushalten. Selbst in ihren trübsten Momenten sagte ihr die Erfahrung, dass sie vorübergehen würden. Es überrascht nicht, dass ihre depressiven Phasen weniger häufig und weniger intensiv auftraten. Sie brauchte Übung, aber am Ende plagten die alten Gedanken sie einfach nicht mehr so sehr. Wie eine störende Radioreklame würden ihre Gedanken schon bald weiterziehen, und es gab keinen Grund, ihnen nachzugeben oder auf sie einzugehen.

Eingangs im dritten Kapitel erwähnten wir die Rennbahnmetapher. Mit der Praxis lernen wir, die Gedanken so zu beobachten, als ob wir von der Tribüne aus den Rennwagen zuschauen. Unsere Stimmungen erschweren das Beobachten außerordentlich. Schlechte Stimmungen können uns drängen, als Fahrer am Rennen teilzunehmen, anstatt nur als Beobachter auf der Tribüne. Anstatt unsere Gedanken ganz unbeteiligt vorüberziehen zu lassen, mischen wir uns verzweifelt ein, um einen Zusammenstoß zu verhindern.

In solchen Momenten können wir lernen, uns aus dem Renngeschehen zu befreien – wir lösen uns aus dem Griff, den die Gedanken über uns hatten –, indem wir einfach die Möglichkeit einräumen, dass sie ja nicht stimmen müssen.

Das Leben erlaubt uns nicht immer, einfach darauf zu warten, bis unser Geist mit der Wirklichkeit übereinstimmt. Wir müssen in unserer Welt handeln. Wir müssen arbeiten gehen, Beziehungen unterhalten und ansonsten unser Leben führen. Die Frage, die unsere dunkelsten Momente stellen, ob unser Handeln auf Informationen beruht, die aus einem deprimierten, missempfindenden Geist stammen – auf Informationen, die gar nicht stimmen müssen.

Konträres Handeln: auf Werte zustreben

In Kapitel 6 ging es um Werte; wie wir sie definieren und uns an ihnen orientieren, wenn uns der Geist in andere Richtungen zieht. Auf dem Papier sieht alles gut aus, aber eine Depression kann die Wertorientierung erheblich verkomplizieren. Denken wir an Mallory. Enger Kontakt mit anderen gehört zu ihren Werten, aber jahrelang steht ihre Depression wie eine Steinwand im Weg. Mallorys Werte sind in ferner Erinnerung verschwunden. Wenn sie sie wieder haben will, braucht es eine gehörige Anstrengung, es ist aber machbar.

Eine der sinnvollsten Techniken, die ich als Starthilfe in die Wertorientierung gefunden habe, ist das *konträre Verhalten* aus Marsha Linehans (1993) dialektischer Verhaltenstherapie. Während ihre Therapie in erster Linie für Menschen mit ernsthaften Beziehungsproblemen angelegt ist, sind viele der Techniken, einschließlich des konträren Verhaltens, einfach eine gute Praxis für jeden.

Vom Konzept her ist konträres Handeln ganz einfach: Wir befolgen das Gegenteil unserer emotionalen Impulse, falls diese Impulse in der Vergangenheit schädlich für uns waren. Wenn ein Konflikt zwischen Stimmungen und Werten besteht, ignorieren wir die Stimmung und folgen den Werten.

In der Praxis kann das konträre Verhalten eine schwierige Aufgabe sein, weil unser Geist *nicht* mag, wenn wir nicht folgen. Wie bereits besprochen, kann der Geist auf unseren Widerstand mit strafenden Ängsten entgegnen. Ich finde es sinnvoll, konträres Handeln in kleinen Schritten anzugehen.

Nehmen wir Mallorys Situation. Ihre Werte bewegen sie dazu, verbindlich Kontakt zu ihren Mitarbeitern aufzunehmen, aber ihre Stimmungslage schiebt sie in die andere Richtung. Ihre Stimmung wirkt sich auch auf ihre Wahrnehmung aus und sie hat Gedanken, die sie in ihrer selbstauferlegten Isolation bestärken und rechtfertigen. *Mach dir nicht die Mühe, mit ihnen zu reden, denn sie wollen offenbar nichts mit dir zu tun haben.*

Für Mallory würde das konträre Handeln bedeuten, trotz ihrer stimmungsbedingten Gedanken und Bedürfnisse auf die anderen zuzugehen. Wenn sie klein anfangen will, könnte sie einfach auf eine Gruppe Mitarbeiter zugehen, anstatt ihnen auszuweichen, wenn sie sich im Pausenraum unterhalten – eine kleine Handlung, die sie nie ausführen wird, wenn sie weiter ihrer Stimmungslage folgt. Mit zunehmender Praxis wird es ihr leichter fallen, (1) die Diskrepanzen zwischen Stimmungen und Wertvorstellungen zu erkennen und (2) ihren Werten anstelle ihrer Emotionen zu folgen.

Ja, es wird schwierig sein. Sie ist außer Übung, sie wird ängstlich und verlegen sein, wenn sie sich zum ersten Mal in Übereinstimmung mit ihren Werten verhält. Glücklicherweise sind wir Menschen zäh, erfindungsreich und flexibel. Sie hat viele unglückliche Jahre überlebt; sicherlich wird sie mit dem Unbehagen fertig, wenn sie sich nun konträr zu ihren Stimmungen verhält, besonders dann, wenn sie klein anfängt. Wo verlorengegangene Werte auf dem Spiel stehen, müssen wir manchmal erst wieder laufen lernen, bevor wir loslegen können.

Um Dr. Linehan (Rizvi und Linehan 2005) anzuführen: Es gibt ein paar Tipps, wie wir das Konträrverhalten erfolgreich anwenden können. Als Erstes denken wir daran, dass das Ziel lediglich ist, eine belastende Emotion zu erkennen und auf neue Art mit ihr umzugehen, nicht sie zu unterdrücken. Als Zweites gilt es, die konträre Handlung ganz bereitwillig anzunehmen, bis hin zum passenden Gesichtsausdruck, und dabei jeden unkonstruktiven Gedanken zu ignorieren.

In Mallorys Fall könnte das bedeuten, dass sie lächelt, in einem fröhlichen Ton spricht und guten Augenkontakt hält, wenn sie auf ihre Mitarbeiter im Pausenraum zugeht. All das kommt nicht von selbst. Ihr voller Einsatz würde auch bedeuten, dass sie die auftauchenden düsteren oder kritischen Gedanken bemerkt und ignoriert (aber nicht unterdrückt), wenn sie diese ersten Schritte auf wertegesteuertes Handeln zu macht. Nun schauen wir uns an, wie konträres Handeln in Ihrem Leben funktionieren könnte.

ÜBUNG

Das Gegenteil tun

Für diese Übung suchen Sie sich eine Situation aus Ihrem Leben, in der Ihr Verhalten nicht mit Ihren Werten übereinstimmt, weil Ihr Geist vielleicht emotionale Hürden wie Mallorys depressive Verstimmung aufstellt.

Folgen Sie Mallorys Beispiel und finden Sie einen oder zwei kleine Schritte im Dienst Ihrer Werte, mit denen Sie beginnen können. Wichtig ist, klein anzufangen. Denken wir daran, dass Mallory wahrscheinlich nicht damit beginnen sollte, Dinner-Partys oder andere größere Gesellschaften zu geben. Stattdessen könnte ihr erstes Ziel einfach darin bestehen, eine Gruppe Mitarbeiter anzusprechen, anstatt ihnen auszuweichen, wie es ihr Geist und ihre Stimmung ihr vorschreibt.

Sobald Sie ein kleines Ziel gefunden haben, planen Sie, wie es geschehen kann. Wählen Sie Zeit und Ort, falls möglich, und entscheiden Sie, was Sie vollbringen wollen. Mallory könnte sich beispielsweise vornehmen, Hallo zu sagen, zu lächeln und Augenkontakt zu einigen Personen zu suchen, aber nicht unbedingt, sie beim ersten Mal in eine längere Unterhaltung zu verwickeln.

Sobald Sie sich darauf einlassen, das Gegenteil zu tun, müssen Sie wissen, dass der Geist protestieren wird. Sie spüren vielleicht Beklemmung, quälende Gedanken und alle möglichen Gefühle aufsteigen. Denken Sie daran, sie als das anzusehen, was sie sind: nichts anderes als Aktivitäten des Geistes. Sie werden vorbeigehen. Nachdem Sie die Übung beendet haben, schreiben Sie Ihre Erfahrung auf. Vergessen Sie nicht, wie wichtig es ist, unser inneres Erleben in Worte zu fassen, damit die vagen, ominösen Gedanken und Gefühle, die unser Geist so gut und gerne hervorbringt, nicht übermächtig werden. Hat es sich gelohnt, gegen die Vorschriften des Geistes zu verstoßen? Hat es Sie Ihren Werten näher gebracht? Wäre es sinnvoll, das wieder zu tun? Nur Sie selbst können sich diese Fragen beantworten.

Medikamente einnehmen oder nicht?

Was ist mit Antidepressiva? Wäre das eine gute Wahl für jemanden in Mallorys Lage? Je nachdem. Stimmungstiefs und Depressionen kommen in vielen Schattierungen vor und für die wirksame Behandlung ist eine einwandfreie Diagnose maßgebend.

Für ein als „schwere Depression" eingestuftes Leiden ist eine Medikation mit Antidepressiva vermutlich die beste Option. Andererseits wäre jemand wie Mallory mit einer reinen Gesprächstherapie besser beraten. Das Ansprechen der Probleme hinter der Depression ist oft viel effektiver und nachhaltiger als Medikation (Dobson et al. 2008).

Medikamente sind nicht immer die erste oder beste Lösung. Im Gegenteil, es gibt überzeugende Belege dafür, dass Antidepressiva in westlichen Ländern routinemäßig missbraucht werden. Jon Jureidini und Anne Tonkin (2006) fanden in einer Studie heraus, dass viele Verschreibungen (ein Drittel oder mehr, je nach Maßnahme und Erhebungsdaten) nicht klinisch indiziert waren oder in Überdosierung oder über unzulässig lange Zeiträume verabreicht wurden.

Nach einer anderen Studie spürt nur ungefähr ein Drittel der Patienten nach der Einnahme von Antidepressiva über einen angemessenen Zeitraum eine Verbesserung (Cascade, Kalali und Blier 2007). Ich vermute, das hat eher mit mangelhaften Diagnosen als mit der Wirksamkeit von Antidepressiva zu tun, weil Patienten, die am meisten profitieren würden, anscheinend unzureichende Medikationen verschrieben bekommen. Zusätzlich zu ihren

Erhebungen über übermäßige Verschreibungen stellten Jureidini und Tonkin außerdem fest, dass weniger als 25 Prozent der US-amerikanischen, kanadischen und europäischen Patienten, die die Kriterien einer schweren Depression erfüllen, geeignete Medikamentenbegleitung erhalten.

Die Verordnung von Medikamenten gegen Angststörungen ist ähnlich heikel. Ängste erscheinen in vielen Spielarten. Wenn die zugrundeliegende Ursache nicht ordentlich geklärt wird, können unpassende Medikamente die Ängste weiter steigern, indem sie ein Vermeidungsmuster erzeugen. Wie wir in Kapitel 5 beschrieben haben, führen Vermeidungsmuster fast immer zu gesteigerten Ängsten.

Psychopharmaka können, richtig angewendet, buchstäblich Leben retten und sie können vergeblich oder verschwendet sein, wenn sie falsch eingesetzt werden. Sie können die Situation sogar verschlimmern. Eine richtige Diagnose und Therapie erfordert ein gründliches Gespräch mit einem erfahrenen Berufspsychologen. Das verlangt Arbeit und ist mühsam, wenn wir mitten in Ängsten oder Depressionen stecken, aber eine sorgfältige Diagnose ist vernünftig investiert und kann zur passenden Behandlung führen.

Unsere Gemütsverfassungen haben eine einmalige Art, unser Verhalten zu lenken und uns von unseren Werten abzubringen, aber das muss nicht so sein. Wir können den Einfluss unserer Stimmungen abbauen, indem wir ihre illusorische und vorübergehende Natur erkennen. Wir können durch gegenteiliges Handeln Schritte auf unsere Werte hin unternehmen. In der richtigen Konstellation können wir auch von Medikamenten profitieren. Im nächsten und letzten Kapitel nehmen wir uns Lebensstile vor, die uns vor der Übermacht von Gedanken und Gefühlen abschirmen können.

12

Sinn für Grundlagen

Luke, Penelope, Andy und Mallory – die kombinierten Fallstudien hier in diesem Buch haben einen universellen Kampf gemeinsam. Nennen wir es ein Hindernis von innen. Sie alle wollen ihr Leben leben, während ihr Geist, mit allen besten Absichten, ihnen im Wege steht. Wie ein wohlwollend beschützender großer Bruder versucht er nur zu helfen. Unsere Protagonisten stecken in einem inneren Tauziehen fest. Sicherheit und Berechenbarkeit liegen am einen Ende und ihre eigenen Werte am anderen.

Auf eine Art erzeugt dieser Kampf ein Gleichgewicht. Solange wir uns mit unserem Geist auseinander setzen, verringern wir die Chancen, uns tiefe Verletzungen zuzufügen. Aber der Preis, den wir für ein Übermaß an Sicherheit zahlen, ist die Stagnation. Luke suchte eine Beziehung; sein Geist trieb ihn dazu, dem Schmerz der Ablehnung auszuweichen. Penelope suchte das pulsierende Leben; ihr Geist bestand darauf, dass sie den Gefahren der Welt aus dem Weg ging. Andy suchte Nähe zu seiner Frau; sein Geist suchte den Trost und die Vorhersagbarkeit in alten Mustern. Mallory wollte energisch und aufgeschlossen sein; ihr Geist vergiftete ihre Wahrnehmung, um sie vor undefinierten Bedrohungen zu beschützen.

Ihnen allen ist letztlich gemeinsam, dass sie ihr eigenes Schicksal nicht steuern und keine Wahl haben. Sie akzeptieren das wenige, das von dem inneren Konflikt zur Welterklärung übriggeblieben ist.

Die Idee des inneren Konfliktes ist nicht neu. Vor langer Zeit beschrieb Sigmund Freud den Konflikt zwischen dem wilden Es und dem moralischen Überich. Freuds bekanntestes Beispiel ist wohl sein Begriff des „Ödipuskomplex", in dem ein junger Mann unterbewusst fantasiert, seinen Vater zu töten, um so seine Mutter besitzen zu können. Da er weiß, dass Mord ein Vergehen ist, geht der junge Mann einen inneren Kompromiss ein und versucht, seinem Vater nachzueifern, damit er die Gegenliebe seiner Mutter auf ehrenwerte Weise verdiene. In Freuds Modell könnte jeder Fehlschlag, diesen inneren Konflikt zu lösen, zu zahllosen ernsthaften Neurosen führen.

Solche frühen Theorien sind zu Recht in Ungnade gefallen, aber die Vorstellung von einem Geist im Konflikt mit sich selbst ist ganz buchstäblich wahr, von konkurrierenden Modulen bis hin zu konkurrierenden Neuronen. Je mehr das Gehirn untersucht wird, umso mehr erfahren wir über die inneren Kämpfe.

Wir haben schon Beispiele gesehen, wie spezifische Strukturen im Gehirn ihre Grenzen übertreten. (Denken wir zurück an den hyperaktiven *Nucleus Caudatus* und seine Rolle bei den Zwangsstörungen, die wir im zehnten Kapitel besprachen). Sogar noch auf der Ebene jedes einzelnen Neurons scheint das Gehirn noch im konstanten Konflikt mit sich selbst zu liegen, und das mag auch von Natur aus so angelegt sein.

Unser Gehirn besitzt einige originelle Mechanismen zur Verknüpfung neuronaler Signale (einige Signale werden durchgeschleust, andere gestoppt), wenn eine Neuronengruppe „*halt!*" und eine andere „*weiter!*" sagt (Vogels und Abbot 2009; Kremkow, Aertsen und Kumar 2010). Für Freud wäre wohl interessant zu hören, dass bei einigen Angstformen unrichtige Verknüpfungen der neuronalen Signale zugrunde liegen (Snyder et al. 2010).

Wir mögen Sigmund Freud in einigen Bereichen als irrig ansehen, aber er war bemerkenswert scharfsinnig mit seinen Theorien über innere Konflikte. Das Einzige, was ihm fehlte, sind unsere jüngsten Forschungsergebnisse, mit denen seine Beobachtungen sich weiter ausfeilen lassen.

Es scheint, als ob das Gehirn uns absichtlich verlangsamt, um uns zum effizienten Funktionieren zu bringen und uns in einer gefährlichen Welt vor Schaden zu bewahren. Und das bringt uns zum Thema Stimmungen. Uns langsamer werden zu lassen und unseren Blickwinkel zu verändern – scheint eine der adaptiven Funktionen bei depressiven Stimmungen zu sein. Das ist alles gut und schön, bis es unseren Wertvorstellungen und unserer psychischen Flexibilität im Wege steht.

Wann wir für den Geist am verwundbarsten sind

Wenn wir die These des vorigen Kapitels noch einmal aufgreifen, können wir unserer Wahrnehmung nicht immer trauen. Wir nehmen die Welt als eine stabile und überschaubare Landschaft wahr, wo doch eigentlich die Informationen, die durchs Gehirn in unser Bewusstsein gefiltert werden, häufig ziemlich verzerrte Sichtweisen darstellen.

Mallory befand sich ganz klar im Konflikt mit ihrem Geist. Sie wollte ihre Werte leben, während ihr Geist andere Pläne für sie hatte. Mit ihrer durch die depressive Verstimmung veränderten Wahrnehmung der anderen, ihrer selbst und sogar ihrer eigenen Geschichte schwand ihr soziales Leben dahin. Da der Geist früher oder später solche Konflikte bereiten wird, lohnt es sich, zu wissen, wie der Geist im Allgemeinen funktioniert. Und genauso wichtig: Es lohnt sich auch, die Marotten und Beschränkungen unseres eigenen Geistes zu verstehen.

Jeder von uns kennt bestimmte Situationen, in denen er für die Bemühungen des Geistes, unsere Flexibilität zu verringern und uns von unseren Werten abzubringen, verwundbar sind. Dem Geist dieses Autoren ist beispielsweise zu bestimmten Zeiten des Tages nicht zu trauen. Es ist fast so, als ob ich zwei deutlich unterschiedliche Geister besäße – einen für den frühen Morgen und einen, der spät abends herauskommt.

Mein Morgengeist ist leicht genervt und unkreativ und neigt dazu, schlecht von anderen zu denken. Mein Abendgeist ist leichtsinnig enthusiastisch. Schwer zu sagen, welcher von ihnen die schlechtere Urteilskraft hat, und es ist eine seltsame Erfahrung, wenn der Morgengeist sich fragt, was um Himmels willen der allzu enthusiastische Abendgeist letzte Nacht wohl gedacht hat. Mit viel, viel Übung habe ich gelernt, sie beide zu erkennen und beide nicht allzu ernst zu nehmen.

Es gibt bestimmte Vorsichtsmaßnahmen, die wir gegen die Wahrnehmungsschwankungen ergreifen können. Die meisten sind gesunder Menschenverstand, obwohl nicht leicht auszumachen. Wenn Ihr Geist ein ängstlicher ist, trinken Sie kein Koffein. Wenn Ihr Geist depressiv ist, meiden Sie den Alkohol. Wenn Ihre Stimmung besonders empfindsam gegenüber niedrigen Blutzuckerwerten ist, essen Sie häufiger.

Es gibt auch abstraktere Komponenten für den Lebensstil, etwa die sozialen Kontakte. Wenn Ihre Stimmung sinkt, wenn sie allein sind, dann sorgen Sie für genügend soziale Kontakte. Sie könnten eine Arbeit mit Kundendienst eher gebrauchen als einen in Computerprogrammierung.

Die Wahl solcher Lebensstile mag aus der Distanz offensichtlich scheinen, aber es ist schrecklich leicht, sie zu übersehen. Das ist der Grund, warum viele 12-Schritt- Suchtentwöhnungsprogramme (im anglo-amerikanischen Sprachraum) das Akronym HALT verwenden. Eine Gedächtnisstütze für die Teilnehmer an dem Programm, dass sie darauf achten sollten, nichts exzessiv werden zu lassen, H für hungry – Hunger, A für angry – Ärger, l für lonely – einsam, oder t für Tired – erschöpft. Diese Verfassungen können uns beschleichen und unwissentlich empfänglich für die Einflüsse des Geistes machen.

Während jeder Geist verschieden funktioniert, gibt es insbesondere drei Dinge, die unsere Immunität ihm gegenüber senken: schlechte Diät, Mangel an körperlicher Betätigung, unzureichender Schlaf. Ich habe sie in meiner Praxis immer wieder hochkommen sehen, sie tragen enorm viel zu Stimmungs- und Angstproblemen bei.

Wie gesunde Gewohnheiten uns dem Geist gegenüber abschirmen

Vernünftige Diät, Schlaf und Bewegung können schlechte Stimmungen und verzerrte Wahrnehmungen auf ein Minimum reduzieren, und sie können uns helfen, zu widerstehen, wenn der Geist uns von unseren Werten abbringen will. Es ist ein einfaches Konzept, aber diese drei Lebensstilkategorien werden leicht übertrumpft, wenn der primitive Geist seine Neigung nach Sofortlösungen einfordert. Wenn wir niedergeschlagen sind, ist das, was für uns am besten wäre, das Letzte, was wir tun wollen. Wer will Bewegung, ausgewogene Mahlzeiten und nach einem anstrengenden Tag früh zu Bett gehen? Es fühlt sich so viel lohnenswerter an – auf kurze Sicht – es sich mit Pizza und Bier vor dem Fernseher gemütlich zu machen. Ach, welche Wohltat!

Aber solche Gewohnheiten geben dem primitiven Geist Macht über uns und schwächen unsere Fähigkeiten, uns von seinen Gedanken und Gefühlen zu distanzieren.

DIÄT

Ich bin bestimmt kein Ernährungsspezialist. Viele Jahre lang funktionierte ich halb im Spaß mit der Theorie, dass mein Körper alle notwendigen Nährstoffe aus eine Tüte Chips und einem Schokoriegel extrahiert. Und ich wunderte mich, wieso ich keine Energie hatte. Abgesehen davon, dass ich mich nicht gesund und ausgewogen ernähre, gibt es drei Substanzen, die in meiner Praxis immer wieder auftauchen und das Leben meiner Klienten unnötig erschweren: Zucker, Koffein und Alkohol. Wenn wir diese Substanzen in den Griff bekommen, wird das Leben mit einem menschlichen Geist um vieles einfacher.

ZUCKER

In ihrer Studie von 2002 wiesen Arthur Westover und Lauren Marangell auf eine hochsignifikante Korrelation zwischen Konsum von raffiniertem Zucker und den jährlichen Depressionsraten hin. Sie hüteten sich davor, einen kausalen Zusammenhang zwischen Zucker und Depression herzustellen, doch je mehr man konsumiert, umso wahrscheinlicher wird man Opfer einer Depression. Der Untersuchung zufolge haben unsere Vorfahren vor etwa 35 Millionen Jahren ihr Verlangen nach Zucker entdeckt, aber raffinierter Zucker war in Mitteleuropa bis zum 16. Jahrhundert unbekannt.

Anscheinend ist die Begierde nach Zucker in uns angelegt, weil er in der natürlichen Umwelt so schwer zu finden ist – aber wir sind nicht dazu gebaut, ihn schrankenlos zu konsumieren.

Es gibt die Hypothese, dass Menschen, die leicht niedergeschlagenen sind, zu Zucker und einfachen Kohlenhydraten greifen, weil diese einen Anstieg des Neurotransmitters Serotonin erzeugen. Eine Zunahme des Serotonin wiederum führt zu einem zeitweiligen Stimmungshoch. Unglückliche Menschen neigen zu kalorienreichem Essen und verzeichnen eine Stimmungsaufhellung nach dem Essen (Corsica und Spring 2008).

Aber Menschen, die sich einfach nur Kalorien zuführen, erreichen auf lange Sicht wahrscheinlich das Gegenteil. Zu viel Zucker auf einmal führt dazu, dass der Körper den Zucker neutralisiert, und das Ergebnis sind niedrigere Blutzuckerwerte. Das kann zu Energielosigkeit und Reizbarkeit führen, besonders während kognitiv anspruchsvoller Aufgaben (Benton 2002). Das wiederum erzeugt ein Verlangen nach noch mehr Zucker. Wir sehen, wie ein Teufelskreis aus achterbahnähnlichen Stimmungsschwankungen entstehen kann und jemanden besonders für unangenehme Wahrnehmungen oder Gedanken anfällig macht.

Die Antwort? Versorgen Sie Körper und Geist mit einem stetigen Energiefluss. Komplexe Kohlehydrate wie Vollkornprodukte werden langsam verdaut und sorgen für einen stetigen Energiefluss. Eine Studie von Felice Jacka und Kollegen (2010) ergab, dass Frauen, die sich von Obst, Gemüse, Fleisch und Vollkornprodukten ernähren, niedrigeres Vorkommen von Depression aufweisen als jene, die viel gebratene und Fertignahrung zu sich nehmen.

Was das Richtige für Sie ist? Wenden Sie sich an einen Ernährungsspezialisten und finden Sie durch Experimentieren heraus, was am besten funktioniert. Meine Erfahrung ist, dass Personen, die ihre Diät von fertigen, zuckerhaltigen Produkten auf eine ausgewogene Mischung aus komplexen Kohlehydraten, Proteinen und Fetten umstellten, eine Verbesserung ihrer Stimmungslage und Angstproblematik feststellten. Zumindest sind sie besser dafür ausgerüstet, ihre Gedanken aus sicherer Entfernung zu beobachten.

KOFFEIN

Nach Meldungen der *APA* (*American Psychiatric Association* 2000) ist Koffein in den Vereinigten Staaten allgegenwärtig, mit einem durchschnittlichen Tageskonsum von 200 Milligramm, wobei etwa 30 Prozent der Amerikaner über 500 Milligramm und mehr täglich konsumieren.

Was könnte man am Koffein nicht lieben? Es hebt die Energie und fördert kognitive Fähigkeiten. Eine frühe Studie zu den Auswirkungen von Koffein ergab auf Trimm-Dich-Rädern eine Leistungssteigerung um 7 Prozent, während die Teilnehmer ihre Leistung als unverändert wahrnahmen (Ivy et al. 1979).

Für die meisten von uns ist der Umgang mit Koffein kein Problem, aber Personen, die anfällig sind für bestimmte Arten von Ängsten, Panikattacken oder soziale Ängste, sind durch Koffeinkonsum einfach stärker gefährdet (Nardi et al. 2009). Wer mit Ängsten irgendwelcher Art zu kämpfen hat, ist ohne Koffein besser dran.

Koffein kann auch eigene Angst- und Schlafstörungen erzeugen, und zu viel davon kann zu Symptomen wie Nervosität, aber auch beschleunigter Herzfrequenz oder Herzrhythmusstörungen führen (American Psychiatric Association 2000). Und mit seiner langen Halbwertszeit kann Koffein die Schlafzyklen ruinieren, besonders dann, wenn es gegen Abend konsumiert wird.

Für viele meiner Klienten hat der Verzicht auf Koffein ihre Ängste gemildert. Wenn Sie ein regelmäßiger Konsument sind und wissen wollen, wie sich Koffein bei Ihnen auswirkt, könnten Sie als Experiment einmal zwei oder drei Wochen enthaltsam sein, und sehen, ob Sie einen Unterschied feststellen. Lesen Sie auch die Übung Gesundschrumpfen am Ende dieses Kapitels, die einige Vorschläge zur Änderung im Lebensstil enthält.

Falls Sie sich zur Abstinenz entschließen, müssen Sie auch die Lebensmitteletiketten genau lesen, denn Koffein ist in vielen Lebensmitteln enthalten, in Limonaden und Schokolade beispielsweise. Vielleicht möchten Sie Ihren Konsum lieber stufenweise über ein paar Wochen abbauen (zum Beispiel jede Woche von dreien ein Drittel weniger), das erspart die Kopfschmerzen des Entzugs.

ALKOHOL

Abgesehen von den tief greifenden Problemen des Alkoholismus, kann sogar mäßiger Konsum unsere Stimmungen und unsere geistige Immunität beeinflussen.

Denken wir beispielsweise an den Schlaf. Viele meiner Klienten berichten, dass sie etwas Alkohol trinken, damit sie besser schlafen. Es hilft gewöhnlich – vorübergehend. Und danach zahlen wir unseren Preis dafür.

Alkohol vertieft den Schlaf bei Nichtalkoholikern für kurze Zeit, wird aber schnell metabolisiert. Innerhalb weniger Stunden führt Alkohol zu Schlafstörungen, einschließlich der Unterdrückung des REM-Schlafes, während der Körper sich auf den fehlenden Alkohol umstellt. Das Ergebnis? Personen, die Alkohol zum Einschlafen benutzen, fühlen sich am Folgetag schläfriger (Roehrs und Roth 2001).

Auch Alkohol in mäßigen Mengen hat die Tendenz, Probleme zu verkomplizieren, wenn wir ihn zur Lösung dieser Probleme benutzen wollen. Gemäß einer Studie versuchten ungefähr zwanzig Prozent der Probanden (überwiegend Männer) mit posttraumatischen Stresssymptomen ihre Symptome mit Alkohol zu behandeln. Sie nahmen Alkohol zur Stimmungsaufhellung oder um die Symptome abzustellen. Unglücklicherweise berichteten sie schlimmere Stimmungstiefs und mitmenschliche Schwierigkeiten als andere Personen mit PTSD, die keinen Alkohol zur Selbstbehandlung verwenden (Leeies et al. 2010)

Offensichtlich kann Alkohol viele Probleme, sogar sehr gravierende verursachen. Der Umgang mit Alkohol, wenn er Schlaf-, Stimmungs- und Angstprobleme beheben soll, ist ein Verhalten, das auf uns zurückschlagen kann. Es kann alles *viel* schlimmer werden, wenn wir Alkohol verwenden, um unseren Gedanken, Gefühlen und Erinnerungen zu entkommen.

Alkohol ist eine der Substanzen, die sich besonders gut für Verzichtexperimente eignen, wie weiter unten in der Übung Gesundschrumpfen. Im Falle von Alkohol empfehle ich Abstinenz für einen vollen Monat, um die Wirkungen zu verstehen. Wenn es Ihnen schwerfällt, fur eine kurze Zeit abstinent zu bleiben, ist das eine wertvolle Information für Sie. Es könnte ein Anzeichen dafür sein, dass es Zeit ist, professionelle Hilfe in Anspruch zu nehmen.

Im Extremfall kann ein plötzlicher Alkoholverzicht gefährliche Entzugssymptome hervorrufen. Wenn Sie größere Mengen konsumieren, fragen Sie bitte einen Arzt, welches für Sie der beste Weg wäre, den Alkoholkonsum einzuschränken.

KÖRPERÜBUNGEN

Es ist kein Geheimnis, dass Ausgleich durch Bewegung und Sport das Risiko körperlicher Probleme wie Adipositas, Herzkreislauferkrankungen, Diabetes Typ 2 und Osteoporose senken kann. Rod Dishman et al (2006) fanden auch zahlreiche mentale Nutzeffekte. Regelmäßige körperliche Betätigung kann Parkinson, Alzheimer und Schlaganfall vorbeugen und hilft, hormonelle Stresssymptome zu mildern.

Dishman und Kollegen fanden auch heraus, dass Körperübungen Depressionen, die Qualität des Schlafes und kognitive Fähigkeiten verbessern. In meiner Praxis habe ich beachtliche Stimmungsverbesserungen bei solchen Klienten feststellen können, die an Depressionen und Ängsten litten und bereit waren, ein Übungsprogramm durchzuführen. Gewöhnlich berichten sie von erhöhter Energie, besserer Stimmung und gesteigerter Fähigkeit, sich von beunruhigenden Gedanken zu distanzieren.

Es ist keine Wunderkur, aber in meiner Erfahrung ist es für die Klienten, die das Programm durchhalten wollen, oft genauso gut oder besser als Antidepressiva. Eine Studie von Mead und Kollegen (2009) ergab ähnliche Resultate. (Ich sollte anmerken, dass Körperübungen, wenn sie für jemanden eine erbärmliche oder schmerzliche Erfahrung sind, die Situation auch verschlimmern können.)

Neben den langfristigen, täglichen Nutzeffekten kann mäßiges bis kräftiges Üben einen unmittelbaren Anstieg der Stimmung bringen, auch bei Personen, die nicht regelmäßig Sport treiben (Maraki et al. 2005). Das heißt, dass ein Abstecher zum Fitnessstudio eine unmittelbare Auswirkung haben kann. Und anders als bei einer Medikamenteneinnahme, die Wochen dauern kann, bis sie wirkt, gibt es keine hässlichen Nebenwirkungen.

Wenn vorstrukturierte Übungsprogramme Ihnen keinen Spaß machen, gibt es noch andere Alternativen zum Schweißtreiben, beispielsweise Tanzen, Kampfkunst oder auch ein flotter Spaziergang mehrmals pro Woche. Wenn es eine Weile her ist und Sie nicht mehr in Übung sind, folgen Sie dem alten Motto: langsam beginnen und langsam vorwärts, so vermeiden wir Misserfolge.

SCHLAF

Sie haben das sicher schon oft gehört: Die Menschen der heutigen Zeit bekommen nicht genug Schlaf. Sechzig Prozent der Amerikaner schlafen im Durchschnitt weniger als sieben Stunden pro Nacht und der gleiche Prozentsatz hat mindestens einige Tage pro Woche Schwierigkeiten mit dem Durchschlafen (Winerman 2004). Das hat gravierende Auswirkungen auf unsere Fähigkeit, unseren Geist auszuhalten und uns zu distanzieren.

Studien fanden unterschiedliche Auswirkungen des Schlafmangels auf die kognitiven Fähigkeiten. Eine Studie beispielsweise ergab, dass einige Aspekte, wie das Abrufen und Speichern von Erinnerungen, während des Schlafentzugs abnehmen, während andere kognitive Prozesse, Wortgewandtheit etwa, in einigen Fällen besser wurden (Tucker et al. 2010).

Allerdings scheint der allgemeine Konsensus zu sein, dass mentale Funktionen durch Schlafentzug abnehmen und dass die Fähigkeit zur Aufmerksamkeit als Erstes verschwindet (Lim und Dinges 2010). Pilcher und Huffcutt (1996) konnten zeigen, dass Schlafentzug unser Funktionieren stark beeinträchtigt und die Stimmungslage sogar stärker als die kognitiven Fähigkeiten.

Schlafentzug kann zu weniger positivem Affekt, gesteigerter Angst und sogar leichter Paranoia führen. In einer Studie stuften jugendliche Testpersonen mögliche Katastrophen bei Schlafentzug als wahrscheinlicher ein, als wenn sie gut ausgeruht waren (Talbot et al. 2010).

Schlafmangel kann auch dazu führen, dass wir soziale Signale missdeuten. Wenn wir nicht genügend Schlaf bekommen, können wir mäßig fröhliche und ärgerliche Gesichtszüge nicht so klar erkennen, wohl aber einen traurigen Ausdruck (van der Helm, Gujar und Walker 2010). Fügen wir die

Wahrnehmungsschwankungen bei depressiver Stimmung hinzu, ergibt das einen Geist, der uns höchst ungenaue Informationen über die Welt liefert.

Wie die Körperübungen und die Ernährung sollte auch Ihr Schlafplan auf Sie zugeschnitten sein. Wahrscheinlich haben Sie schon eine recht gute Vorstellung davon, was am besten funktioniert. Wenn Sie Ihre Immunität gegen die Gedanken und Gefühle, mit denen der Geist sie quält, erhöhen wollen, beantworten Sie sich folgende Fragen: Wie viele Stunden Schlaf brauchen Sie, bis Sie von allein und erfrischt aufwachen? Was ist für Sie die beste Schlafenszeit – sind Sie von Natur aus ein Morgen- oder Abendmensch? Hilft Ihnen ein kurzer Schlaf zwischendurch oder bringt er Ihren Schlafrhythmus durcheinander?

Was pharmazeutische Schlafmittel betrifft, ist ärztliche Beratung, am besten durch Ihren Hausarzt, angebracht. Sie können sehr sinnvoll sein, um Ihren Schlaf wiederzufinden, aber im Allgemeinen sind sie längerfristig keine gute Lösung. Wenn Sie gar keinen guten Schlaf finden, ganz gleich, was sie ausprobiert haben, sollten Sie vielleicht eine Schlafklinik aufsuchen, wo das Problem diagnostiziert werden kann.

Wie ein Kind, das nicht geschlafen hat, ist auch der Geist bei Schlafentzug gereizt, irrational und macht uns das Leben schwer. Er wirft unsere Wahrnehmungen und Fähigkeiten aus der Bahn.

Nun mögen Sie sich fragen, ob es für Sie von Nutzen wäre, an ihrer Ernährung, körperlichen Bewegung oder ihren Schlafgewohnheiten etwas zu ändern. Veränderungen sind selten leicht, deshalb hilft es, zu wissen, ob die zu gewinnenden Vorteile der Mühe wert sind. Die folgende Übung wird Ihnen helfen, die Veränderungen so anzugehen, wie ein Therapeut es tun würde: methodisch und in kleinen Schritten.

ÜBUNG

Sein eigener Therapeut sein

Diese Übung verlangt eine Verpflichtung für bis zu sechs Wochen, aber es kann sich wirklich lohnen. Sie soll Ihnen helfen, herauszufinden, welche Veränderung Ihnen am ehesten gut tun würde, ob Sie nun Ernährung, körperliche Betätigung, Schlaf oder irgendeinen anderen Bereich in Ihrer Lebensweise in Betracht ziehen. Bevor Sie eine radikale Änderung vornehmen, möchten Sie vielleicht einen Berufsmediziner zu Rate ziehen, und das meine ich nicht nur als rein rechtliche Formsache. Bei Fragen der Diät oder im Sport kann man viel falsch machen, und es gibt Hilfsmittel, die den Übergang zu neuen Gewohnheiten erleichtern. Unser Ziel ist es, dass Ihr Aufwand positive Änderungen des Lebensstils herbeiführt, und nicht in Entmutigung endet. Aus demselben Grund ist es wichtig, klein anzufangen. Das Ziel ist, kleine Verhaltensänderungen auszuprobieren, um zu sehen, ob sie Ihnen gut tun. Falls ja, können sie ausgeweitet werden. Es sind fünf Schritte, die große Sorgfalt, aber nicht viel Zeit erfordern.

1. Wählen Sie Ihren Schwerpunkt – Ernährung, Sport, Schlaf oder was auch immer an Ihrem Lebensstil, das Ihnen wichtig ist zu ändern. Legen Sie eine kleine Veränderung fest, also mit was Sie experimentieren wollen, etwa auf Kaffee verzichten oder morgens einen Spaziergang machen.

2. Die ersten drei (von den sechs) Wochen behalten Sie Ihre Gewohnheit unverändert bei und überwachen laufend die Kriterien Energiepegel, Gefühlslage und Ihre Fähigkeit, sich von Gedanken und Gefühlen zu distanzieren – lassen Sie uns diese mit „Präsenz" bezeichnen, was bedeutet, im Moment gegenwärtig zu sein, und mit Abstand dem eigenen Geist gegenüber als neutraler Beobachter. Als weitere Kriterien könnten Sie den Blutdruck oder Schlaftiefe hinzunehmen. In regelmäßigen Intervallen (z. B. 10 Uhr vormittags, 3 Uhr nachmittags, 8 Uhr abends) erfassen Sie die Variablen täglich anhand einer 10-Punkte-Skala, mit 1 = am schlechtesten und 10 = am besten.

Notieren Sie relevante Beobachtungen (z. B. guter Tag auf der Arbeit, Streit mit Ehepartner, uns so weiter). Wir bezeichnen diese ersten drei Wochen als „Iststand"-Bericht Ihres gewohnten Verhaltens. Verwenden Sie das Arbeitsblatt weiter unten als Raster für Ihre Aufzeichnungen.

Die angegebenen Zeiten können Sie Ihrer eigenen Situation anpassen. Vielleicht brauchen Sie nur eine Woche oder zwei, um sich mit Ihrem „Iststand" vertraut zu machen, aber für die gewählte Veränderung empfehle ich eine Laufzeit von mindestens drei Wochen. Das sollte Ihnen genügend Zeit geben, damit Ihr Körper sich auf die Veränderungen einstellt (beispielsweise während der Koffeinentwöhnung arbeiten) und Sie sich außerdem ein klares Bild von den Wirkungen machen können. Drei Wochen sind auch lang genug, um einen gute Grundlage für das neue Verhalten zu bilden, für den Fall, dass Sie es beibehalten wollen. Wenn Sie bei der neuen Gewohnheit zwiespältige Gefühle haben, kehren Sie eine Weile zu Ihrem Iststand zurück und beobachten, welche Veränderungen Sie feststellen.

3. Nach den ersten drei Wochen beginnen Sie mit der Verhaltensänderung. Tragen Sie die Verhaltensweise, für die Sie sich entschieden haben, in das Arbeitsblatt unten ein. Als Beispiel: „Kaffeekonsum um 2 Tassen pro Tag verringern", „täglich eine Viertelstunde spazieren gehen" oder „um 10 Ihr abends zu Bett gehen". Denken Sie daran, mit einer kleinen, genau bezeichneten Veränderung zu beginnen. Allzu ehrgeizige Ziele könnten leicht fehlschlagen.

4. In den nächsten drei Wochen integrieren Sie die Änderung in Ihren Alltag. Wieder erfassen Sie in regelmäßigen Intervallen Energiepegel, Gefühlslage und Fähigkeit, sich von Gedanken und Gefühlen zu distanzieren („Präsenz") anhand der 10-Punkte-Skala, und notieren Sie weitere relevante Beobachtungen.

Verhaltensbericht Iststand

Woche Nummer:

Erfasste Verhaltensweise:

Sonntag					
10 Uhr					
15 Uhr					
20 Uhr					
Montag					
10 Uhr					
15 Uhr					
20 Uhr					
Dienstag					
10 Uhr					
15 Uhr					
20 Uhr					
Mittwoch					
10 Uhr					
15 Uhr					
20 Uhr					
Donnerstag					
10 Uhr					
15 Uhr					
20 Uhr					
Freitag					
10 Uhr					
15 Uhr					
20 Uhr					
Samstag					
10 Uhr					
15 Uhr					
20 Uhr					

Verhaltensbericht Iststand

Woche Nummer:

Erfasste Verhaltensweise:

Sonntag					
10 Uhr					
15 Uhr					
20 Uhr					
Montag					
10 Uhr					
15 Uhr					
20 Uhr					
Dienstag					
10 Uhr					
15 Uhr					
20 Uhr					
Mittwoch					
10 Uhr					
15 Uhr					
20 Uhr					
Donnerstag					
10 Uhr					
15 Uhr					
20 Uhr					
Freitag					
10 Uhr					
15 Uhr					
20 Uhr					
Samstag					
10 Uhr					
15 Uhr					
20 Uhr					

5. Am Ende der zweiten drei Wochen vergleichen Sie beide Perioden miteinander und werten aus, wie sinnvoll die Veränderung ist. Ermitteln Sie die Durchschnittswerte Ihrer Kriterien. Wie hat sich der Energiepegel, die Gefühlslage und Präsenz im zweiten Zeitraum verändert? Wird es sich lohnen, die neue Gewohnheit beizubehalten?

Die Wahl des Lebensstils kann eine tief greifende Wirkung auf unsere Gefühlslage und geistige Verfassung haben. Das wiederum kann beeinflussen, wie gut wir uns von unserem eigenen Denken distanzieren können. Eine gute physische Verfassung macht es um vieles leichter, Abstand zu Gedanken und Gefühlen zu wahren und den Kampf gegen unseren eigenen Geist fallen zu lassen.

Noch eine Übung zum Schluss: größere psychische Flexibilität für den Rest des Lebens

Ich ermutige Sie, noch eine letzte Übung zu probieren. Wahrscheinlich die schwierigste des ganzen Buches, dafür aber die mit dem größten Nutzen. Es geht einfach darum, das zu erkennen, was uns Angst macht, um dann darauf zuzugehen.

Damit meine ich nicht, dass wir einen Bauchklatscher in ein Alligatorbecken machen, nur weil wir davor Angst haben. Es gibt vieles in der Welt, was wir fürchten *sollten*, und das ist wahrscheinlich auch der Grund, warum unser Geist gerade diese Emotion so hervorragend meistert.

Ich meine auch nicht, dass wir willkürliche Mutproben wie einen sexy Striptease in der Fußgänger- oder Restaurantzone hinlegen. Ich würde nie Unannehmlichkeiten (oder eine Verhaftung) um ihrer selbst willen befürworten. Ich meine eine angstauslösende Aktivität, die viel substanzieller ist: in Richtung unserer Werte handeln.

Ich kannte einen Mann, der sich einen komfortablen Lebensunterhalt mit einer Arbeit verdiente, die ihm wenig bedeutete. Jeden Tag war er unglücklich, weil es einen anderen Beruf gab, der seinen Werten entsprach, der aber viel geringer entlohnt würde. Jahrelang rang er mit der Möglichkeit, den Beruf zu wechseln, konnte sich aber nicht überwinden, sein Gehalt und seine Sicherheit aufzugeben.

Erst als sein Leben hundeelend geworden war, erkannte er, dass er keine andere Wahl hatte. Er kündigte seine Stellung, um eine neue Laufbahn als Pastor zu beginnen. Obwohl er eine schwere Zeit durchmachen und auf vieles verzichten musste, um die nötige Ausbildung zu bekommen, fühlte er sich so glücklich, wie er es nie geahnt hätte. Das war die Art von Freude, die aus einem Leben in Übereinstimmung mit den eigenen Werten entspringt. Die Kargheit seines neuen Lebens war ein geringer Preis dafür.

Ein von Werten geleitetes Leben verlangt aber nur selten so drastische Maßnahmen. Meistens brauchen wir nur kleinere Veränderungen vorzunehmen. Und dennoch ist es oft schwierig, unseren Werten zu folgen. Von Natur aus sind die Handlungen, die am ehesten mit unseren Werten übereinstimmen, auch diejenigen, wo wir am verwundbarsten sind. Wer die Liebe sucht, muss ein gebrochenes Herz riskieren. Es tut weh, bei etwas zu versagen, das uns am Herzen liegt.

Doch wenn wir die Angst akzeptieren und weiterverfolgen, was uns wichtig ist, dann geschieht etwas Seltsames: Unser Horizont weitet sich in alle Richtungen aus. Die Angst, die uns von unseren Wertvorstellungen abbringt, ist wie eine Kette um den Hals und an einer sicheren Stelle im Boden fest verankert. Fügen wir unserem Repertoire neue Verhaltensweisen hinzu – besonders an unseren Werten orientiertes Verhalten –, dann wird diese Kette schwächer und wir können uns freier in alle Richtungen bewegen. Mit einem Handeln, das zu unseren Werten passt, erweitert sich unsere ganze Welt.

Wie wir dem menschlichen Geist den Gehorsam verweigern

Wenn wir unsere Welt erweitern wollen, bedeutet das oftmals, dass wir unserem Geist den Gehorsam verweigern, und das wird mit zunehmender Übung leichter. Jedes Mal, wenn wir einen eigenen Weg gehen, anstatt dem beschützerischen Diktat des Geistes zu folgen, dehnt sich unsere Welt ein

wenig in alle Richtungen aus, Optionen schießen aus dem Boden und wir werden unserem Anspruch auf Freiheit wieder treu. Dieser Ungehorsam beginnt mit ein paar grundlegenden Praktiken:

Beobachtung. Zu lernen, wie wir den Geist beobachten, ist eine erhebliche Herausforderung – nicht weil es an sich so schwierig wäre, sondern weil es so verflixt einfach ist, das zu vergessen. Wir sind in einer Welt der Gedanken, Gefühle und Worte versunken. Das Beobachten des Geistes ist eine Kunst, die einfach durch fleißiges Üben entwickelt werden kann (vgl. Kapitel 3).

Einsicht. Die Entscheidung, ob wir dem Geist gehorchen wollen oder nicht, wird leichter, wenn wir verstehen, worauf der Geist hinaus will. Einiges ist uns allen gemeinsam, etwa die alles überragende Sorge ums Überleben. Jeder Geist hat auch einen eigenen und einmaligen Werdegang erfahren, mit dem er uns, je nachdem leiten – oder einsperren kann. Die Auswirkungen seiner Vorgeschichte zu verstehen – das *Erkenne dich selbst*, wie die alten Griechen sagten – erfordert besondere Anstrengungen, und erfahrene Therapeuten können dabei helfen (vgl. Kapitel 4 und 5).

Wertegesteuertes Handeln. Der Geist kann uns mit ausnehmend überzeugenden Gedanken und Gefühlen völlig benebeln. Klar definierte Werte geben uns einen Bezugspunkt außerhalb unserer eigenen Denk- und Gefühlswelt. Sie dienen uns zur Orientierung, wenn wir in einem Morast eigener innerer Erfahrungen steckenbleiben. Werte helfen uns, für etwas zu kämpfen, anstelle des endlosen Kampfes gegen etwas, das wir nicht wollen (vgl. Kapitel 6).

Einige der hier besprochenen Strategien eignen sich besser für ruhige Momente, beispielsweise das Definieren unserer Werte oder das Heranbilden der inneren Beobachtungsgabe. Andere sind gerade in Krisensituationen sinnvoll, wenn wir in einer Klemme stecken. Zu diesen gehören Techniken wie das Gegenteil von dem zu tun, was der Geist uns eingibt, die Trumpfkarten des Geistes erkennen und mit ihnen umgehen und uns selbst zu beruhigen mit dem Wissen, dass unser Geist sich ja täuschen könnte.

Eine Kunst, die quer durch alle Umstände wirkt, besteht darin, für den Geist dankbar zu sein. Ganz egal, wie viele Ängste und Düsterkeit er uns beschert, er passt immer auf uns auf. Wenn Sie mir als einen letzten Vorschlag gestatten, dieser unserer Sorgenmaschine die Ehre zu erweisen:

Danke, mein Geist, dass du mich am Leben erhältst. Danke, dass du mich vor rasenden Bussen, Bösewichten und ungehaltenen Chefs beschützt. Danke für deine Paranoia, deine Sorgen und Angst. Ich weiß, du denkst, das sei effektiv, und vielleicht hast du manchmal Recht. Danke, dass du mich vor (hier können Sie eigene grauenvolle Erlebnisse einsetzen) *bewahrst, und danke für die endlosen Erinnerungen, damit sie nicht noch einmal passieren. Danke, dass du mich immer begleitest. Auch wenn du mich manchmal bis zur Weißglut nervst, stolperst du oft über gute Ideen. Und auch, wenn ich dir von nun an nicht mehr immer gehorchen werde, verspreche ich, deine Absichten anzuerkennen und für dein immer waches Auge dankbar zu sein.*

Wenn Ihr Geist am schlimmsten daherkommt, trösten Sie sich mit dem Wissen, dass es nicht anhält. Es wird immer wieder noch eine Erinnerung, noch ein Gefühl und noch eine Geistesverfassung geben. Der Geist redet unaufhörlich und selten klar verständlich. Er kann widerspenstig oder zudringlich sein und einfach wehtun. Er ist auch unser bester Freund und der erste, der in einer gefährlichen Welt für unsere Sicherheit sorgt.

Wir können unseren Geist zwar erziehen, aber nicht sein Wesen ändern. Ein friedliches Zusammenleben mit diesem streitsüchtigen Neuronenbündel verlangt von uns das Geschick, seine Botschaften richtig zu entziffern, die Bereitschaft, alles anzunehmen, was es uns anbietet, und die Seelenstärke, Entscheidungen zu treffen, die auf Protest stoßen. Ich wünsche Ihnen alles Gute, mögen Sie die Freiheit einer friedlichen Koexistenz mit dem eigenen Geist genießen.

Bibliografie

American Psychiatric Association 2000. *Diagnostic and Statistical Manual of Mental Disorders* (4. revid. Aufl.). Washington, DC: American Psychiatric Association.

Andrews, P.W. und J.A. Thomson Jr. 2009. The Bright Side of Being Blue. Depression as an Adaptation for Analyzing Complex Problems. *Psychological Review* 116:620–54.

Avramova, Y.R., D. A. Stapel und D. Lerouge 2010. Mood and Context-Dependence: Positive Mood Increases and Negative Mood Decreases the Effects of Context on Perception. *Journal of Personality and Social Psychology* 99: 203–14.

Bach, P.A., B. Gaudiano, J. Pankey, J.D. Herbert und S.C. Hayes 2006. Acceptance, Mindfulness, Values and Psychosis. applying Acceptance and Commitment Therapy (ACT) to the Chronically Mentally Ill. In *Mindfulness-Based Treatment Approaches. Clinician's Guide to Evidence Base and Application*. ed. R.A. Baer, Burlington, MA: Elsevier.

Baer, R. A. 21010. Mindfulness- and Acceptance-Based Interventions and Processes of Change. In *Assessing Mindfulness and Acceptance Processes in Clients: Illuminating the Theory and Practice of Change* (ed. R.A.Baer). Oakland, CA: New Harbinger.

Barnes, R.D., und S. Tantleff-Dunn 2010. Food for Thought: Examining the Relationship Between Food Thought Suppression and Weight-Related Outcomes. *Eating Behaviors* 11: 175–79.

Barnes-Holmes, D., S.C. Hayes und S. Dymond 2001. Self and Self-Directed Rules. In *Relational Frame Theory: A Post-Skinnerean Account of Human Language and Cognition* (eds. S. C. Hayes, D. Barnes-Homes und Bryan Roche). New York: Kluwer Academic/Plenum Publishers.

Barrett, H.C. 2005. Adaptations to Predators and Prey. In *The Handbook of Evolutionary Psychology* (ed. David M. Buss). Hoboken, NJ: John Wiley & Sons.

Benton, D. 2002. Carbohydrate Ingestion, Blood Glucose, and Mood. *Neuroscience and Biobehavioural Reviews* 26: 293–308.

Blaney, P.H. 1986. Affect and Memory: A Review. *Psychological Bulletin* 99: 229–46.

Block, J.A. und E. Wulfert 2000. Acceptance of Change. Treating Socially Anxious College Students with ACT or CBGT. *The Behavior Analyst Today* 1: 2–10.

Bower, G. H. 1981, *Mood and Memory* 36: 129–48.

Bretherton, I. und K.A. Munholland 1999. Internal Working Models in Attachment Relationships. A Construct Revisited. In *Handbook of Attachment: Theory, Research, and Clinical Applications* (eds. Jude Cassidy und Phillip R. Shaver). New York: Guilford Press.

Brüne, M. 2006. The Evolutionary Psychology of Obsessive-Compulsive Disorder: The Role of Cognitive Metarepresentation. *Perspectives in Biology and Medicine* 49: 317–29.

Cantor, C. 2005. *Evolution and Posttraumatic Stress: Disorders of Vigilance and Defense*. New York: Routledge.

Cascade, E.F., A.H. Kalali und P. Blier 2007. Treatment of Depression: Antidepressant Monotherapy and Combination Therapy. *Psychiatry* 4: 25–27.

Corsica, J.A. und B. J. Spring 2008. Carbohydrate Craving: A Double-Blind, Placebo-Controlled Test of the Self-Medication Hypothesis. *Eating Behaviors* 9: 447–54.

Dahl, J.C., J.C. Plumb, I.Steward und T. Lundren 2009. *The Art and Science of Valuing in Psychotherapy*. Oakland, CA: New Harbinger Publications.

Dalgleish, T., J.Yiend, S. Schweizer und B.D. Dunn 2009. Ironic Effects of Emotion Suppression When Recounting Distressing Memories. *Emotion* 9, 744–49.

del Valle, C.H.C., und P. M. Mateos 2008. Dispositional Pessimism, Defensive Pessimism, and Optimism: The Effect of Induced Mood on Prefactual and Counterfactual Thinking and Performance. *Cognition & Emotion* 22: 1600–12.

De Martino, B., C.F. Camerer und R. Adolphs 2010. Amygdala Damage Eliminated Monetary Loss Aversion. *Proceedings of the National Academy of Sciences of the United States of America* 107: 3788–92.

Dishman, R. K., H.-R. Berthoud, F.W. Booth, C.W. Cotman, V.R. Edgerton, M.R. Fleshner, S.C. Gandevia, F. Gomez-Pinilla, B.N. Greenwood, C.H. Hillman, A.F. Kramer, B.E. Levin, T.H. Moran, A.A. Russo-Neustadt, J.D. Salamone, J.D. Van Hoomissen, C.E. Wade, D. A. York und M. J. Zigmond 2006. Neurobiology of Exercise. *Obesity* 14: 345–56.

Dobson, K.S., S.D. Hollon, S. Dimidjian, K.B. Schmaling, R.J. Kohlenberg, R.J. Gallop, S.L. Rizvi, J.K. Gollan, D.L. Dunner und N.S. Jacobson 2008. Randomized Trial of Behavioral Activation, Cognitive Therapy and Antidepressant Medication in the Prevention of Relapse and Recurrence in

Major Depression. *Journal of Consulting and Clinical Psychology* 76: 468–77.

Dryden, W. und A. Ellis 2001. Rational Emotive Behavior Therapy. In *Handbook of Cognitive Behavioral Therapies* (2. Aufl., ed. Keith S. Dobson). New York: Guilford Press.

Duntley, J.D. 2005. Adaptations to Dangers from Humans. In *The Handbook of Evolutionary Psychology* (ed. David M. Buss). Hoboken, NJ: John Wiley & Sons.

Eisenberger, N.I. und D. Lieberman 2004. Why Rejection Hurts: A Common Neural Alarm System for Physical and Social Pain. *Trends in Cognitive Sciences* 8: 294–300.

Ellis, H.C., R.L. Thomas, A.D. McFarland und W. Lane 1985. Emotional Mood States and Retrieval in Episodic Memory. *Journal of Experimental Psychology* 11: 363–70.

Esquivel, G., K.R. Schruers, R. J. Maddock, A. Colasanti und E. J. Griez 2010. Acids in the Brain: A Factor in Panic? *Journal of Psychopharmacology* 24: 639–47.

Festinger, L. 1954. A Theory of Social Comparison Process. *Human Relations* 7: 117–40.

Fields, C. 2002. Why Do We Talk to Ourselves? *Journal of Experimental & Theoretical Artificial Intelligence* 14: 255–72.

Forgas, J.P. 2007. When Sad Is Better than Happy: Negative Affect Can Improve the Quality and Effectiveness of Persuasive Messages and Social Influence Strategies. *Journal of Experimental Social Psychology* 43: 513–28.

Forgas, J.P., L.Goldenberg und C. Unkelbach 2009. Can Bad Weather Improve Your Memory? An Unobtrusive Field Study of Natural Mood Effects on Real-Life Memory. *Journal of Experimental Social Psychology* 45: 254–57.

Frankland, P.W., B. Bontempi, L.E. Talton, L. Kaczmarek und A. Silva 2004. The Involvement of the Anterior Cingulate Cortex in Remote Contextual Fear Memory. *Science* 304: 881–83.

Garcia, J., W.G. Hankins und K.W. Rusniak 1976. Flavor Aversion Studies. *Science* 192: 265–66.

Gasper, K., R.H. Lozinski und L.S. LeBeau 2009. If You Plan, Then You Can: How Reflection Helps Defensive Pessimists Pursue Their Goals. Motivation and Emotion 33: 203–16.

Gordon, R.A. 2008. Attributional Style and Athletic Performance: Strategic Optimism and Defensive Pessimism. *Psychology of Sport and Exercise* 9: 336–50.

Haselton, M.G., D. Nettle und P.W. Andrews 2005. The Evolution of Cognitive Bias. In *The Handbook of Evolutionary Psychology* (ed. David M. Buss). Hoboken, NJ: John Wiley and Sons.

Hayes, S.C., K.D. Strosahl und K.G. Wilson 1999. *Acceptance and Commitment Therapy: An Experiental Approach to Behavior Change*. New York: Guilford Press.

Hinton, D. und S. Hinton 2002. Panic Disorder, Somatization, and the New Cross-Cultural Psychiatry: The Seven Bodies of a

Medical Anthropology of Panic. *Culture, Medicine, and Psychiatry* 26: 155–78.

Hoffman, S.G., und D.A. Moscovitch 2002. Evolutionary Mechanisms of Fear and Anxiety. *Journal of Cognitive Psychotherapy* 16: 317–30.

Hooker, C.I., SC. Verosky, L.T. Germine, R.T. Knight und M. D'Esposito 2010. Neural Activity During Social Signal Perception Correlates with Self-Reported Empathy. *Brain Research* 1308: 100–13.

Hosogoshi, H. und M. Kodama 2009. Accepting Pessimistic Thinking Is Associated with Better Mental and Physical Health in Defensive Pessimists. *Japanese Journal of Psychology* 79: 542–48.

Howard, G.S., M.Y. Lau, S.E. Maxwell, A. Venter, R. Lundy und R.M. Sweeny 2009. Do Research Literatures Give Correct Answers? *Review of General Psychology* 13: 116–21.

Ivy, J.L., D.L. Costill, W.J. Fink und R.W. Lower 1979. Influence of Caffeine and Carbohydrate Feedings on Endurance Performance. *Medicine & Science in Sports & Exercise* 11: 6–11.

Jacka, F.N., J.A. Pasco, A. Mykletun, L.J. Williams, A.M. Hodge, S.L. O'Reilly, G.C. Nicholson, M.A. Kotowicz und M. Berk 2010. Association of Western and Traditional Diets with Depression and Anxiety in Women. *American Journal of Psychiatry* 167: 305–11.

James, W. 1892. *Psychology*. New York: World.

Jelinek, L., C. Stockbauer, S. Randjbar, M.Kellner, T. Ehring und S. Moritz 2010. Characteristics and Organization of the Worst Moment of Trauma Memories in Posttraumatic Stress Disorder. *Behaviour Research and Therapy* 48: 680–85.

Jureidini, J. und A. Tonkin 2006. Overuse of Antidepressant Drugs for the Treatment of Depression. *CNS Drugs* 20: 623–32.

Kanter, J.W., A.M. Busch und L.C. Rusch 2009. *Behavioral Activation*. New York: Routledge.

Keeley, J., R. Zayac und C. Correia 2008. Curvilinear Relationships Between Statistics Anxiety and Performance Among Undergraduate Students: Evidence for Optimal Anxiety. *Statistics Education Research Journal* 7: 4–15.

Kenealy P. M. 1997. Mood-State-Dependent Retrieval: The Effects of Induced Mood on Memory Reconsidered. *Quarterly Journal of Experimental Psychology* 50A: 290–317.

Kessler, R.C., W.T. Chiu, O. Demler und E.E. Waters 2005. Prevalence, Severity, and Comorbidity of 12-Month DSM-IV Disorders in the National Comorbidity Survey Replication. *Archives of General Psychiatry* 62: 617–27.

Kircher, T.T.J. und D.T. Leube 2003. Self-Consciousness, Self-Agency and Schizophrenia. *Consciousness and Cognition* 12: 656–69.

Klüver, H. und P.C. Bucy 1939. Preliminary Analysis of Functions of the Temporal Lobes in Monkeys. *Archives of Neurology and Psychiatry* 42: 979–1000.

Kosslyn, S.M., W.L. Thompson, I.J. Kim und N.M. Alpert 1995. Topographical Representations of Mental Images in Primary Visual Cortex. *Nature* 378: 496–98.

Kremkow, J., A. Aertsen und A. Kumar 2010. Gating of Signal Propagation in Spiking Neural Networks by Balanced and Correlated Excitation and Inhibition. *Journal of Neuroscience* 30: 15760–68.

Lavy, E.H. und M.A. Van den Hout 1990. Thought Suppression Induces Intrusion. *Behavioural and Cognitive Psychotherapy* 18: 251–58.

Leahy, R.L. 2002. Pessimism and the Evolution of Negativity. *Journal of Cognitive Psychotherapy: An International Quarterly* 16: 295–316.

Leeies, M., J. Pagura, J. Sareen und J.M. Bolton 2010. The Use of Alcohol and Drugs to Self-Medicate Symptoms of Posttraumatic Stress Disorder. *Depression and Anxiety* 27: 731–36.

Lehrer, J. 2009. Don't! The Secret of Self-Control. *The New Yorker*. (18. Mai) 26 (SSl).

Lieberman, M.D. 2000. Intuition: a Social Cognitive Neuroscience Approach. *Psychological Bulletin* 126: 109–37.

Lim, L. 2009. A Two-Factor Model of Defensive Pessimism and Its Relations with Achievement Motives. *The Journal of Psychology* 143: 318–36.

Lim, J. und D.F. Dinges 2010. A Meta-Analysis of the Impact of Short-Term Sleep Deprivation on Cognitive Variables. *Psychological Bulletin* 136: 375–89.

Lin, L., R. Osan und J.Z. Tsien 2006. Organizing Principles of Real-Time Memory Encoding: Neural Clique Assemblies and Universal Neural Codes. *Trends in Neuroscience* 29: 48–57.

Linden, D.E.J. 2006. How Psychotherapy Changes the Brain: The Contribution of Functional Neuroimaging. *Molecular Psychiatry* 11: 528–38.

Linehan, M.M. 1993. *Skills Training Manual for Treating Boderline Personality Disorder*. New York: Guilford Press.

Liu, X.-H., S.Q. Yao, W.-F. Zhao, W.-H. Yang und F.-R. Tan 2010. Autobiographical Memory in Patients with Chronic Pain and Depression. *Chinese Journal of Clinical Psychology* 18: 196–201.

LoBue, V. 2010. And Along Came a Spider: An Attentional Bias for the Detection of Spiders in Young Children and Adults. *Journal of Experimental Child Psychology* 107: 59–66.

Lou, H.C., J. Gross, K. Biermann-Ruben, T.W. Kjaer und A. Schnitzler 2010. Coherence in Consciousness: Paralimbic Gamma Synchrony of Self-Reference Links Conscious Experiences. *Human Brain Mapping* 31: 185–92.

Lyubomirsky, S., L. Sousa und R. Dickerhoof 2006. The Costs and Benefits of Writing, Talking and Thinking about Life's Triumphs and Defeats. *Journal of Personality and Social Psychology* 90: 692–708.

MacLean, P.D. 1973. *A Triune Concept of the Brain and Behavior.* Toronto: University of Toronto Press.

Maraki, M., F. Tsoflioua, Y.P. Pitsiladisb, D. Malkovaa, N. Mutriea und S. Higgins 2005. Acute Effects of a Single Exercise Class on Appetite, Energy Intake, and Mood: Is There a Time of Day Effect? *Appetite* 45: 272–78.

Marian, V. und M. Kaushanskaya 2007. Language Context Guides Memory Content. *Psychonomic Bulletin & Review* 14: 925–33.

Martell, C.R., S. Dimidjian und R. Herman-Dunn 2010. *Behavioral Activation for Depression: A Clinician's Guide.* New York: Guilford Press.

Mathews, R.C., L.G. Roussel, B.P. Cochran, A.E. Cook und D.L. Dunaway 2000. The Role of Implicit Learning in the Acquisition of Generative Knowledge. *Journal of Cognitive Systems Research* 1: 161–74.

Mead, G.E., W. Morley, P. Campbell, C.A. Greig, M.E.T. McMurdo und D.A. Lawlor 2009. Exercise for Depression. *Mental Health and Physical Activity* 2: 95–96.

Mischel, W., Y. Shoda und M.L. Rodriguez 1989. Delay of Gratification in Children. *Science* 244: 933–38.

Nardi, A.E., F.L. Lopes, R.C. Freire, A.B. Veras, I. Nascimento, A.M. Valenca, V.L. de-Melo-Neto, G.L. Soares-Filho, A.L. King, D.M. Arau´jo, M.A. Mezzasalma, A. Rassi, W.A. Zin 2009. Panic Disorder and Social Anxiety Disorder Subtypes in a Caffeine Challenge Test. *Psychiatry Research* 169: 149–53.

Nelson, E.A., B.J. Deacon, J.J. Lickel und J.T. Sy 2010. Targeting the Probability Versus Cost of Feared Outcomes in Public Speaking Anxiety. *Behaviour Research and Therapy* 48: 282–89.

Norem, J.K. 2008. Defensive Pessimism, Anxiety and the Complexity of Evaluating Self-Regulation. *Social and Personality Psychology Compass* 2: 121–34.

Orsillo, S.M., L. Roemer, J. Block-Lerner, C. LeJeune und J.D. Herbert 2004. ACT with Anxiety Disorders. In *A Practical Guide to Acceptance and Commitment Therapy* (eds. Steven C. Hayes und Kirk D. Strosahl). New York: Springer.

Ostroff, L.E., C.K. Cain, J. Bedont, M.H. Monfils und J.E. LeDoux 2010. Fear and Safety Learning Differentially Affect Synapse Size and Dendritic Translation in the Lateral Amygdala. *Proceedings of the National Academy of Sciences* 107: 9418–423.

Pilcher, J.J. und A.I. Huffcutt 1996. Effects of Sleep Deprivation on Performance: A Meta-Analysis. *Sleep* 19: 318–26.

Pinker, S. 2007. *How the Mind Works.* New York: W.W. Norton & Company.

Poulos, A.M., V. Li, S.S. Sterlace, F. Tokushige, R. Ponnusamy und M.S. Fanselow 2009. Persistence of Fear Memory Across Time Requires the Basolateral Amygdala Complex. *Proceedings of the National Academy of Sciences* 106: 11737–41.

Purdon, C., K. Rowa und M.M. Antony 2005. Thought Suppression and Its Effects on Thought Frequency, Appraisal, and Mood State in Individuals with Obsessive-Compulsive Disorder. *Behaviour Research and Therapy* 43: 93–108.

Quinn, J.M., A. Pascoe, W. Wood und D.T. Neal 2010. Can't Control Yourself? Monitor Those Bad Habits. *Personality and Social Psychology Bulletin* 36: 499–511.

Raglin, J.S. und P.E. Turner 1993. Anxiety and Performance in Track and Field Athletes: A Comparison of the Inverted-U Hypothesis with Zone of Optimal Function Theory. *Personality and Individual Differences* 14: 163–71.

Ramnerö, J. und N. Törneke 2008. T*he ABCs of Human Behavior*. Oakland, CA: New Harbinger.

Rassin, E. 2005. *Thought Suppression*. Oxford, UK: Elsevier.

Risvi, S.L. und M.M. Linehan 2005. Treatment of Maladaptive Shame in Borderline Personality Disorder: A Pilot Study of ‚Opposite Action'. *Cognitive and Behavioral Practice* 12: 437–47.

Roehrs, T. und T. Roth 2001. Sleep, Sleepiness, and Alcohol Use. *Alcohol Research and Health* 25; 101–9.

Rysen, S. 2006. Publication of Nonsignificant Results: A Survey of Psychologists' Opinions. *Psychological Reports* 98: 169–75.

Sadock, B.J. und V.A. Sadock 2003. *Synopsis of Psychiatry: Behavioral Sciences/Clinical Psychiatry*. Philadelphia: Lippencott Williams & Wilkins.

Schlund, M.W., G.J. Siegle, C.D. Ladouceur, J.S. Silk, MF. Cataldo, E.E. Forbes, R.E. Dahl und N.D. Ryan 2010. Nothing to Fear? Neural Systems Supporting Avoidance Behavior in Healthy Youths. *NeuroImage* 52: 710–19.

Schmid, P.C. und M.S. Mast 2010. Mood Effects on Emotion Regulation. *Motivation and Emotion* 34: 288–92.

Seery, M.D., T.V. West, M. Weisbuch und J. Blascovich 2008. The Effects of Negative Reflection for Defensive Pessimists: Dissipation or Harnessing of Threat? *Personality and Individual Differences* 45: 515–20.

Seger, C.A. 1994. Implicit Learning. *Psychological Bulletin* 115: 163–96.

Seligman, M.P. 2006. *Learned Optimism: How to Change Your Mind and Your Life*. New York: Vintage Books.

Shallcross, A.J., A.S. Troy, M. Boland und I.B. Iris 2010. Let It Be: Accepting Negative Emotional Experiences Predicts Decreased Negative Affect and Depressive Symptoms. *Behaviour Research and Therapy* 48: 921–29.

Sidman, M. 1953. Avoidance Conditioning with Brief Shock and No Exteroceptive Warning Signal. *Science* 118: 157–58.

Smith, S.T. 2006. *Preventing Violence Among Patients Recovering from Traumatic Brain Injury: A Response Curriculum for Medical and Support Staff.* Diss. University Denver, Print.

Snyder, H.R., N. Hutchison, E. Nyhus, T. Curran, M.T. Banich, R.C. O'Reilly und Y. Munakata 2010. Neural Inhibition Enables Selection During Language Processing. *Proceedings of the National Academy of Sciences* 107: 16483–88.

Tai, S. und D. Turkington 2009. The Evolution of Cognitive Behavior Therapy for Schizophrenia: Current Practice and Recent Developments. *Schizophrenia Bulletin* 35: 865–73.

Talbot, L.S., E.L. McGlinchey, K.A. Kaplan, R.E. Dahl und A.G. Harvey 2010. Sleep Deprivation in Adolescents and Adults: Changes in Affect. *Emotion* 10: 831–41.

Tucker, A.M., P. Whitney, G. Belenky, J.M. Hinson und H.P.A. Van Dongen 2010. Effects of Sleep Deprivation on Dissociated Components of Executive Functioning. *Sleep* 33: 47–57.

Van Bockstaele, B., B. Verschuere, J. De Houwer und G. Crombez 2010. On the Costs and Benefits of Directing Attention Towards or Away from Threat-Related Stimuli: A Classical Conditioning Experiment. *Behaviour Research and Therapy* 48: 692–97.

van der Helm, E.N. Gujar und M.P. Walker 2010. Sleep Deprivation Impairs the Accurate Recognition of Human Emotions. *Sleep* 33, 335–42.

Vogels, T.P. und L. F. Abbot 2009. Gating Multiple Signals Through Detailed Balance of Excitation and Inhibition in Spiking Networks. *Nature Neuroscience* 12: 483–91.

Wagar, B.M. und P. Thagard 2004. Spiking Phineas Gage: A Neurocomputational Theory of Cognitive-Affective Integration in Decision Making. *Psychological Review* 111: 67–79.

Watkins, P.C., K. Vache, S.P. Verney, S. Muller und A. Matthews 1996. Unconscious Mood-Congruent Memory Bias in Depression. *Journal of Abnormal Psychology* 105:34–41.

Wegner, D.M., D.J. Schneider, S.R. Carter und T.L. White 1987. Paradoxical Effects of Thought Suppression. *Journal of Personality and Social Psychology* 53: 5–13.

Westover, A.N. und L.B. Marangell 2002. A Cross-national Relationship Between Sugar Consumption and Major Depression? *Depression and Anxiety* 16: 118–20.

Wilson, K.G. und T. Dufrene 2008. *Mindfulness for Two. An Acceptance and Commitment Therapy Approach to Mindfulness in Psychotherapy.* Oakland, CA: New Harbinger.

Wilson, K.G., S.C. Hayes, J. Gregg und R. Zettle 2001. Psychopathology and Psychotherapy. In *Relational Frame Theory: A Post-Skinnerean Account of Human Language and Cognition* (eds. Steven C. Hayes, D. Barnes-Holms, Bryan Roche). New York: Kluwer Academic/Plenum Publishers.

Wilson, K.G., E.K. Sandoz, J. Kitchens und M. Roberts 2010. The Valued Living Questionnaire: Defining and Measuring Valued Action Within a Behavioral Framework. *The Psychological Record* 60: 249–72.

Winerman, L. 2004. Sleep Deprivation Threatens Public Health, Says Research Award Winner. *Monitor on Psychology* 35: 61.

Wood, R.L. 2001. Understanding Neurobehavioural Disability. In Neurobehavioural Disability and Social Handicap Following Traumatic Brain Injury (eds. Rodger L. Wood und Tom M. McMillan). East Sussex, UK: Psychology Press.

Yerkes, R.M. und J.D. Dodson 1908. The Relation of Strength of Stimulus to Rapidity of Habit-Formation. *Journal of Comparative Neurology and Psychology* 18: 459–82.

Ziegler, R. 2010. Mood, Source Characteristics, and Message Processing: A Mood-Congruent Expectancies Approach. *Journal of Experimental Social Psychology* 46: 743–52.

Über den Autor

Shawn T. Smith, Dr. psych., ist mit seiner lebenslangen Faszination für den menschlichen Geist als Psychologe in einer Privatpraxis tätig. Er arbeitete in diversen Kliniken, unter anderem in einer Klinik für Vergewaltigungsopfer, bei der Internationalen Kommission für Vermisste Personen in Bosnien sowie im Strafvollzug in Colorado. Smith lebt mit seiner Frau, seiner Tochter und ihrem Hund in Denver, Colorado.

Danksagung

Es gäbe nur wenige Bücher, wenn die Autoren alles allein machen müssten. Dieses Buch verdankt seine Existenz so vielen Menschen, die mir zur Seite standen. Mein bleibender Dank gilt Melissa Kirk von *New Harbinger* für ihren Glauben an mich und die Gestaltung dieses Buches, und Jess Beebe, Nicola Skidmore, Kayla Sussel und Jean Blomquist für ihr geduldiges und umsichtiges Redigieren. Meinen Kollegen, die mir mit unschätzbar wertvollen Rückmeldungen durch die Schwierigkeiten der ersten Entwürfe halfen, bin ich zu großem Dank verpflichtet: Sarah Burgamy, PsyD, Bennett Leslie, PsyD, Jonathan Lipson, PhD und Christa Smith, PsyD. Ebenso möchte ich meinen vielen Lehrern, Supervisoren und Klienten danken, die mir den Weg zeigten und es weiter tun. Vielen Dank meiner entzückenden Nichte Valerie Wickwar-Svoboda für ihre Expertise in englischer Sprache und meiner Freundin Penny Oliver für die freundliche und genaue Überarbeitung des Manuskripts. Sie beide halfen mir, das zu vermitteln, was ich eigentlich sagen wollte. Mein Dank geht nicht zuletzt an meine Familie, ohne die weder das Buch geschrieben noch sonst viel zustande gebracht. Ich danke Euch, Mom, Bob und Bev für die Übernahme meiner Pflichten, während ich mit dem Schreiben beschäftigt war; Dank an Jordan, den strahlenden Mittelpunkt in unserer kleinen Welt, und Dank an meine Frau Tracy, für ihre Liebe und unendliche Geduld.

Weitere Literatur
aus dem Arbor Verlag

Jeffrey Schwartz & Rebecca Gladding
Du bist mehr als dein Gehirn

Die Vier-Schritt-Lösung, um Gewohnheitsmuster zu durchbrechen, ungesunde Denkweisen abzulegen und Kontrolle über das Leben zu gewinnen

Du bist mehr als dein Gehirn ist ein Programm, das erfolgreich erklärt, wie unser Gehirn funktioniert und warum wir manchmal das Gefühl haben, die Kontrolle über unsere Gedanken und Gefühle verloren zu haben. Diese unangenehme Erfahrung – ganz gleich, ob sie sich in Form von Angst, selbstabwertenden Gedanken, Panikattacken oder Maßlosigkeit zeigt – ist unnötig. Sie ist nicht charakteristisch für uns und vor allem: Sie braucht nicht länger unser Leben zu kontrollieren!

Du bist mehr als dein Gehirn bringt auf den Punkt, warum wir von Gewohnheiten geplagt werden, die uns von unseren Zielen und Wünschen entfremden, und zeigt uns Schritt für Schritt, wie wir in unserem Gehirn neue, konstruktive Wege bahnen können.
Zwei erfahrene Gehirnforscher zeigen, wie wir uns in vier einfachen Schritten von ungesunden Gedanken und Handlungen befreien können – und wie wir schlechte Angewohnheiten durch gute ersetzen können.

ISBN 978-3-86781-076-0

Ezra Bayda
Wahres Glück

Der Zen-Weg zu tiefer Zufriedenheit

„Glück finden wir nicht, wenn wir Glück zum Ziel machen."

„Pursuit of happiness" – Streben nach Glück steht schon in der amerikanischen Unabhängigkeitserklärung. Der Boom der „Glücksratgeber" hat die Menschen aber nicht zufriedener gemacht. Ezra Bayda ist überzeugt: Der bewusste Versuch, glücklich zu sein, hindert sie eher daran, präsent im Augenblick zu sein.

Wahres Glück hilft uns, die wichtigsten Glückshindernisse aus dem Weg zu räumen: Anspruchshaltung, Festhalten an der Vergangenheit, Sorgen um die Zukunft, destruktive Emotionen und Konditionierungen. Wenn die rastlose Jagd nach dem nächsten „Kick" vorbei ist, erfahren wir, dass nur eines wirklich glücklich macht: „sich mit der tiefsten Wirklichkeit zu verbinden."

ISBN 978-3-86781-074-6

Rick Hanson mit Richard Mendius
Das Gehirn eines Buddha

Die angewandte Neurowissenschaft
von Glück, Liebe und Weisheit

Das Gehirn eines Buddha weist uns wirksame Wege, wie wir Liebe, Weisheit und wahres Glück in unserem Leben erfahren können, und erklärt uns auch physiologisch, wie und warum das funktioniert.
Der Strom unserer Gedanken formt unser Gehirn und vermag uns so, neue Möglichkeiten, Handlungsräume und Gefühlswelten zu eröffnen – oder auch zu verschließen. Demgemäß lautet die grundlegende Botschaft aktueller neurobiologischer Forschung: „Indem du dein Gehirn verändern kannst, kannst du dein Leben ändern."
Gestützt auf jüngste Forschungsergebnisse zeigt uns *Das Gehirn eines Buddha* auf, wie wir unser Gehirn stimulieren und stärken können, um zu erfüllenderen Beziehungen und zu einem stärkeren Gefühl von innerem Vertrauen und Wert zu finden.

ISBN 978-3-86781-025-8

Rick Hanson
Just 1 Thing

So entwickeln Sie das Gehirn eines Buddha

Just 1 Thing gibt uns 52 kurze, kraftvolle Tipps und Tricks an die Hand, wie wir trotz Stress und alltäglicher Herausforderungen ein friedliches und erfülltes Leben führen können. Der bekannte Neuropsychologe Rick Hanson zeigt uns, wie wir unsere Zeit und Energie gezielt nutzen können, um unser Gehirn zu stärken und unser Herz zu öffnen.

Just 1 Thing hilft uns,
- gut zu uns selbst zu sein.
- das Leben so zu genießen, wie es ist.
- auf unsere eigenen Stärken zu bauen.
- Stress und schwierigen Gefühlen zu begegnen.
- den Arbeits- und Familienalltag zu genießen.

ISBN 978-3-86781-059-3

Jon Kabat-Zinn
Zur Besinnung kommen
Die Weisheit der Sinne und der Sinn der Achtsamkeit in einer aus den Fugen geratenen Welt

Unsere Gesundheit und unser Wohlergehen stehen auf dem Spiel, wenn es uns nicht gelingt, in dieser aus den Fugen geratenen Welt wieder zur Besinnung zu kommen, als Individuen und als menschliche Gemeinschaft. Dies ist die zentrale These des bekannten Verhaltensmediziners und Meditationslehrers Prof. Dr. Jon Kabat-Zinn, dessen Programm der „Stressbewältigung durch die Praxis der Achtsamkeit" (MBSR) weltweit in immer mehr Universitätskliniken, Krankenhäusern, Gesundheitszentren, aber auch in wirtschaftlichen und politischen Institutionen erfolgreich praktiziert wird. Wir haben weitgehend den Kontakt verloren zur wahren Wirklichkeit dessen, was wir in unserer Tiefe und in allen unseren Möglichkeiten sind; ebenso zu unserem Körper und zu den „Körperschaften" unserer gesellschaftlichen und politischen Institutionen. Diese Entfremdung von dem, was wirklich ist, macht uns und unsere Gesellschaft auf die Dauer krank. Das Tor, durch das wir erneuten Zugang zu unserem inneren Potential, zu unserem Körper, unseren Gefühlen, unseren Mitmenschen und unseren Organisationen gewinnen können, ist das unserer Sinne – und zu denen zählt der Autor aus buddhistischer Sicht auch den denkenden Geist.

Der Königsweg zu dieser Belebung der Weisheit der Sinne ist die Achtsamkeit. Ihre heilsame Kraft ist in der buddhistischen Meditationspraxis seit zweieinhalb Jahrtausenden erforscht, erprobt und angewendet worden. Dieses Buch zeigt, wie wir mit Hilfe dieser Praxis wieder zur Besinnung kommen und mit allen Sinnen zu einem gesunden und erfüllten Leben in der Gemeinschaft finden können.

ISBN 978-3-936855-82-1

Andreas Knuf
Ruhe da oben!

Der Weg zu einem gelassenen Geist

Manchmal führt unser Geist sein eigenes Leben. Unendlich vielfältig schwirren uns dann die Gedanken durch den Kopf, ziehen uns in ihren Bann und begeistern uns für neue Welten. Doch dann finden sie mal wieder kein Ende und es wird des Guten zu viel. Wenn nachts um vier unser rastloser Geist seine eigenen Wege geht, können wir erleben, wie uns unsere Gedanken und Gefühle fest im Griff haben. Wie eingefroren wird es uns dann unmöglich, diesen Augenblick zu genießen.

Zurück zur Energie des einfachen Seins.
Doch in Wirklichkeit sind wir weit mehr: Wir sind die beglückende Freude, die entsteht, wenn wir einfach nur in der Gegenwart sind, und von der wir gar nicht recht wissen, woher sie eigentlich kommt. Wir sind unser offenes Herz, das alles annehmen kann, uns selbst mit unseren kleinen Macken und Schwächen, aber auch die Menschen um uns herum. Wir sind die innere Stärke und Gelassenheit, die auch mit schwierigen Situationen zurechtkommt. Und wir ahnen: In der Welt jenseits der Gedanken können wir zurück „nach Hause" finden, zu uns selbst.
Ruhe da oben! ist ein Buch für alle, die ihrem umherirrenden Geist auf die Schliche kommen möchten und bereit sind, sich von der Energie des einfachen Seins anstecken zu lassen.

ISBN 978-3-86781-032-6

Seminare

Die gemeinnützige Arbor-Seminare gGmbH organisiert regelmäßig Seminare und Weiterbildungen mit führenden Vertretern achtsamkeitsbasierter Verfahren. Nähere Informationen finden Sie unter:

www.arbor-seminare.de

Online

Umfangreiche Informationen zu unseren Themen, ausführliche Leseproben aller unserer Bücher, einen versandkostenfreien Bestellservice und unseren kostenlosen Newsletter. All das und mehr finden Sie auf unserer Website.

www.arbor-verlag.de

Mehr von Shawn Smith:

www.arbor-verlag.de/shawn-smith